· 河北省社会科学基金项目 ·

基于网购消费者视角的
电商企业物流策略优化研究

刘紫玉 瞿 英 尹丽娟 著

知识产权出版社
全国百佳图书出版单位

图书在版编目（CIP）数据

基于网购消费者视角的电商企业物流策略优化研究/刘紫玉，瞿英，尹丽娟著. —北京：知识产权出版社，2017. 12

ISBN 978-7-5130-5318-1

Ⅰ.①基… Ⅱ.①刘… ②瞿… ③尹… Ⅲ.①电子商务—物流管理—研究 Ⅳ.①F713. 365. 1

中国版本图书馆 CIP 数据核字（2017）第 304559 号

内容提要

本书构建了基于网购消费者视角的物流服务质量评价指标体系，并基于网购消费者个体特征对其进行了分类。基于此，构建了基于网购消费者视角的电商企业物流策略优化方法，并结合具体案例进行了物流策略优化的实证研究。

读者对象：从事管理方面研究的科研工作者；对电子商务感兴趣的普通读者。

责任编辑：栾晓航　　　　　　　　责任校对：谷　洋

封面设计：刘　伟　闻　雨　　　　责任出版：孙婷婷

基于网购消费者视角的电商企业物流策略优化研究

刘紫玉　瞿　英　尹丽娟　著

出版发行：知识产权出版社有限责任公司　　　网　　址：http://www.ipph.cn

社　　址：北京市海淀区气象路 50 号院　　　邮　　编：100081

责编电话：010-82000860 转 8382　　　　　　责编邮箱：luanxiaohang@cnipr.com

发行电话：010-82000860 转 8101/8102　　　发行传真：010-82000893/82005070/82000270

印　　刷：北京中献拓方科技发展有限公司　　经　　销：各大网上书店、新华书店及相关专业书店

开　　本：720mm×1000mm　1/16　　　　　　印　　张：16

版　　次：2017 年 12 月第 1 版　　　　　　　印　　次：2017 年 12 月第 1 次印刷

字　　数：280 千字　　　　　　　　　　　　定　　价：60.00 元

ISBN 978-7-5130-5318-1

本书由河北省社会科学基金项目（京津冀协同发展背景下河北省电商企业物流策略优化研究）资助，项目编号：HB17GL053。

伴随着科技的进步和消费模式的变革，网络购物得到了越来越多中国消费者的青睐。B2C 电子商务企业也如雨后春笋般涌现，竞争越发激烈，而物流服务作为电商与顾客直接接触的唯一渠道，已经得到更多企业的关注，同时也成为品牌建设中的重点。目前，我国 B2C 电子商务物流配送模式主要有两种，包括第三方物流配送模式和企业自营的物流配送模式，不同物流模式的配送特点和能力也都不同，都有其各自的优点和不足，总体来说我国电子商务物流服务质量偏低。由于网购消费者分布范围广，购买产品种类多，消费者个性化需求愈加突出，当前的物流服务水平还不足以满足消费者的需求，导致消费者对电商企业的满意度不高，越来越多的管理者意识到物流服务水平对企业生存和发展的重要性。同时，众多学者的相关研究也表明，电商企业若想留住顾客，就必须在物流服务理念和服务水平等方面进一步提高，找出其发展中的不足，针对不足提出改进的策略。现有基于网购消费者视角的研究主要从顾客满意度和提高电商企业效益和效率两方面探索电商物流企业策略优化问题，忽视了消费者个体特征所导致的物流偏好差异，以及消费者与企业策略的相互关联和依存性。本书基于网购消费者视角对电商企业物流策略进行优化，所做的工作可分为六部分：

（1）基于网购消费者评论挖掘的物流服务因素类型及其作用机制研究

该部分主要以网购消费者历史评论信息为研究对象，利用八爪鱼数据采集工具采集评论信息，运用扎根理论和语义网络分析法探究网购物流服务因素类型及其作用机制，研究表明，响应性、经济性、完好性、沟通性、透明性、便利性和可靠性 7 个主范畴对网购物流服务质量有显著影响。经过进一步挖掘主范畴关系结构，将影响物流服务质量的因素归纳为配送质量、感知体验、售后服务质量和可靠性四个主要类型。接着运用语义网络分析和理论饱和度检验对以上研究结果进行进一步验证，所得结果与已有研究结果基本一致，充分说明了结论的可靠性。

（2）基于网购消费者视角的物流服务质量评价体系研究

该部分依据已有的文献研究成果以及研究内容（1）分析得出的影响网购物流服务质量的研究结果，响应性、经济性、完好性、沟通性、透明性、便利性和可靠性这七个主范畴对网购物流服务质量有显著影响，在此基础上，从网购物流服务因素研究入手，通过分析比较所收集的原始资料信息，提取出了 18 个范畴，以此为基础，进一步归纳总结出响应性、经济性、完好性、便利性、沟通性、透明性和可靠性 7 个主范畴。从消费者网购感知角度出发，综合考虑各主范畴所属的物流服务类型，并结合当前电商运营模式与环境，构建了评价指标体系。该体系包括 5 个一级指标、23 个二级指标。

（3）消费者个体特征和物流服务感知因素对网购平台选择的影响研究

以调查问卷收集的数据为基础，运用单因素方差分析和多元回归分析法探究消费者个体特征和物流服务感知因素对网购平台选择的影响。通过实证分析结果表明，影响消费者对网购平台选择的主要物流服务感知因素依次是配送质量、便利性感知、经济性感知和服务态度，这些因素对网购平台的顾客忠诚度具有正向影响，各电商企业若想留住老顾客，发展更多新的顾客，首要考虑的因素就是提升自身物流配送质量的能力。其次，要让消费者感觉到网购的便捷，可以通过优化物流网络和提高配送的灵活性提高消费者便利性感知的满意度，当然适当地降低商品运费或者免除退换货费用，注重自身服务态度等措施，都会让电商平台受到更多消费者的青睐。此外，个体特征也是影响网购平台选择的因素之一，它通过影响物流服务感知因素间接影响消费者对网购平台的选择，电商企业可以根据消费者不同特征制定个性化的营销策略，如考虑到不同年龄层次的消费者对网购平台的使用，电商企业可以为消费者提供简单的网购流程以降低交易的难度。

（4）基于消费者个体特征的网购消费者分类研究

首先分析了消费者的个人基本信息，包括调查对象的性别、年龄、职业等基本信息以及被调查者的地理位置、来源渠道、时间段等信息；然后，依据已有的文献研究成果以及研究内容（3）分析得出的网购消费者个体特征及物流服务感知因素，使用数据挖掘决策树的分类模型，构建了网购消费者分类模型。

（5）基于网购消费者视角的电商企业物流策略分析与优化研究

根据影响消费者网购物流服务因素的重要程度，得出电商企业应重点从哪些方面考虑提升自身物流服务能力，包括自建物流和第三方物流，从网购消费者的角度出发，并结合消费者分类，分析目前电商企业已有物流策略存在的问题并给出了电商企业自建物流和第三方物流选择的优化策略。

（6）电商企业物流策略优化实证研究

在研究内容（5）的基础上，以河北省G企业为例，对其电子商务进行物流策略分析与优化实证研究。首先对其自建物流策略进行了分析和优化，然后对其第三方物流选择策略进行了分析与优化。从不同的层面和角度，分析和验证本研究结论的有效性和可操作性。

本课题构建物流服务质量影响因素的评价模型，建立影响因素的评价指标体系，全面对物流影响因素进行评价，针对网购消费者进行分类，从网购消费者角度设计相应的物流优化策略，更好地满足网络消费者对物流服务的需求；同时，本书对京津冀电商发展现状和京津冀电商物流现状进行了深入分析，并对京津冀协同发展背景下河北省物流策略提出了建设。在本书的撰写过程中，刘紫玉完成24万字，瞿英完成3万字，尹丽娟完成1万字。

目 录

■ 第1章 绪 论 1

1.1 研究背景及意义 / 1

1.1.1 研究背景 / 1

1.1.2 研究意义 / 2

1.2 国内外研究综述 / 2

1.2.1 物流服务质量 / 2

1.2.2 物流评价指标体系 / 3

1.2.3 电商企业物流策略优化 / 4

1.3 研究方法 / 5

1.4 研究内容与研究框架 / 5

1.4.1 研究内容 / 5

1.4.2 研究框架 / 6

1.5 研究目标与创新之处 / 8

1.5.1 研究目标 / 8

1.5.2 创新之处 / 8

1.6 本章小结 / 9

■ 第2章 基础理论与方法 11

2.1 SWOT分析方法 / 11

2.1.1 SWOT分析形成的基础 / 11

2.1.2 整体分析 / 12

2.1.3 SWOT矩形分析步骤 / 12

    2.1.4　SWOT 方法的优点 / 14

    2.1.5　SWOT 分析法的使用规则 / 14

2.2　扎根理论 / 15

    2.2.1　扎根理论简介 / 15

    2.2.2　扎根理论的基本思路 / 15

    2.2.3　扎根理论研究方法的步骤 / 17

2.3　语义网络分析方法 / 18

2.4　数据挖掘分析方法 / 19

    2.4.1　数据挖掘常用方法 / 19

    2.4.2　数据挖掘十大经典算法 / 21

2.5　信度分析 / 23

    2.5.1　信度的定义 / 23

    2.5.2　信度的作用 / 24

    2.5.3　用标准误估计个人分数的误差 / 25

    2.5.4　信度系数 / 26

    2.5.5　信度分析的方法 / 26

2.6　效度分析 / 29

    2.6.1　效度的性质 / 29

    2.6.2　内容效度 / 30

    2.6.3　构想效度 / 30

    2.6.4　效标效度 / 30

    2.6.5　测试效度 / 32

    2.6.6　效度分析 / 32

2.7　层次分析法 / 37

    2.7.1　层次分析法的优势 / 38

    2.7.2　层次分析法的劣势 / 39

    2.7.3　基本步骤 / 41

2.8　本章小结 / 43

■ 第 3 章　京津冀电商发展现状分析　　　　　　　　　　45

3.1　全国电商发展现状 / 45

    3.1.1　全国电商交易规模 / 45

　　　3.1.2　电子商务从业人员规模 / 46

　　　3.1.3　电子商务发展特点 / 47

　　　3.1.4　电子商务发展的问题与挑战 / 47

　　3.2　北京电商发展现状 / 48

　　　3.2.1　北京电商交易规模 / 48

　　　3.2.2　北京电商发展的优势 / 48

　　　3.2.3　推进北京电商发展的措施 / 49

　　3.3　天津电商发展现状 / 49

　　　3.3.1　天津电商交易规模 / 49

　　　3.3.2　天津电商的发展优势 / 50

　　　3.3.3　推进天津电商发展的措施 / 51

　　3.4　河北电商发展现状 / 51

　　　3.4.1　河北电商交易规模 / 51

　　　3.4.2　河北电商的发展优势 / 52

　　　3.4.3　推进河北电商发展的措施 / 53

　　　3.4.4　国大 36524 电商情况 / 53

　　　3.4.5　北国商城电商情况 / 54

　　3.5　银行电商发展现状 / 55

　　　3.5.1　银行发展电商业务的背景 / 55

　　　3.5.2　银行电商的发展特点 / 55

　　　3.5.3　银行电商的发展建议 / 56

　　　3.5.4　银行电商的政策建议 / 57

　　3.6　本章小结 / 57

■ 第 4 章　京津冀电商物流现状分析　　　　　　　　　59

　　4.1　京津冀物流现状 / 59

　　　4.1.1　京津冀物流交易规模 / 59

　　　4.1.2　京津冀物流一体化优势 / 60

　　　4.1.3　京津冀物流一体化问题 / 60

　　4.2　京东商城物流现状分析 / 61

　　　4.2.1　京东商城物流配送模式 / 61

　　　4.2.2　京东商城物流模式 SWOT 分析 / 63

4.3 淘宝商城物流现状分析 / 65

4.3.1 淘宝商城物流配送模式 / 65

4.3.2 淘宝商城物流模式 SWOT 分析 / 65

4.4 国大 36524 物流现状分析 / 67

4.4.1 国大商城物流配送现状 / 67

4.4.2 国大商城物流配送模式发展建议 / 68

4.5 本章小结 / 69

■ 第5章 基于评论挖掘的网购物流服务质量因素研究   71

5.1 电子商务物流服务相关研究工作 / 71

5.2 数据采集与处理 / 73

5.2.1 样本选择 / 73

5.2.2 评论信息采集与处理 / 74

5.3 网购物流服务因素类型及作用机制分析 / 74

5.3.1 研究方法 / 74

5.3.2 基于开放式编码的概念及范畴提取 / 75

5.3.3 基于主轴式编码的主范畴提取 / 77

5.3.4 选择性编码 / 78

5.4 网购物流服务因素的语义网络分析及理论饱和度检验 / 79

5.4.1 分词及词频分析 / 79

5.4.2 关键词共现分析 / 81

5.4.3 理论饱和度检验 / 82

5.5 本章小结 / 82

■ 第6章 基于网购消费者视角的第三方物流评价指标体系研究   86

6.1 第三方物流 / 86

6.1.1 第三方物流的定义 / 86

6.1.2 第三方物流的基本特征 / 87

6.2 第三方物流供应商 / 88

6.2.1 第三方物流供应商的定义与特征 / 88

6.2.2 第三方物流供应商的分类 / 89

6.3 第三方物流供应商的选择与评估 / 90

　　　6.3.1　第三方物流供应商的选择方法／90

　　　6.3.2　第三方物流供应商评估指标体系／91

　6.4　层次分析原理／94

　6.5　基于网购消费者视角的第三方物流评价指标体系构建／96

　　　6.5.1　评价选择指标体系构建原则／96

　　　6.5.2　评价指标体系的构建／97

　　　6.5.3　评价指标体系说明／98

　6.6　本章小结／102

■ 第7章　消费者个体特征及物流服务感知对网购平台选择的
　　　　　影响研究　　　　　　　　　　　　　　　　　　　105

　7.1　文献综述／106

　　　7.1.1　国外研究现状／106

　　　7.1.2　国内研究现状／107

　7.2　模型构建与假设／107

　　　7.2.1　模型构建／107

　　　7.2.2　研究假设／108

　7.3　研究设计与数据收集／111

　　　7.3.1　问卷设计／111

　　　7.3.2　数据收集／113

　　　7.3.3　信度与效度分析／113

　7.4　影响消费者网购平台选择的实证分析／115

　　　7.4.1　消费者个体特征的描述性统计分析／115

　　　7.4.2　消费者个体特征对物流服务感知因素的影响分析／117

　　　7.4.3　物流服务感知对网购平台选择的影响分析／125

　　　7.4.4　模型修正与分析／125

　7.5　本章小结／128

■ 第8章　基于个体特征的网购消费者分类研究　　　　　　130

　8.1　物流服务质量对消费者网购平台选择影响的调查问卷
　　　　选项分析／130

8.2 物流服务质量对消费者网购平台选择影响的调查问卷 样本分析 / 143

8.3 基于网购消费者个体特征的网购消费者分类研究 / 144

    8.3.1 决策树模型 / 145

    8.3.2 决策树在 R 语言中的实现 / 149

    8.3.3 基于 R 语言的网购消费者分类 / 151

8.4 网购消费者类别分析 / 175

8.5 本章小结 / 176

■ **第 9 章　B2C 电商企业物流策略优化研究**　　　　　　**178**

9.1 B2C 电子商务企业物流配送模式分析 / 178

    9.1.1 B2C 电子商务物流配送相关概念及理论 / 178

    9.1.2 B2C 电子商务现状及其物流概况 / 179

    9.1.3 B2C 电子商务企业物流配送模式 / 180

9.2 B2C 电子商务企业物流策略 / 183

    9.2.1 我国 B2C 电子商务物流发展中存在的问题 / 183

    9.2.2 B2C 电子商务物流配送体系发展策略 / 184

9.3 电子商务企业物流策略优化方法 / 186

    9.3.1 B2C 电子商务物流存在的问题 / 186

    9.3.2 B2C 电子商务物流优化的意义 / 187

    9.3.3 电子商务物流优化策略 / 187

9.4 基于网购消费者视角的电商企业物流策略优化 / 191

    9.4.1 电商企业自建物流优化策略 / 191

    9.4.2 第三方物流选择优化策略 / 194

9.5 本章小结 / 196

■ **第 10 章　G 公司电子商务物流策略分析与优化实证研究**　　　　**197**

10.1 G 公司电子商务物流现状分析 / 197

    10.1.1 G 公司简介 / 197

    10.1.2 G 电商企业物流现状分析 / 198

10.2 G 公司电子商务自建物流分析和优化 / 200

    10.2.1 G 公司电子商务物流中心优化方案 / 200

10.2.2　基于顾客视角的 G 公司电子商务物流质量优化方案 / 205

10.3　G 公司电子商务第三方物流选择策略优化 / 208

10.3.1　G 公司第三方物流公司选择与评价存在的问题 / 208

10.3.2　第三方物流供应商招标法初选 / 209

10.3.3　候选第三方物流公司介绍 / 210

10.3.4　第三方物流公司选择 / 215

10.4　本章小结 / 228

■ 第 11 章　京津冀协同发展背景下河北省物流策略研究　　　　230

11.1　京津冀电子商务协同发展现状 / 230

11.2　京津冀物流一体化 / 231

11.2.1　京津冀物流一体化的提出 / 231

11.2.2　京津冀物流一体化协作的制约因素 / 232

11.2.3　京津冀区域物流一体化的发展对策 / 234

11.3　京津冀物流空间布局加速优化背景下河北省物流策略 / 235

11.4　本章小结 / 238

■ 第 12 章　结论与展望　　　　240

12.1　本书主要工作 / 240

12.2　进一步的研究工作 / 242

■ 附录　物流服务质量对消费者网购平台选择影响的调查问卷　　　　243

■ 后　记　　　　247

第*1*章 绪 论

1.1 研究背景及意义

1.1.1 研究背景

伴随着科技的进步和消费模式的变革，网络购物得到了越来越多中国消费者的青睐。艾瑞咨询的研究数据显示，2016 年中国网络购物市场中 B2C 市场交易规模为 2.6 万亿元，在中国整体网络购物市场交易规模中的占比达到 55.3%，较 2015 年提高 3.2 个百分点。B2C 已超过 C2C 成为网络购物市场的主流，成为推动网络购物市场快速发展的主力。然而在这种趋势下，B2C 电子商务企业也如雨后春笋般涌现，竞争越发激烈，消费者的选择性也随之大大增多。而物流服务作为电商与顾客直接接触的唯一渠道，已经得到更多企业的关注，同时也成为品牌建设中的重点，优质的客户体验决定了企业的品牌积累，由于我国物流业发展起步较晚，一直制约着电子商务的发展，致使物流问题成为近年来电商企业和学者关注的热点问题之一。

目前，我国 B2C 电子商务物流配送模式主要有两种，包括第三方物流配送模式和企业自营的物流配送模式，不同物流模式的配送特点和能力也都不同，都有其各自的优点和不足，总体来说我国电子商务物流服务质量偏低。由于网购消费者分布范围广，购买产品种类多，消费者个性化需求愈加突出，当前的物流服务水平还不足以满足消费者的需求，导致消费者对电商企业的满意度不高，越来越多的管理者意识到物流服务水平对企业生存和发展的重要性。同时，众多学者的相关研究也表明，电商企业若想留住顾客，就必须在物流服务理念和服务水平等方面进一步提高，找出其发展中的不足，针对不足提出改进的策略。本课题基于网购消费者视角对电商企业物流策略进行优化，对 B2C 电子商务企业改善物流服务质量、提高企业竞争力具有重要意义。

1.1.2 研究意义

理论意义：本课题在获取网购消费者评论信息的基础上，运用扎根理论的方法对其进行深入的分析与挖掘，归纳出影响我国物流服务质量的主要因素，并结合国内外相关学者的研究构建了物流服务质量的评价指标体系，通过调查消费者个性特征与物流偏好的关系，实现了网购消费者物流偏好与企业物流策略优化两大研究分支的融合，对于丰富策略优化相关研究理论和方法，具有一定的理论意义。

实践价值：本课题运用构建的电子商务物流服务质量评价体系选择实际案例进行评价，有助于其他电商企业发现自身物流服务存在的短板探索出更适合的物流模式。同时还可以借助网络大数据平台对消费者进行分析，进而窥探消费者物流选择意愿，对于电商企业更好地了解消费者的物流需求、提高其服务水平具有重要的现实意义。

1.2 国内外研究综述

目前，国内外的相关专家与学者都对电子商务企业的物流服务问题做了大量的探索与分析，促使电子商务物流服务方面的研究已经取得了较大的进展。本课题研究基于网购消费者视角的电商企业物流策略优化问题，涉及物流服务质量、物流评价指标体系、电商企业物流策略优化，下面对这三个方面的研究现状进行综述。

1.2.1 物流服务质量

在 B2C 电子商务物流服务方面已经有较多的相关研究成果，最早对物流服务质量进行研究的学者 Perreauh 等人提出 7RS 理论，即在合适的时间、合适的场合，以合适的价格和合适的方式，向合适的顾客提供合适的产品和服务，使顾客的个性化需求得到满足[1]。Gefen 在 B2C 电子商务企业顾客忠诚度的影响因素研究中，指出物流服务质量是影响顾客对企业忠诚度的重要因素[2]。Stank 等人提出并证明了物流服务质量、顾客满意度、市场份额三者之间的关系，物流服务质量的提升会直接或间接地提升其余二者[3]。Donna F. Davis 指出网络购物具有一定的风险性，顾客一般不愿购买对质量没把握的物品，电商企业如果能够提高网上购物的物流服务能力，赢得顾客的信赖，必定会增强其竞争力[4]。

朱志国研究了在 B2C 环境下，顾客感知对企业口碑与顾客的再次购买有间接的影响，因此，顾客感知在在线交易服务中显得更加重要[5]。针对电商企业物流服务质量的现状，邓瑞等人指出，目前消费者对物流服务质量的个性化要求日趋增高，但很多电商企业仍使用同样的物流服务对待不同的消费者，并结合调查问卷对 A 电商企业的数据进行分析，针对存在的问题从可靠性、移情性、便利性和响应性等方面给出相应的建议[6]。相较于国外，国内对传统的物流服务质量研究较多，但对 B2C 网购物流服务质量的研究文献相对较少，在有关文献中，大多是对网购物流服务质量的评价指标的选择以及评价模型的建立。

1.2.2　物流评价指标体系

国内外学者对物流服务质量相关维度和指标的研究比较多，不同学者所用的指标也不尽相同，Mentzer 等人基于实体配送和客户服务角度，从质量性、时间性和可得性 3 个不同维度构建评价模型，克服了前人仅从企业视角出发评价物流服务质量的缺点[7]。Bienstock 等人从客户视角构建了包含时间性、可得性和完好性 3 个维度的评价模型，它的不足之处是依然只能度量物流服务质量中的实体配送服务部分，对整个物流服务质量而言得出的结论是片面的[8]。在 2001 年美国田纳西州大学对物流服务质量的研究成果中，学者们基于客户角度总结出影响物流服务质量的 9 个关键指标，分别是误差处理、人员沟通质量、货品完好程度、时间性、订单释放数量、信息质量、货品质量、货品精准率和订购过程[9]。

近年来，中国学者也对物流服务质量的评价问题进行了相关理论研究。高艳芳分别从客户视角和物流服务提供者视角的两个方向对物流服务质量评价指标体系的发展进行阐述[10]。李依楠结合我国 B2C 电子商务物流服务的特点，应用实例对所提出的物流服务质量的量化方法进行了验证，得到满意结果[11]。林丽明采用定性研究的方法，构建了网购物流服务质量对消费者忠诚度影响的理论模型，总结出 B2C 电商企业应从准时性、价格合理性和便利性等几个方面做出改进，提高消费者满意度，使企业得到更好发展[12]。姜伟从消费者的角度出发，研究 B2C 电子商务物流服务质量的评价，建立了具有良好有效性的评价模型并在实际中得以应用[13]。

尽管学者们在物流服务质量评价的研究中建立的评价指标体系各不相同，但大多都提及了商品配送的速度和时间、配送过程中商品是否完好、物流费用是否经济合理以及对顾客的服务态度等方面，也有学者将便利性感知的差异作为物流服务质量的评价指标。因此，在进行物流策略优化时可以考虑从上述几个方面进行研究。

1.2.3　电商企业物流策略优化

在 B2C 电子商务物流优化研究方面，其理论体系也在逐步完善。H. Donald Ratliff 详细阐述了物流优化的基本原则，并提出物流优化需要考虑其可操作性以及成本问题[14]。H. C. W. Lau 在研究中指出，电子商务企业供应链的成功与否决定了该企业能否获得成功，其研究整合优化了目前物流企业供应链的模糊化模型[15]。韩朝胜指出，新形势下现代物流业的落后严重阻碍了电子商务的发展，物流优化已成为各电商企业务必要解决的问题，同时也是现代物流产业调整和发展的机遇之一[16]。张延东等人从节点优化和路径优化两个方面做了深入研究，分析了影响 B2C 电子商务物流网络优化的因素，为 B2C 电子商务物流网络优化提供参考[17]。张娟认为，网购中时常发生的商品损坏、配送迟缓等现象与 B2C 电子商务企业的网络运营有密切关系，所以对于电子商务企业，物流网络的建立和优化是一个不可避免的问题[18]。钟颖指出，根据电商企业的自营业务和电商平台业务混合运作的发展关系，B2C 物流配送模式的界限变得越来越模糊，而具备多元化选择优势和更具效率的消费者自选物流模式将成为主流[19]。甘永龙分析了电子商务物流配送的现状和特点，总结出具体影响因素并结合目前电子商务的技术标准，对电子商务物流配送进行了优化研究，突破以往的瓶颈，实现了配送的最优化[20]。

综合上面的分析可以看出，现有基于网购消费者视角的研究主要从顾客满意度和提高电商企业效益和效率两方面探索电商物流企业策略优化问题，忽视了消费者个体特征所导致的物流偏好差异，以及消费者与企业策略的相互关联和依存性。电子商务平台隐含着大量的网购评论、用户特征和物流配送等数据信息，这些数据与消费者物流选择之间存在密切关系。因此，如何借助数据挖掘，建立网购评论、用户特征和物流配送等数据之间的关联，探索基于网购消费者视角的电商企业物流策略优化研究，是一个具有广泛应用价值的科学问题。

1.3 研究方法

为了能够从用户角度筛选物流公司，本课题主要采取以下方法：

1. 文献研究法

通过查阅国内外大量的相关文献资料，主要是对物流服务质量的研究、物流评价指标体系的研究和物流优化策略等相关理论进行回顾和总结，为实证研究提供前提条件。

2. 定性与定量分析相结合法

单纯的定性分析或者单纯的定量分析都无法将问题研究透彻，本书将定性与定量分析结合起来进行研究，基于网购消费者评论挖掘物流服务因素，并在此基础上运用层次分析法建立了科学适用的物流评价模型，通过分析用户个性特征与物流偏好，制定出物流优化策略。

3. 理论研究与实证分析法

根据已有的理论基础并结合实际案例，分析并验证研究结论。

1.4 研究内容与研究框架

1.4.1 研究内容

本课题研究的是基于网购消费者视角的电商企业物流策略优化问题，主要内容包括：

（1）基于网购消费者评论挖掘的物流服务因素类型及其作用机制研究：该部分主要以网购消费者历史评论信息为研究对象，利用八爪鱼数据采集工具采集评论信息，使用扎根理论研究方法对其进行深入分析和挖掘，并运用语义网络分析法验证所得结果，探究影响网购物流服务质量的主要因素。

（2）基于网购消费者视角的物流服务质量评价体系研究：该部分依据已有的文献研究成果以及研究内容（1）分析得出的影响网购物流服务质量的主要因素，结合我国电商企业的实际情况，构建合适的评价指标体系，并运用层次分析法构建物流服务质量的综合评价模型，得到各个影响因素的最终权重以及排序情况。

（3）消费者个体特征和物流服务感知因素对网购平台选择的影响研究：以调查问卷收集的数据为基础，运用单因素方差分析和多元回归分析法探究消费者个体特征和物流服务感知因素对网购平台选择的影响。

（4）基于消费者个体特征的网购消费者分类研究：该部分依据已有的文献研究成果以及研究内容（3）分析得出的影响网购平台选择的消费者主要个体特征，使用数据挖掘决策树的分类模型，构建了网购消费者分类模型。

（5）基于网购消费者视角的电商企业物流策略分析与优化研究：根据影响消费者网购物流服务因素的重要程度，得出电商企业应重点从哪些方面考虑提升自身物流服务能力，包括自建物流和第三方物流，从网购消费者的角度出发，并结合消费者分类，分析目前电商企业已有物流策略存在的问题并给出相应的优化方案。

（6）电商企业物流策略优化实证研究，该部分主要结合实际案例，从不同的层面和角度，分析和验证本研究结论的有效性和可操作性。

1.4.2　研究框架

从研究内容和目标出发，本研究将按照如下路线来展开，如图 1-1 所示。

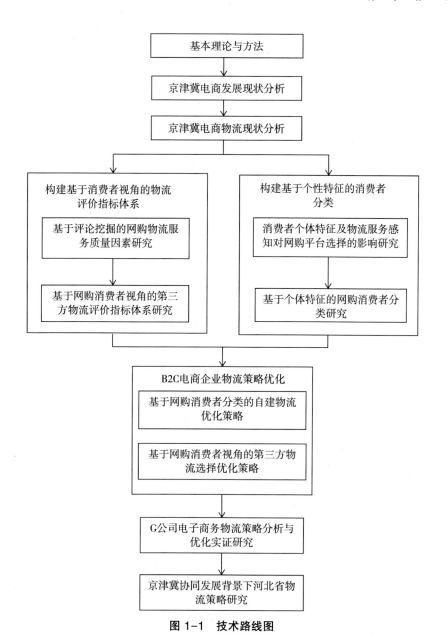

图 1-1 技术路线图

1.5　研究目标与创新之处

1.5.1　研究目标

本课题以电商企业针对物流问题的相关策略优化为研究对象，从消费者的角度出发，探索影响网购物流服务质量的主要因素，运用层次分析法，构建物流服务质量影响因素的综合评价模型，根据影响因素的重要程度进行排序，分析消费者个体特征中的统计特征、行为特征、心理特征和认知特征对物流服务感知因素产生的影响，并构建消费者网购平台选择影响的路径模型，针对目前电商企业物流策略存在的问题，设计相应的优化方案，为电商企业选择合适物流策略提供理论依据，更好地提升我国电子商务的服务水平。

本课题要重点解决的关键问题：

（1）网购物流服务质量的影响因素研究

影响物流服务质量的因素有很多，如何从消费者的历史评论信息中挖掘出这些影响因素成为重点考虑的问题，找出影响物流服务质量的关键因素，不仅可以分析出企业自身物流服务的局限性，还可以根据存在的问题制定相应的优化策略。

（2）对物流服务质量评价体系研究

在关于物流服务质量的众多相关研究中，指标的选取是其中较为重要的一个研究内容，包括指标体系建立的基本原则和设计过程。本研究在分析前人经验的基础上并结合网购消费者评论挖掘信息建立了一套物流服务质量评价指标体系。

（3）针对消费者个体特征的电商企业物流策略优化研究

建立消费者个体特征和物流服务感知因素对网购平台选择影响的假设模型，结合调查问卷数据运用单因素方差分析和多元回归分析验证原假设，并构建消费者网购平台选择影响路径模型，在此基础上，提出电商企业物流策略优化方法。

1.5.2　创新之处

（1）根据评论挖掘的影响消费者网购物流服务因素的重要程度，判断出消费者比较注重的物流影响因素，为电商企业深度挖掘平台数据提供理论基础。

（2）分析影响网购平台选择的消费者主要个体特征，使用数据挖掘决策树的分类模型，构建了网购消费者分类模型。

（3）构建物流服务质量影响因素的评价模型，建立影响因素的评价指标体系，全面对物流影响因素进行评价，针对网购消费者分类，从网购消费者角度设计相应的物流优化策略，更好地满足网络消费者对物流服务的需求，提高我国电商企业服务水平。

1.6 本章小结

本章主要介绍了本课题的背景和意义，对国内外相关研究现状进行了综述，并介绍了课题的研究内容、研究框架，以及课题的研究内容和创新之处。

参考文献

［1］ Perrault W D, Russ F. Physical distribution service：A neglected aspect of marketing management ［J］. MSU Business Topics, 1974, 22 (2)：37-45.

［2］ Gefen D. Customer Loyalty in E-commerce ［J］. Joumal of the Association for Information Systems, 2002, 3 (1)：27-51.

［3］ Stank T P, Goldsby T J, Vickery S K, et al. Logistics Service Performance：Estimating its Influence on Market Share ［J］. Journal of Business Logistics, 2003, 24 (1)：27-55.

［4］ Donna F, Davis, Susan L and Golicic, Adam J. Marquardt. Branding a B2B service：Does a brand differentiate a logistics service provider ［J］. Industrial Marketing Management, 2008, 37 (2)：218-227.

［5］ 朱志国. 基于隐马尔可夫链模型的电子商务用户兴趣导航模式发现 ［J］. 中国管理科学, 2014, 22 (4)：67-73.

［6］ 邓瑞, 倪秋萍. A 电商企业物流服务质量现状分析 ［J］. 现代商业, 2016 (11)：14-15.

［7］ Mentzer J T, Comesr, Krapfel R E. Physical Distribution Service：A Fundamental Marketing Concept ［J］. Journal of the Academy of Marketing Science, 1989, 17

（4）: 53-62.

［8］ Bienstock C C, Bird M M. Measuring Service quality: A reexamination and exten-sion ［J］. Journal of Marketing, 1997, 56 (3): 55-68.

［9］ Mentzer J T, Williams L R. The Role of Logistics Leverage in Marketing Strategy ［J］. Journal of Marketing , 2001, 65 (11): 29-48.

［10］ 高艳芳. 物流服务质量评价指标体系的研究 ［J］. 决策咨询, 2010, 21 (6): 56-58.

［11］ 李依楠. B2C 电子商务物流服务质量可拓评价研究 ［D］. 大连: 大连海事大学, 2013.

［12］ 林丽明. B2C 电子商务物流服务质量与顾客忠诚关系的研究 ［J］. 物流工程与管理, 2015, 37 (6): 119-121.

［13］ 姜伟. B2C 电子商务下基于顾客感知—期望的物流服务质量评价 ［D］. 江苏: 南京大学, 2016.

［14］ H Donald Ratliff. 10 Rules for Supply Chain ［J］. Logistics Optimization, 2009 (21): 120-134.

［15］ H C W Lau. A Credibility-based fuzzy location model with Hurwicz criteria for the design of distribution systems in B2C e-commerce ［J］. Computers&Industrial En-gineering, 2010 (59): 873-886.

［16］ 韩朝胜. 新形势下 B2C 电子商务物流优化研究 ［J］. 物流技术, 2013, 32 (3): 117-120.

［17］ 张延东, 颉栋栋, 姚宁. 影响 B2C 电子商务物流网络优化因素研究 ［J］. 中外企业家, 2014, 41 (19): 133-140.

［18］ 张娟. B2C 电子商务企业物流网络优化研究 ［D］. 成都: 西南交通大学, 2015.

［19］ 钟颖. B2C 电子商务物流配送体系的异质性及发展策略 ［J］. 商业经济研究, 2015, (1): 39-40.

［20］ 甘永龙. 电子商务物流配送优化研究 ［J］. 经营管理者, 2016, 32 (33): 295.

第 2 章　基础理论与方法

本章主要对后面章节中用到的各种理论和方法进行介绍，主要包括：SWOT 分析方法、扎根理论、语义网络分析方法、统计分析和数据挖掘分析方法、信度分析、效度分析和层次分析方法等。

2.1　SWOT 分析方法

SWOT 分析，是基于内外部竞争环境和竞争条件下的态势分析，即将与研究对象密切相关的各种主要内部优势、内部劣势、外部机会和外部威胁等，通过一系列调查列举出来，按照矩阵的形式进行排列，然后运用系统分析的思想，把各种因素相互匹配起来，对研究对象所处的情景进行全面、系统、准确的分析研究。从中得出一系列相应的结论，由此得出的结论往往带有一定的决策性。根据研究结果可以制定相应的发展战略、计划以及相应的对策等。

2.1.1　SWOT 分析形成的基础

著名的竞争战略专家迈克尔·波特提出的竞争理论从产业结构入手对一个企业"可能做的"方面进行了透彻的分析和说明，而能力学派管理学家则运用价值链解构企业的价值创造过程，注重对公司的资源和能力的分析[1]。两种分析各有优点，在综合这两者的基础上形成了 SWOT 分析。SWOT 分析以资源学派学者为代表，将公司的内部分析与产业竞争环境的外部分析结合起来，形成了自己结构化的平衡系统分析体系。与其他的分析方法相比较，SWOT 分析具有显著的结构化和系统性特征。对于结构化而言，SWOT 分析法在形式上表现为构造 SWOT 结构矩阵，并对矩阵的不同区域赋予了不同的分析意义。在内容上表现为其主要理论基础强调从结构分析入手对企业的外部环境和内部资源进行分析。

2.1.2 整体分析

SWOT 分析中的 S (strengths) 表示优势、W (weaknesses) 表示劣势、O (opportunities) 表示机会、T (threats) 表示威胁。从整体上看，SWOT 可以分为两部分：第一部分为 SW，主要用来分析内部条件；第二部分为 OT，主要用来分析外部条件。利用这种方法可以从中找出对自己有利的、值得发扬的因素，以及对自己不利的、需要避开的东西，从而发现存在的问题，找出合理的解决办法，并明确以后的发展方向。根据这个分析，可以将问题按轻重缓急分类，明确哪些是急需解决的问题，哪些是可以稍微拖后一点儿的事情，哪些属于战略目标上的障碍，哪些属于战术上的问题，并将这些研究对象列举出来，依照矩阵形式排列，然后用系统分析的所想，把各种因素相互匹配起来加以分析，从中得出一系列相应的结论，而结论通常带有一定的决策性，有利于领导者和管理者做出较正确的决策和规划[2]。

2.1.3 SWOT 矩形分析步骤

SWOT 分析法常常被用于制定集团发展战略和分析竞争对手情况，在战略分析中，它是最常用的方法之一[3]。进行 SWOT 分析时，主要从以下 4 方面的内容进行考虑。

1. 环境分析

运用各种调查研究方法，分析出公司所处的各种环境因素，这些因素可分为外部环境因素和内部能力因素。其中，外部环境因素包括机会因素和威胁因素，它们是对公司的发展有直接影响的因素，属于客观因素；内部环境因素包括优势因素和劣势因素，它们是公司在其发展中自身存在的积极因素和消极因素，属于主观因素。在调查分析这些因素时，不仅要考虑历史与现状，而且要考虑未来发展问题。

优势——是组织机构的内部因素，具体包括：有利的竞争态势；充足且稳定的财政来源；良好的企业形象；前沿的技术力量；巨大的经济规模；优秀的产品质量；强大的市场份额；超低的成本优势；全面的广告攻势等。

劣势——是组织机构的内部因素，具体包括：设备老化；管理混乱；缺少关键技术；研究开发落后；资金短缺；经营不善；产品积压；竞争力差等。

机会——是组织机构的外部因素，具体包括：新产品上市；开拓新市场；

发现新需求；外国市场壁垒解除；竞争对手失误等。

威胁——是组织机构的外部因素，具体包括：新的竞争对手；替代产品增多；市场紧缩；行业政策变化；经济衰退；客户偏好改变；突发事件等。

2. 构造 SWOT 矩阵

将调查得出的各种因素根据轻重缓急或影响程度等排序方式，构造 SWOT 矩阵。在此过程中，将那些对公司发展有直接的、重要的、大量的、迫切的、久远的影响因素优先排列出来，而将那些间接的、次要的、少许的、不急的、短暂的影响因素排列在后面[3]。

3. 制订行动计划

在完成环境因素分析和 SWOT 矩阵的构造后，便可以制订出相应的行动计划。制订计划的基本思路是：发挥优势因素，克服劣势因素，利用机会因素，化解威胁因素；考虑过去，立足当前，着眼未来。运用系统分析的综合分析方法，将排列与考虑的各种环境因素相互匹配起来加以组合，得出一系列公司未来发展的可选择对策[3]。

4. 坐标表示

S——Strength（优势）——内部的有利因素

W——Weakness（劣势）——内部的不利因素

O——Opportunity（机会）——外部的有利因素

T——Threat（威胁）——外部的不利因素

S、W、O、T 在坐标系里的表示如图 2-1 所示。

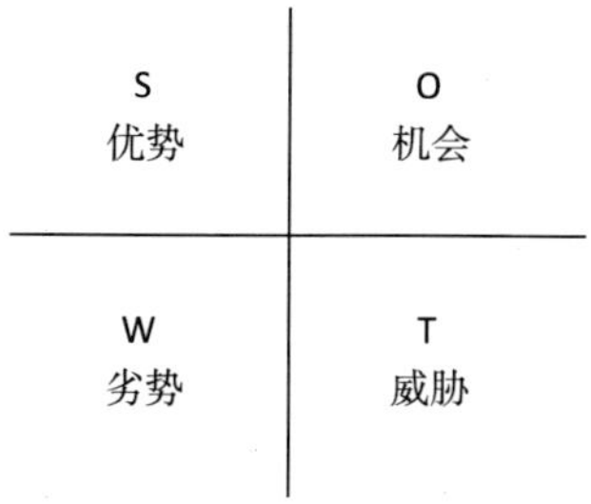

S 优势	O 机会
W 劣势	T 威胁

图2-1　SWOT 坐标系表示

利用 SWOT 分析在某一时间点对内部环境和外部环境进行扫描，然后进行优势、劣势、威胁和机会的分析，从而形成四种内外匹配的战略，即 SO 战略：依靠内部优势，利用外部机会，快速发展；ST 战略：利用内部优势，回避外部威胁，扬长避短；WO 战略：利用外部机会，克服内部劣势，趋利避害；WT 战略：减少内部劣势，回避外部威胁，按兵不动。用坐标图表示如图 2-2 所示。

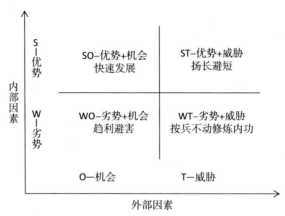

图2-2 某一时间点内部环境和外部环境坐标图表示

2.1.4 SWOT 方法的优点

SWOT 方法的优点在于考虑问题全面，是一种系统思维，运用系统的思想将这些看似独立的因素相互匹配起来进行综合分析，使得企业战略计划的制订更加科学全面，而且可以把对问题的"诊断"和"开处方"紧密结合在一起，条理清楚，便于检验[4]。

2.1.5 SWOT 分析法的使用规则

使用 SWOT 方法时需要遵守以下规则：

（1）运用 SWOT 分析的时候必须对公司的优势与劣势有客观准确的认识。

（2）运用 SWOT 分析的时候必须明确公司的现状与前景。

（3）运用 SWOT 分析的时候必须对各种因素进行全面考虑。

（4）运用 SWOT 分析的时候必须与竞争对手进行比较。

（5）保持 SWOT 分析法的条理化、简洁化。

2.2　扎根理论

2.2.1　扎根理论简介

扎根理论是由芝加哥大学的学者 Barney Glaser 和哥伦比亚大学的学者 Anselm Strauss 共同发展出来的一种质性研究方法，其宗旨是在经验资料的基础上建立理论。它对极端实证主义（extreme empiricism）与完全相对主（complete relativism）进行了折中，提出了一整套系统的数据收集方法来帮助理论建构。

目前，扎根理论在教育学、心理学、社会学、管理学以及性别研究等各个社会科学领域中有着广泛的使用。扎根理论是一种不需要先验性的假设和结论的研究方法，并且将演绎与归纳、定性与定量有机结合。当然，不同的研究者在使用扎根理论时，对其有着不同侧重。Glaser 更强调理论或者归纳结论的涌现，Strauss 侧重系统的方法和有效的检验，Charmaz 则强调研究者在理论建构中的角色和效果，从而被称之为建构主义扎根理论（Constructivist Grounded Theory）[5]。

2.2.2　扎根理论的基本思路

1. 从资料中产生理论

扎根理论特别强调从资料中提升理论，认为只有通过对资料的深入了解，才能逐步形成理论框架，这是一个归纳的过程，从下往上将资料不断地进行浓缩，与一般的宏大理论不同，扎根理论不对研究者自己事先设定的假设进行逻辑推演，而是从资料入手进行归纳假设[6]。理论一定要可以追溯到其生产的原始资料，一定要有经验事实作为依据，这是因为扎根理论者认为，只有从资料中产生的理论才具有生命力，如果理论与资料相吻合，理论便具有了实际的用途，可以被用来指导人们具体的生活实践。

2. 对理论保持敏感

由于扎根理论的主要宗旨是构建理论，因此它特别强调研究者对理论保持高度的敏感，不论是在设计阶段，还是在收集和分析资料阶段，研究者都应该对自己现有的理论、前人的理论以及资料中呈现的理论保持敏感，注意捕捉新的建构理论的线索。保持理论敏感性不仅可以帮助我们在收集资料时有一定的焦点和方向，而且在分析资料时注意寻找那些可以比较集中、浓缩地表达资料内容的概念，特别是当资料内容本身比较松散时。

通常，质的研究者比较擅长对研究的现象进行细密的描述性分析，而对理论建构不是特别敏感，也不是特别有兴趣。扎根理论出于自己的特殊关怀，认为理论比纯粹的描述具有更强的解释力度，因此强调研究者对理论保持敏感。

增进理论触觉的技巧：问问题。研究者针对资料不断问问题，目的在于刺激思考找出资料里可能有的范畴、性质和面向。这可以帮助我们下次访问时问得更准确，以及引导阅读文献的方向。

3. 不断比较的方法

扎根理论的主要分析思路是比较，在资料和资料之间、理论和理论之间不断进行对比，然后根据资料与理论之间的相关关系提炼出有关的类属（category）及其属性。比较通常有 4 个步骤：

（1）根据概念的类别对资料进行比较：对资料进行编码并将资料归到尽可能多的概念类属下面以后，将编码过的资料在同样和不同的概念类属中进行对比，为每一个概念类属找到属性。

（2）将有关概念类属与它们的属性进行整合，对这些概念类属进行比较，考虑它们之间存在的关系，将这些关系用某种方式联系起来。

（3）勾勒出初步呈现的理论，确定该理论的内涵和外延，将初步理论返回到原始资料进行验证，同时不断地优化现有理论，使之变得更加精细。

（4）对理论进行陈述，将所掌握的资料、概念类属、类属的特性以及概念类属之间的关系一层层地描述出来，作为对研究问题的回答。

4. 灵活运用文献

使用有关的文献可以开阔我们的视野，为资料分析提供新的概念和理论框架，与此同时，我们需要注意不要过多地使用前人的理论。否则，前人的思想可能束缚我们的思路，使我们有意无意地将别人的理论往自己的资料上套，或者换一句话说，把自己的资料往别人的理论里套，也就是人们所说的"削足适履"，而不是"量体裁衣"[6]。

扎根理论认为在适当使用前人理论的同时，研究者的个人解释在建构理论时也可以起到重要的作用。研究者之所以可以"理解"资料是因为研究者在阅读资料的同时代入了自己的经验性知识，因此从资料中生成的理论是资料与研究者个人解释之间不断互动和整合的结果。原始资料、研究者个人以前的理解以及前人的研究成果之间实际上是一个三角的互动关系，研究者在运用文献时必须结合原始资料和自己个人的判断。研究者本人应该养成询问自己和被询问的习惯，倾听文献中的多重声音，了解自己与原始资料和文献之间的互动关系。

2.2.3　扎根理论研究方法的步骤

扎根理论研究方法包含登录、构建类属、构建备忘录、为备忘录排序四个步骤。

1. 撰写备忘录

撰写备忘录是数据收集和论文草稿写作之间的关键中间步骤。

备忘录撰写构成了扎根理论的一个关键方法，因为它使你从分析研究过程早期就开始分析数据和代码。

2. 备忘录的类型

摘记：将对资料的分析所得写成文字记录。

图表：把分析后资料里的概念之间的关系用一种视觉形式加以表述。

3. 摘记的类型

编码摘记（Code notes）：含有译码后成果的摘记。

理论性摘记（Theoretical notes）：研究者经由归纳与演绎思考，对资料中可能萌生的范畴及其性质、面向、彼此间关系歧异性、过程及条件矩阵的思考成果，用于弥补译码摘记的不足。

操作性摘记（Operational notes）：用于提醒研究者下一步该做的抽样、该问的问题、可做的比较，及后续追踪方向的文件。

4. 备忘录的一般要求

备忘录的内容和长度无定式，可以因研究目的、研究阶段和正在进行的译码不同而不同。

除非是在早期开放性译码阶段，否则不要在原始资料上写分析所得，而应该在单独的纸上写摘记和图表。

备忘录所记载的不是具体的人或事件，而是就人、事件加以抽象化后的概念。

5. 如何撰写备忘录

前提条件：研究你的生成数据。

早期备忘录：记录在数据中看到的情况，探究和填充质性代码。

高级备忘录：用你的问题（topic）对数据进行跟踪和分类，描述你的类属是怎样出现和变化的，发现哪些信念和假设支持你的类属，说一说从不同的立足点出发，这个问题看起来和感觉起来各是什么样的，对它进行讨论，进行比较。

比较方面包括比较不同的人（比如他们的信仰、处境、行动、言论或经验），比较来自一个人不同时间点的数据；比较数据中的类属和其他的类；比较次级类属和一般类属哪个更合适；比较一个一般类属中的次级类属；比较概念或概念性类属；拿你的分析和已有文献或研究领域的主导观念进行比较；完善你的分析结果。

6. 为备忘录排序（见图2-3）

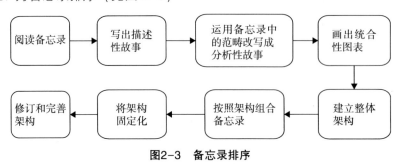

图2-3　备忘录排序

2.3　语义网络分析方法

语义网络是一种出现较早的知识表达形式，并在人工智能中得到了比较广泛的应用。语义网络最早是1968年奎廉（Quillian）在他的博士论文中作为人类联想记忆的一个显式心理学模型提出的，认为记忆是由概念间的联系来实现的，他主张处理问句时，将语义放在首位。当时的语义网络主要应用于自然语言理解系统中，表示事物之间的关系。由于其强大和直观的表示能力，不久就广泛应用于人工智能研究和应用开发的许多领域。1972年，西蒙正式提出语义网络的概念，讨论了它和一阶谓词的关系，并将语义网络应用到了自然语言理解的研究中。

语义网络采用网络形式表示人类的知识，其表示由词法部分、结构部分、过程部分和语义部分四部分组成。

一个语义网络是一个带标识的有向图。其中，带有标识的节点表示问题领域中的物体、概念、时间、动作或者态势。在语义网络知识表示中，节点一般划分为实例节点和类节点两种类型。节点之间带有标识的有向弧表示节点之间的语义联系，是语义网络组织知识的关键。

因为语义网络表示知识的实质是知识的图解表示，所以这种表示法容易把各种事物有机地联系起来，它特别适于表达关系知识。语义网络通过对于个体间的联系追溯到有关个体的节点，实现对知识的直接存取，能比较正确地反映人类对客观事物的本质认识。应用语义网络使得知识表示更为直观，便于理解。

语义网络的特征包括以下几个方面的内容：

（1）重要的相关性得以明确表示。

（2）相关事实可以从直接相连的节点推导出来，不必遍历整个庞大的知识库。

（3）能够利用"IS-A"和"Subset"链在语义网络中建立属性继承的层次关系。

（4）易于对继承的属性进行演绎。

（5）能够利用少量基本概念的记号建立状态和动作的描述。

2.4　数据挖掘分析方法

数据挖掘（Data Mining，DM）就是从大量的、不完全的、有噪声的、模糊的、随机的数据中，提取隐含在其中的、人们事先不知道的、但又是潜在的有用信息和知识过程。

2.4.1　数据挖掘常用方法

数据挖掘系统利用的技术越多，得出的结果精确性就越高。原因很简单，对于某一种技术不适用的问题，其他方法却可能奏效。主要取决于问题的类型以及数据的类型和规模。

数据挖掘涉及的学科领域和方法很多，有多种分类方法。根据挖掘任务，可分为分类或预测模型发现、数据总结、聚类、关联规则发现、序列模式发现、依赖关系或依赖模型发现、异常和趋势发现等。根据挖掘对象分，有数据库、面向对象数据库、空间数据库、时态数据库、文本数据库、多媒体数据库、异构数据库以及 Web。根据挖掘方法，可分为机器学习方法、统计方法、神经网络方法和数据库方法。机器学习包含归纳学习方法、基于案例学习、遗传算法等。统计方法包含回归分析、判断分析、聚类分析、探索性分析等。

（1）分类

分类是找出数据库中的一组数据对象的共同特点并按照分类模式将其划分为不同的类，其目的是通过分类模型，将数据库中的数据项映射到某个给定的类别中[10]。可以应用到涉及应用分类、趋势预测中，如淘宝商铺将用户在一段时间内的购买情况划分成不同的类，根据情况向用户推荐关联类的商品，从而增加商铺的销售量。

（2）回归分析

回归分析反映了数据库中数据的属性值的特性，通过函数表达数据映射的关系来发现属性值之间的依赖关系。它可以应用到对数据序列的预测及相关关系的研究中去。在市场营销中，回归分析可以被应用到各个方面。如通过对本季度销售的回归分析，对下一季度的销售趋势做出预测和有针对性的营销改变。

（3）聚类

聚类类似于分类，但与分类的目的不同，是针对数据的相似性和差异性将一组数据分为几个类别[8]。属于同一类别的数据间的相似性很大，但不同类别之间数据的相似性很小，跨类的数据关联性很低。

（4）关联规则

关联规则是隐藏在数据项之间的关联或相互关系，即可以根据一个数据项的出现推导出其他数据项的出现。关联规则的挖掘过程主要包括两个阶段：第一阶段为从海量原始数据中找出所有的高频项目组；第二阶段为从这些高频项目组产生关联规则。关联规则挖掘技术已经被广泛应用于金融行业企业中用以预测客户的需求，各银行在自己的 ATM 机上通过捆绑客户可能感兴趣的信息供用户了解并获取相应信息来改善自身的营销[10]。

（5）神经网络方法

神经网络作为一种先进的人工智能技术，因其自身自行处理、分布存储和高度容错等特性非常适合处理非线性的以及那些以模糊、不完整、不严密的知识或数据为特征的处理问题，它的这一特点十分适合解决数据挖掘的问题。典型的神经网络模型主要分为三大类：第一类是以用于分类预测和模式识别的前馈式神经网络模型，其主要代表为函数型网络、感知机；第二类是用于联想记忆和优化算法的反馈式神经网络模型，以 Hopfield 的离散模型和连续模型为代表；第三类是用于聚类的自组织映射方法，以 ART 模型为代表。虽然神经网络有多种模型及算法，但在特定领域的数据挖掘中使用何种模型及算法并没有统一的规则，而且人们很难理解网络的学习及决策过程。

（6）Web 数据挖掘

Web 数据挖掘是一项综合性技术，指 Web 从文档结构和使用的集合 C 中发现隐含的模式 P，如果将 C 看作是输入，P 看作是输出，那么 Web 挖掘过程就可以看作是从输入到输出的一个映射过程[10]。当前越来越多的 Web 数据都是以数据流的形式出现的，因此对 Web 数据流挖掘就具有很重要的意义。目前常用的 Web 数据挖掘算法有：PageRank 算法、HITS 算法以及 LOGSOM 算法。这三种算法提到的用户都是笼统的用户，并没有区分用户的个体。目前 Web 数据挖掘面临着一些问题，包括用户的分类问题、网站内容时效性问题、用户在页面停留时间问题、页面的链入与链出数问题等。在 Web 技术高速发展的今天，这些问题仍旧值得研究并加以解决。

2.4.2　数据挖掘十大经典算法

（1）C4.5

该算法是机器学习算法中的一种分类决策树算法，其核心算法是 ID3 算法。C4.5 算法继承了 ID3 算法的优点，并在以下几方面对 ID3 算法进行了改进：

①用信息增益率来选择属性，克服了用信息增益选择属性时偏向选择取值多的属性的不足。

②在树构造过程中进行剪枝。

③能够完成对连续属性的离散化处理。

④能够对不完整数据进行处理。

C4.5 算法有如下优点：产生的分类规则易于理解，准确率较高。其缺点是：在构造树的过程中，需要对数据集进行多次的顺序扫描和排序，因而导致算法的低效。

（2）K-means 算法

该算法是一种聚类算法。把 n 的对象根据它们的属性分为 k 个分割，

$k<n$。它与处理混合正态分布的最大期望算法很相似，因为它们都试图找到数据中自然聚类的中心。它假设对象属性来自于空间向量，并且目标是使各个群组内部的均方误差总和最小。

（3）SVM

SVM 是一种监督式学习的方法，广泛运用于统计分类以及回归分析中。支持向量机将向量映射到一个更高维的空间里，在这个空间里建立一个最大间隔超平面。在分开数据的超平面的两边建有两个互相平行的超平面。分隔超平面使两个平行超平面的距离最大化。假定平行超平面间的距离或差距越大，分类器的总误差越小。一个极好的指南是 C. J. C Burges 的《模式识别支持向量机指南》。van der Walt 和 Barnard 将支持向量机和其他分类器进行了比较。

（4）Apriori

Apriori 是一种最有影响的挖掘布尔关联规则频繁项集的算法。其核心是基于两阶段频集思想的递推算法。该关联规则在分类上属于单维、单层、布尔关联规则。在这里，所有支持度大于最小支持度的项集称为频繁项集，简称频集。

（5）EM

在统计计算中，最大期望（Expectation-Maximization，EM）算法是在概率（probabilistic）模型中寻找参数最大似然估计的算法，其中概率模型依赖于无法观测的隐藏变量（Latent Variabl）。最大期望经常用在机器学习和计算机视觉的数据集聚（Data Clustering）领域。

（6）PageRank

PageRank 是 google 算法的重要内容。2001 年 9 月被授予美国专利，专利人是 Google 创始人之一拉里·佩奇（Larry Page）。因此，PageRank 里的 Page 不是指网页，而是指佩奇，即这个等级方法是以佩奇来命名的。

PageRank 根据网站的外部链接和内部链接的数量和质量来衡量网站的价值。PageRank 背后的概念是，每个到页面的链接都是对该页面的一次投票，被链接得越多，就意味着被其他网站投票越多。这个就是所谓的"链接流行度"——衡量多少人愿意将他们的网站和你的网站挂钩。PageRank 这个概念引自学术中一篇论文的被引述的频度，即被别人引述的次数越多，一般判断这篇论文的权威性就越高。

（7）Adaboost

Adaboost 是一种迭代算法，其核心思想是针对同一个训练集训练不同的分类器（弱分类器），然后把这些弱分类器集合起来，构成一个更强的最终分类器（强分类器）。其算法本身是通过改变数据分布来实现的，它根据每次训练集之中每个样本的分类是否正确，以及上次的总体分类的准确率，来确定每个样本的权值。将修改过权值的新数据集送给下层分类器进行训练，最后将每次训练得到的分类器最后融合起来，作为最后的决策分类器。

（8）KNN

最近邻（K-Nearest Neighbor，KNN）分类算法，是一个理论上比较成熟的方法，也是最简单的机器学习算法之一。该方法的思路是：如果一个样本在特征空间中的 k 个最相似（即特征空间中最邻近）的样本中的大多数属于某一个类别，则该样本也属于这个类别。

（9）Naive Bayes

在众多的分类模型中，应用最为广泛的两种分类模型是决策树模型（Decision Tree Model）和朴素贝叶斯模型（Naive Bayesian Model，NBC）。朴素贝叶斯模型发源于古典数学理论，有着坚实的数学基础，以及稳定的分类效率。同时，NBC 模型所需估计的参数很少，对缺失数据不太敏感，算法也比较简单。理论上，NBC 模型与其他分类方法相比具有最小的误差率。但是实际上并非总是如此，这是因为 NBC 模型假设属性之间相互独立，这个假设在实际应用中往往是不成立的，这给 NBC 模型的正确分类带来了一定影响。在属性个数比较多或者属性之间相关性较大时，NBC 模型的分类效率比不上决策树模型。而在属性相关性较小时，NBC 模型的性能最为良好。

（10）Cart

分类与回归树，在分类树下面有两个关键的思想，第一个是关于递归地划分自变量空间的想法，第二个是用验证数据进行剪枝。

2.5　信度分析

2.5.1　信度的定义

信度又称可靠性，指采用同样的方法对同一对象重复测量，测量结果呈现的一致性程度和稳定性程度。一个新编测验确定其是否有很好的信度，即能否可靠地测到想要测量的内容是很重要的。

信度也可以理解为特定群体，在特定场合、特定条件下测试而获得分数的一种属性，它本身与测量所得到的结果是否正确无关。

信度评价的是测量结果的前后一致性，反映的是测验受随机误差影响的程度。一般而言，两个或两次测量结果越是一致，则误差越小，信度也就越高。常用信度系数主要有：稳定性系数、等值性系数和内部一致性系数。

信度的概念出现于 20 世纪初，是以真分数测量理论（Classical Test Theory，CTT）为基础的，该理论是 20 世纪前期与中期的心理测量理论的主导部分，所以也叫经典测量理论。

2.5.2 信度的作用

信度是评价一个测量工具质量优劣的重要指标，只有信度达到一定要求的测量工具才可以考虑使用。信度系数可解释为真分数方差在样本测验分数的总方差中占多少比例，它是测量过程中的随机误差大小的反映，可以解释个体测试结果的意义，因此测验信度是判断测验好坏的重要指标。

但是判定某测验是否可靠时，必须依据该测验施测的具体情境，以及其测验结果是否能够经过多次证实来判定；一个测验可以有多个信度估计，所以在实际测验时要注意选择，测量的结果应看成是一个范围。

（1）信度可以用来解释个人测验分数的意义

由于存在测量误差，一个人所得分数有时比真分数高，有时比真分数低；有时二者相等，理论上我们可对一个人施测无限多次，然后求所得分数的平均数与标准差。这样平均数就是这个人的真分数，标准差就是测量误差大小的指标。但这在实际上是行不通的。然而，我们可以用一组被试，人数足够多，两次施测的结果来代替对同一个人反复施测，以估计测量误差的变异数。此时，每个人在两次测验中的分数之差可以构成一个新的分布，这个分布的标准差就是测量的标准误，是表示测量误差大小的指标。

测量的标准误可用下式计算：

$$SE = S\sqrt{1 - \gamma XX}$$

其中 SE 为测量的标准误，S 为所得分数的标准差，XX 为测量的信度。

从式中可以看出，测量的标准误与信度之间有互为消长的关系，信度越高，标准误越小；信度越低，标准误越大。

根据上式，知道了一组测量的标准差和信度系数，就可以求出测量的标准误。进一步我们就可以从每个人的实得分数估计出真分数的可能范围，即

确定出在不同或然率水准上真分数的置信区间。人们一般采用 95% 的或然率水准，其置信区间为

$$(X - 1.96SE) \leqslant T \leqslant (X + 1.96SE)$$

这就是说，大约有 95% 的可能性真正分数落在所得分数 ±1.96SE 的范围内或者 5% 的可能性落在这范围之外。这实际上也表明了再测时分数改变的可能范围。

（2）信度可以帮助进行不同测验分数的比较

来自不同测验的原始分数是无法直接比较的，而必须将它们转换成相同尺度的标准分数才能进行比较。

如某班期末考试，张生语文、数学的成绩转换成 T 分数（平均数为 50、标准差为 10）分别为 65 和 70，由此我们可以知道张生的数学比语文考得稍好些。但二者差异是否有意义，仍不清楚。为了说明个人在两种测验上表现的优劣，我们可以用"差异的标准误"来检验其差异的显著性，常用的公式为

$$SE_d = S\sqrt{2 - \gamma XX - \gamma YY}$$

式中 SE_d 为差异的标准误，S 为标准分数的标准差（如 T 分数的 $S = 10$），γXX 和 γYY 分别是两个测验的信度系数。

2.5.3　用标准误估计个人分数的误差

用标准误估计个人分数的误差要注意三点：

（1）一个测验有很多可能的信度估计，因而也有同样多的标准误估计，在实际工作中要注意选择最适合某一特殊情况的信度估计来解决问题。

（2）本理论假定 SE 在所有分数水平都一样，但有时高分段与低分段的标准误并不相同。水平高的人与水平低的人在做测量时会有不同的随机误差，受随机误差的影响也不一样。

（3）测验分数是一个人真正分数的最佳估计。但由于存在测量误差，所以必须将测验分数看成以该点为中心上下波动的范围，而不要看成确切的点。这一范围有多宽将取决于测量标准误的大小，最终取决于信度系数。

测量标准误是对测量误差的描绘，用它能对个人真正分数的置信区间做出估计。但用它来估计个人真正水平则可能导致严重错误，因为它没有考虑到系统误差的影响。

2.5.4 信度系数

大部分的信度指标都以相关系数来表示，即用同一被试样本所得的两组资料的相关作为测量一致性的指标，称作信度系数。

对信度系数要注意三点：

（1）在不同的情况下，对不同样本，采用不同方法，会得到不同的信度系数，因此一个测验可能不止一个信度系数。

（2）信度系数只是对测量分数不一致程度的估计，并没有指出不一致的原因。

（3）获得较高的信度系数并不是测量追求的最终目标，它只是迈向目标的一步，是使测验有效的一个必要条件。

信度系数有两个实际用处：

（1）用来解释个人分数的意义。

（2）用来比较不同测验分数的差异。

2.5.5 信度分析的方法

1. 重测信度法

重测信度（test-retest reliability）指的是用同一个量表对同一组被试施测两次所得结果的一致性程度。重测信度能表示两次测验结果有无变动，反映测验分数的稳定程度，所以又叫稳定性系数。其计算公式即皮尔逊积差相关公式

$$\gamma_{xx} = \left[\sum (X - \bar{X})(Y - \bar{Y}) \right] / \sqrt{\sum (X - \bar{X})^2 \sum (Y - \bar{Y})^2}$$

式中，γ_{xx} 是重测信度，X 及 $\bar{X}$ 是第一次测量的实得分数及实得分数的平均值，Y 及 $\bar{Y}$ 是第二次测量的实得分数及实得分数的平均值。

需注意：相关系数高，表示此测验的信度高；前后两次测验间隔的时间要适当。若两次测验间隔太短，受测者记忆犹新，通常分数会提高，不过如果题数够多则可避免这种影响。但若两次测验间隔太长，受测者心智成长影响，稳定系数也可能会降低。

重测信度法特别适用于事实式问卷，如性别、出生年月等在两次施测中不应有任何差异，大多数被调查者的兴趣、爱好、习惯等在短时间内也不会有十分明显的变化。如果没有突发事件导致被调查者的态度、意见突变，这种方法也适用于态度、意见式问卷。由于重测信度法需要对同一样本试测两

次，被调查者容易受到各种事件、活动和他人的影响，而且间隔时间长短也有一定限制，因此在实施中有一定困难。

重测信度的特点是用同一工具对同一批人测两次。因此，它只能在允许重测的情况下才使用。具体地说，它必须满足以下三个条件：

（1）该测验测量的心理特性必须相当稳定。

（2）遗忘和练习的效果基本上相互抵消。

（3）两次测验期间的学习效果没有差异。

但是，我们可以看到，对于学校的各种测验或标准化考试，上面三个假设几乎是无法满足的。因此，一般标准化考试很少用重测法来估计测验的信度。相反成人的人格特质一般是稳定的，并且不容易受遗忘、练习、学习的影响，故较多用重测法估计信度。

2. 复本信度法

任何测验都只是所有可能题目中的一份取样，所以可能编制许多平行的等值测验，叫作复本。复本信度（alternate-form reliability）就是指用两个复本测验测量同一批被试所得结果的一致性程度。其大小等于同一批被试在两个复本测验上所得分数的积差相关系数。

两个等值测验可同时连续施测或相距一段时间分两次施测。前者的复本信度又称等值性系数。其分数的不一致主要来自题目取样的差别，因为两次测验的间隔极短，所以没有时间造成的误差。后一种复本信度又称稳定性与等值性系数。因为它把复本法与重测法结合起来，所有影响施测和再施测不一致的因素以及影响平行性不一致的因素都将对它发生影响，因此分数的不一致性最高。可见与稳定性系数和等值性系数相比，稳定性与等值性系数是对信度的最严格的检验，其值最低。以复本法估计测验的信度可以避免重测法的缺点，但用复本法估计测验的信度的条件之一是首先要有两份或两份以上真正平行的测验。即两份测验在题目内容、数量、形式、难度、区分度、指导语、时限，以及所用的例题、公式和测验的其他所有方面都应该相同或相似。若不一致，所得的信度就成了歪曲的估计。事实上，要编制两份完全等值的测验是不大可能的。即使是很有经验的测验编制者，也只能编制出基本等值的测验。用复本法估计测验的信度的条件之二便是被试要有条件接受两个测验。这种条件主要取决于时间和经费等方面。

复本信度法是让同一组被调查者一次填答两份问卷复本，计算两个复本的相关系数。复本信度属于等值系数。复本信度法要求两个复本除表述方式不同外，在内容、格式、难度和对应题项的提问方向等方面要完全一致，而在实际调查中，很难使调查问卷达到这种要求，因此采用这种方法者较少。

3. 分半信度法

复本在只能实施一次的情况下，通常采用分半法估计信度。

分半信度（split-half reliability）指的是将一个测验分成对等的两半，根据所有被试在这两半测验上所得分数的一致性程度。与复本相关法很类似，分半法是在同一时间施测，最好能对两半问题的内容性质、难易度加以考虑，使两半的问题尽可能有一致性。

分半信度系数可以和等值性系数一样解释。将同一量表中测验题目（项目内容相似）折成两半（单数题、偶数题），求这两个分半测验总分之相关系数。因为这两半测验基本上相当于最短时距施测的两个平行的复本，由于只需要对一个测验进行一次施测，考察的是两半题目之间的一致性，所以这种信度系数有时也被称为内部一致系数。虽然分半信度也可当作内部一致性的测量，但我们将归类为等值的特例。与其他等值性测量唯一不同之处是在测验施测后才分成两个。

分半信度的计算方法和等值复本信度的计算方法类似，只不过被试在两半测验上得分的相关系数只是半个测验的信度。由于在其他条件相等的情况下，测验越长，信度越高，因此必须用"斯皮尔曼—布朗公式"进行校正

$$\gamma_{xx} = 2\gamma_{hh}/(1 + \gamma_{hh})$$

式中 γ_{xx} 为整个测验的信度，γ_{hh} 为两半测验分数间的相关系数。

斯皮尔曼—布朗公式的假定是两半测验分数的变异数相等，但实际资料未必能够符合这一假定。当两半测验不等值时，分半信度往往被低估。在这种情况下，可采用弗朗那根公式或卢伦公式。

弗朗那根（Flanagan）公式：

$$\gamma_{xx} = 2[1 - (Sa^2 + Sb^2)/Sx^2]$$

式中 Sa^2 和 Sb^2 分别表示所有被试在两半测验上得分的变异数，Sx^2 表示全体被试在整个测验上的总得分的变异数。

卢伦（Rulon）公式：

$$\gamma_{xx} = 1 - Sd^2/Sx^2$$

式中 Sd^2 表示同一组被试在两半测验上得分之差的变异数，其他符号与上式一样。

分半信度通常是在只能施测一次或没有复本的情况下使用。而且，在使

用斯—布公式时要求全体被试在两半测验上得分的变异数要相等。当一个测验无法分成对等的两半时，分半信度不宜使用。

由于将一个测验分成两半的方法很多，例如，按题号的奇偶性分半，或按题目的难度分半，或按题目的内容分半等，所以，同一个测验通常会有多个分半信度值。

分半信度法是将调查项目分为两半，计算两半得分的相关系数，进而估计整个量表的信度。分半信度属于内在一致性系数，测量的是两半题项得分间的一致性。这种方法一般不适用于事实式问卷（如年龄与性别无法相比），常用于态度、意见式问卷的信度分析。在问卷调查中，态度测量最常见的形式是 5 级李克特（Likert）量表。进行分半信度分析时，如果量表中含有反意题项，应先将反意题项的得分做逆向处理，以保证各题项得分方向的一致性，然后将全部题项按奇偶或前后分为尽可能相等的两半，计算二者的相关系数（r_{hh}，即半个量表的信度系数），最后用斯皮尔曼—布朗公式求出整个量表的信度系数。

4. α 信度系数法

Cronbach α 信度系数是目前最常用的信度系数，其公式为

$$\alpha = [k/(k-1)] \times [1 - (\sum S_i^2)/ST^2]$$

其中，K 为量表中题项的总数，S_i^2 为第 i 题得分的题内方差，ST^2 为全部题项总得分的方差。从公式中可以看出，α 系数评价的是量表中各题项得分间的一致性，属于内在一致性系数。这种方法适用于态度、意见式问卷（量表）的信度分析。

总量表的信度系数最好在 0.8 以上，0.7~0.8 可以接受；分量表的信度系数最好在 0.7 以上，0.6~0.7 还可以接受。Cronbach α 系数如果在 0.6 以下就要考虑重新编制问卷。

2.6　效度分析

2.6.1　效度的性质

（1）效度具有相对性

任何测验的效度是对一定的目标来说的，或者说测验只有用于与测验目

标一致的目的和场合才会有效。所以，在评价测验的效度时，必须考虑效度测验的目的与功能。

（2）效度具有连续性

测验效度通常用相关系数表示，它只有程度上的不同，而没有"全有"或"全无"的区别。效度是针对测验结果的。

2.6.2 内容效度

内容效度指的是测验题目对有关内容或行为取样的适用性，从而确定测验是否是所欲测量的行为领域的代表性取样。

内容效度的评估方法有：专家判断法、统计分析法（评分者信度 \ 复本信度 \ 分半信度 \ 再测法）、经验推测法（实验检验）。

内容效度经常与表面效度混淆。表面效度是由外行对测验做表面上的检查确定的，它不反映测验实际测量的东西，只是指测验表面上看来好像是测量所要测的东西；内容效度是由够资格的判断者（专家）详尽地、系统地对测验做评价而建立的。

2.6.3 构想效度

构想效度指测验能够测量到理论上的构想或特质的程度，即测验的结果是否能证实或解释某一理论的假设、术语或构想，解释的程度如何。

构想效度的估计方法有对测验本身的分析（用内容效度来验证构想效度）和测验间的相互比较。测验间的相互比较可以采用相容效度（与已成熟的相同测验间的比较）、区分效度（与近似或应区分测验间的比较）、因素分析法。

2.6.4 效标效度

效标效度又称实证效度，反映的是测验预测个体在某种情境下行为表现的有效性程度。

根据效标资料是否与测验分数同时获得，又可分为同时效度（实际士气高和士气低的人在士气测验中的得分一致性）和预测效度两类。

2.6.4.1 效标条件

一个好的效标必须具备以下条件：

（1）效标必须能最有效地反映测验的目标，即效标测量本身必须有效。

（2）效标必须具有较高的信度，稳定可靠，不随时间等因素而变化。

（3）效标可以客观地加以测量，可用数据或等级来表示。

（4）效标测量的方法简单，省时省力，经济实用。

2.6.4.2 效标效度的评估方法

相关法——效度系数是最常用的效度指标，尤其是效标效度。它是以皮尔逊积差相关系数来表示的，主要反映测验分数与效标测量的相关。当测验成绩是连续变量，而效标资料是二分变量时，计算效度系数可用点二列相关公式或二列相关公式；当测验分数为连续变量，效标资料为等级评定时，可用贾斯朋多系列相关公式计算。

区分法——是检验测验分数能否有效地区分由效标所定义的团体的一种方法。算出 t 值后，便可知道分数的差异是否显著。若差异显著，说明该测验能够有效地区分由效标定义的团体，否则，测验是无效的。重叠百分比可以通过计算每一组内得分超过（或低于）另一组平均数的人数百分比得出；另外，还可以计算两组分布的共同区的百分比。重叠量越大，说明两组分数差异越小，即测验的效度越差。

命中率法——是当测验用来做取舍的依据时，用其正确决定的比例作为效度指标的一种方法。命中率的计算有两种方法，一种是计算总命中率，另一种是计算正命中率。

预期表法——是一种双向表格，预测分数排在表的左边，效标排在表的顶端。从左下至右上对角线上各百分数字越大，而其他的百分数字越小，表示测验的效标效度越高；反之，数字越分散，则效度越低。

2.6.4.3 效度功能

预测误差——效度系数的实际意义常常以决定性系数来表示，意旨相关系数的平方，它表示测验正确预测或解释的效标的方差占总方差的比例。

预测效标分数——（从预测分数预测效标成绩）如果 X 与 Y 两变量呈直线相关，只要确定出二者间的回归方程，就可以从一个变量推估出另一个变量。

预测效率指数的大小表明使用测验比盲目猜测能减少多少误差。

2.6.5 测试效度

2.6.5.1 内容效度

内容效度（content validity）指一套测试题是否测试了应该测试的内容或者说所测试的内容是否反映了测试的要求，即测试的代表性和覆盖面的程度。例如，如果某一套发音技能测试题仅考查发音所必须具备的某些技能，如只考查单一音素的发音，而不考查重读、语调或音素在词语中的发音，那么，该测试的内容效度就很低。

2.6.5.2 编制效度

编制效度（construct validity）指一套测试题的诸项目对编制该测试所依据的理论的各个基本方面的反映程度。例如，以结构主义语言理论为基础，认为系统的语言习惯是通过句型而获得的，那么，强调词汇和语法环境的测试题目就失去了编制效度。

2.6.5.3 经验效度

经验效度（empirical validity）是一种衡量测试有效性的量度，通过把一次测试与一个或多个标准尺度相对照而得出。

经验效度可分为两种：一是共时效度（concurrent validity），即将一次测试的结果同另一次时间相近的有效测试的结果相比较，或同教师的鉴定相比较而得出的系数；二是预测效度（predictive validity），即将一次测试的结果同后来的语言能力相比较，或是同教师后来对学生的鉴定相比较而得出的系数。

一般来说，对某次测试的效度进行检验时，除了要根据教学大纲的要求和观念有效性的理论对试卷的内容进行考查以外，还须采用计算相关系数的定量方法，即计算出本次试卷与另一份已被确定能正确反映受试者水平的试卷之间的相关系数。系数高则有效性大。

2.6.6 效度分析

效度分析有多种方法，其测量结果反映效度的不同方面。常用于调查问卷效度分析的方法主要有以下几种。

2.6.6.1　表面效度

表面效度（Face Validity）也称为内容效度或逻辑效度，指的是测量的内容与测量目标之间是否适合，也可以说是指测量所选择的项目是否"看起来"符合测量的目的和要求。主要依据调查设计人员的主观判断。

这种方法用于测量量表的内容效度。内容效度又称表面效度或逻辑效度，它是指所设计的题项能否代表所要测量的内容或主题。对内容效度常采用逻辑分析与统计分析相结合的方法进行评价。逻辑分析一般由研究者或专家评判所选题项是否"看上去"符合测量的目的和要求。统计分析主要采用单项与总和相关分析法获得评价结果，即计算每个题项得分与题项总分的相关系数，根据相关是否显著判断是否有效。若量表中有反意题项，应将其逆向处理后再计算总分。

2.6.6.2　准则效度分析

准则效度（Criterion Validity）又称为效标效度或预测效度。准则效度是指量表所得到的数据和其他被选择的变量（准则变量）的值相比是否有意义。根据时间跨度的不同，准则效度可分为同时效度和预测效度。准则效度分析是根据已经得到确定的某种理论，选择一种指标或测量工具作为准则（效标），分析问卷题项与准则的联系，若二者相关显著，或者问卷题项对准则的不同取值、特性表现出显著差异，则为有效的题项。评价准则效度的方法是相关分析或差异显著性检验。在调查问卷的效度分析中，选择一个合适的准则往往十分困难，使这种方法的应用受到一定限制。

2.6.6.3　结构效度分析

结构效度（Construct Validity）是指测量结果体现出来的某种结构与测值之间的对应程度。结构效度分析所采用的方法是因子分析。最关心的问题是：量表实际测量的是哪些特征？在评价结构效度时，调研人员要试图解释"量表为什么有效"这一理论问题以及考虑从这一理论问题中能得出什么推论。结构效度包括同质效度、异质效度和语意逻辑效度。有的学者认为，效度分析最理想的方法是利用因子分析测量量表或整个问卷的结构效度。因子分析的主要功能是从量表全部变量（题项）中提取一些公因子，各公因子分别与某一群特定变量高度关联，这些公因子即代表了量表的基本结构。通过因子分析可以考察问卷是否能够测量出研究者设计问卷时假设的某种结构。在因子分析的结果中，用于评价结构效度的主要指标有累积贡献率、共同度和因子负荷。累积贡献率反映公因子对量表或问卷的累积有效程度，共同度反映由公因子解释原变量的有效程度，因子负荷反映原变量与某个公因子的相关程度。

2.6.6.4　内部效度

研究的内部效度是指在研究的自变量与因变量之间存在一定关系的明确程度。如果自变量和因变量之间关系并不会由于其他变量的存在受到影响，从而变得模糊不清或复杂化，那么这项研究就具有内部效度。它所涉及的问题是：

（1）所研究的两个或多个变量之间是否存在一定的关系？

（2）是否确实是自变量的变化引起了因变量的变化？

研究设计要对可能涉及的各种变量进行有效的控制与消除，使与研究目标无关的变量对研究结果的影响很小或没有影响，因而，研究变量之间（如自变量与因变量之间）的关系是确定的和真实的，意味着一项研究的内部效度高。

影响内部效度的因素比较多，归纳起来，主要有历史、研究被试、研究手段方法和程序、统计回归效应4方面因素。

研究的内部效度不会自动形成。内部效度的获得，主要是通过研究设计，认真细致地选择变量，切实控制好各种变量，保证研究变量之间的确定关系，消除与研究目标无关的变量对研究结果的影响。上述4方面的因素，都是在研究中应特别注意控制的，最有效的途径是采用随机化程序。对于教育科学研究的各种具体情况（例如不同的研究活动），影响内部效度的因素种类、数量、作用大小会有一定的差别，应该根据具体情况加以分析、预估、识别，并采取适当措施予以控制或消除，以提高研究的内部效度。

2.6.6.5　外部效度

研究的外部效度是指研究结果能够一般化和普遍适用到样本来自的总体和到其他的总体中的程度，即研究结果和变量条件、时间和背景的代表性和普遍适用性。外部效度可以细分为总体效度和生态效度两类。

总体效度指研究结果能够适应于研究样本来自的总体的程度与能力，或者说对总体的普遍意义。要使研究结果适用于总体，就必须从总体中随机选取样本，使样本对总体具有代表性。如果研究所选样本有偏差或数量太小，不足以代表总体，其结果就难以对总体特征进行概括。

生态效度是指研究结果可以被概括化和适应于其他研究条件和情景的程度和能力。要使研究结果能够适用于其他研究条件和情景（例如，自变量与因变量、研究程序、研究背景、研究时间和研究者等方面的不同），就必须特别设计研究条件与情景，保证对其他条件、情景有代表性。

一般认为，内部效度是外部效度的必要条件，但不是充分条件。内部效度低的研究结果就谈不上对其他情景的普遍意义；可是内部效度高的研究，其结果却不一定能够一般化到其他总体和背景中去。教育科学研究的重要意义是要发现教育活动的普遍规律，指导教育工作的开展。因此，提高研究结果的外部效度十分重要。一项研究的内部效度再高，如果其结果仅适应于特定的范围、特定的测量工具、特定的研究程序和特定的研究条件等，那么，从获取一般知识和揭示普遍规律的角度来看，其价值、意义不大。因此，研究的外部效度与内部效度在重要性上毫不逊色。

影响外部效度的因素主要有 4 个方面：研究被试方面、变量的定义和测试方面、研究手段和程序方面及实验者方面。上述 4 方面因素，有时单独存在，有时同时存在若干方面的影响。要提高研究的外部效度，必须注意在研究中消除和控制上述各种影响因素。外部效度的要求是研究能够符合客观情况，适用于更大的总体。其中，关键的一环就是做好取样工作。取样工作不但包括被试的取样，而且也包括有代表性的研究背景（工作场所、学校、家庭、实验室）、研究工具、研究程序和时间等的选择。取样的背景与实际情景越接近，研究结果的可用性、适用性、推广性就越强。一般来说，随机取样，提高模拟现实情景的程度，采用多种相关的研究方法，变化研究条件寻求具有普遍意义的结论，是获得外部效度、提高研究结果可用性的重要条件。

2.6.6.6　统计结论效度

统计结论效度是关于研究的数据分析处理程序的效度检验，或者说，它是检验研究结果的数据分析程序与方法的有效性的指标。统计结论效度的基本问题是研究误差、变异来源与如何适当地运用统计显著性检验，它不涉及系统性偏差的来源问题，而是研究误差变异情况和如何适当运用统计显著性检验的问题。例如，采用小样本的研究数据时，由于样本成分与测量数据都波动比较大，稳定性差，如果依赖统计显著性水平做出推论是不可靠的。在这种情况下，应该运用功效分析，看看一定的样本范围、变异程度和 α 水平上能够检验出多大的效应。这就是统计结论效度所考虑的问题。

影响统计结论效度的因素主要有 3 方面：统计功效低、违反统计方法的使用条件、测量信度低。

研究的统计结论效度主要取决于两个方面的条件：一是数据的质量，数据分析程序的效度是以数据的质量作为基础的，数据质量差的研究是谈不上统计结论效度的；二是统计检验方法，数据分析中所采用的各种统计方法，都有其明确的统计检验条件的要求，一项研究中统计检验条件不明确或者被违反，就会显著降低统计结论效度。

2.6.6.7　构思效度

研究的构思效度是指理论构思或假设的合理性、科学性，及其转换为研究目标的恰当程度和可操作性。它涉及建立研究方案和测量指标的理论构思（或观察指标的理论设想）及其操作化等方面的问题，即理论构思及其转换的有效性。为了使研究具有较高的构思效度，研究的理论构思首先要结构严谨、层次分明，形成某种"构思网络"，其次对研究内容做出严格的抽象与操作性定义（如针对研究构思的特点，给予明确的操作定义）。

影响构思效度的因素主要有 3 方面：研究构思方面、研究手段和程序方面、实验者的主观期望和被试者对研究的猜测。

满足以下 4 个条件可以使研究具有较高的构思效度。

（1）理论构思要结构严谨、符合逻辑、层次分明，形成某种"构思网络"。例如，将儿童的自我意识发展分为自我认识、自我体验和自我控制 3 方面，而自我认识进一步细分为对生理自我的认识、对心理自我的认识和对社会自我的认识。这样的理论构思，就比较严谨、完整、有层次，并且形成一种"网络"，便于理解和研究。

（2）清晰、准确地界定研究的环境条件和变量。例如，"小学五年级学生发散思维问题研究"这样一个课题，对研究被试的年龄段，生理智力发展，学习、生活、社会环境等需要明确界定范围，用文字和语言两种形式完整、准确地表述研究变量。

（3）对研究变量做出准确、严格的操作定义，并选择对应、客观的观测指标。

（4）避免采用单一方法或单一指标去代表或分析多维的、多层次的、多侧面的事物和活动，尽可能采用多种方法、多种指标，从不同角度分析研究相同的理论构思。

教育科学研究常常包含着复杂的、多维度的理论构思，如何提高研究的构思效度是进行研究设计时需要加以特别重视的问题，也是提高教育科学研究水平的重要内容。

2.7　层次分析法

层次分析法（Analytic Hierarchy Process，AHP）是将与决策总是有关的元素分解成目标、准则、方案等层次，在此基础之上进行定性和定量分析的决策方法。

在现实生活中，常常会遇到一些决策的问题，例如，如何选择旅游景点的问题，选择升学志愿的问题等。在决策者做出最终的决定以前，他会考虑很多方面的因素或者判断准则，然后通过这些因素或准则做出判断，进行选择。例如，外出度假，从几个旅游景点中选择一个景点时，你会考虑旅游费用、景点特色、居住条件、饮食状况、旅行时间等，这些因素相互制约、相互影响。我们把这些因素综合考虑，选择一个自己满意的旅游景点。其实我们可以将这样的复杂系统称为一个决策系统。这些决策系统中的许多因素之间的比较通常无法用定量的方式描述，在这种情况下需要将半定性、半定量的问题转化为定量计算的问题。通过进行相应的定性与定量研究，对事物的发展情况进行客观、准确和简便的判断，从而进行相应的机制设计，使得结果较为准确、科学和客观。

它能够将目标复杂的决策进行层层分解，形成层次化的分析模型，包括了目标层次、标准层次、措施层次等，通过各个因素之间的相互比较，并进行一致性判断，确定各种类型决策的权重大小，进而对多目标的决策提供决策支持。

层次分析法在进行相应决策分析时，能够对定性和定量的问题进行综合分析，最终得出定量化分析的结论，使得结果较为准确、科学和客观，层次分析法是解决这类问题的行之有效的方法。层次分析法将复杂的决策系统层次化，通过逐层比较各种关联因素的重要性来为分析以及最终的决策提供定量的依据。

层次分析法的特点是在对复杂的决策问题的本质、影响因素及其内在关系等进行深入分析的基础上，利用较少的定量信息使决策的思维过程数学化，从而为多目标、多准则或无结构特性的复杂决策问题提供简便的决策方法。尤其适合于对决策结果难于直接准确计量的场合。

层次分析法是将决策问题按总目标、各层子目标、评价准则直至具体的备投方案的顺序分解为不同的层次结构，然后用求解判断矩阵特征向量的办法，求得每一层次的各元素对上一层次某元素的优先权重，最后再加权和的方法递阶归并各备择方案对总目标的最终权重，此最终权重最大者即为最优方案。这里所谓"优先权重"是一种相对的量度，它表明各备择方案在某一特点的评价准则或子目标下优越程度的相对量度，以及各子目标对上一层目标而言重要程度的相对量度。层次分析法比较适合于具有分层交错评价指标的目标系统，而且目标值又难于定量描述的决策问题。其用法是构造判断矩阵，求出其最大特征值，及其所对应的特征向量 W，归一化后，即为某一层次指标对于上一层次某相关指标的相对重要性权值。

2.7.1 层次分析法的优势

2.7.1.1 系统性的分析方法

层次分析法把研究对象作为一个系统，按照分解、比较判断、综合的思维方式进行决策，成为继机理分析、统计分析之后发展起来的系统分析的重要工具。系统的思想在于不割断各个因素对结果的影响，而层次分析法中每一层的权重设置最后都会直接或间接影响到结果，而且在每个层次中的每个因素对结果的影响程度都是量化的，非常清晰、明确。这种方法尤其可用于对无结构特性的系统评价以及多目标、多准则、多时期等的系统评价。

2.7.1.2 简洁实用的决策方法

这种方法既不单纯追求高深数学，又不片面地注重行为、逻辑、推理，而是把定性方法与定量方法有机地结合起来，使复杂的系统分解，能将人们的思维过程数学化、系统化，便于人们接受，且能把多目标、多准则又难以全部量化处理的决策问题化为多层次单目标问题，通过两两比较确定同一层次元素相对上一层次元素的数量关系后，最后进行简单的数学运算。即使是具有中等文化程度的人也可了解层次分析的基本原理和掌握它的基本步骤，计算也非常简便，并且所得结果简单明确，容易为决策者了解和掌握。

2.7.1.3　所需定量数据信息较少

层次分析法主要是从评价者对评价问题的本质、要素的理解出发，比一般的定量方法更讲求定性的分析和判断。由于层次分析法是一种模拟人们决策过程的思维方式的一种方法，层次分析法把判断各要素的相对重要性的步骤留给了大脑，只保留人脑对要素的印象，化为简单的权重进行计算。这种思想能处理许多用传统的最优化技术无法着手的实际问题。

2.7.2　层次分析法的劣势

2.7.2.1　不能为决策提供新方案

层次分析法的作用是从备选方案中选择较优者。这个作用正好说明了层次分析法只能从原有方案中进行选取，而不能为决策者提供解决问题的新方案。这样，我们在应用层次分析法的时候，可能就会有这样一个情况，就是我们自身的创造能力不够，造成了我们尽管在想出来的众多方案里选了一个最好的出来，但其效果仍然不如其他企业所做出来的效果好。而对于大部分决策者来说，如果一种分析工具能分析出在已知的方案里的最优者，然后指出已知方案的不足，又或者甚至再提出改进方案的话，这种分析工具才是比较完美的。但显然，层次分析法还没能做到这点。

2.7.2.2　定量数据较少，定性成分多，不易令人信服

在如今对科学方法的评价中，一般都认为一门科学需要比较严格的数学论证和完善的定量方法。但现实世界的问题和人脑考虑问题的过程很多时候并不是能简单地用数字来说明一切的。层次分析法是一种带有模拟人脑的决策方式的方法，因此必然带有较多的定性色彩。这样，当一个人应用层次分析法来做决策时，其他人就会说：为什么会是这样？能不能用数学方法来解释？如果不可以的话，你凭什么认为你的这个结果是对的？你说你在这个问题上认识比较深，但我也认为我的认识也比较深，可我和你的意见是不一致的，以我的观点做出来的结论也和你的不一致，这个时候该如何解决?

例如，对于一件衣服，有的人认为评价的指标是舒适度、耐用度，这样

的指标对于女士来说，估计是比较难接受的，因为女士对衣服的评价一般是美观度是最主要的，对耐用度的要求比较低，甚至可以忽略不计，因为一件便宜又好看的衣服，穿一次也值了，根本不考虑它是否耐穿。这样，对于一个原本分析的"购买衣服时的选择方法"的题目，充其量也就只是"男士购买衣服的选择方法"了。也就是说，定性成分较多的时候，可能这个研究最后能解决的问题就比较少了。

对于上述这样一个问题，其实也是有办法解决的。如果评价指标太少了，把美观度加进去，就能解决比较多问题了。指标还不够？再加嘛！还不够？再加！还不够？！不会吧？你分析一个问题的时候考虑那么多指标，不觉得辛苦吗？大家都知道，对于一个问题，指标太多了，大家反而会更难确定方案了。这就引出了层次分析法的第二个不足之处。

2.7.2.3 指标过多时数据统计量大，且权重难以确定

当我们希望能解决较普遍的问题时，指标的选取数量很可能也就随之增加。这就像系统结构理论里，我们要分析一般系统的结构，要搞清楚关系环，就要分析到基层次，而要分析到基层次上的相互关系时，我们要确定的关系就非常多了。指标的增加就意味着我们要构造层次更深、数量更多、规模更庞大的判断矩阵。那么我们就需要对许多的指标进行两两比较的工作。由于一般情况下我们对层次分析法的两两比较是用 1~9 来说明其相对重要性的，如果有越来越多的指标，我们对每两个指标之间的重要程度的判断可能就出现困难了，甚至会对层次单排序和总排序的一致性产生影响，使一致性检验不能通过，也就是说，由于客观事物的复杂性或对事物认识的片面性，通过所构造的判断矩阵求出的特征向量（权值）不一定是合理的。不能通过，就需要调整，在指标数量多的时候这是一个很痛苦的过程，因为根据人的思维定式，你觉得这个指标应该是比那个重要，那么就比较难调整过来，同时，也不容易发现指标的相对重要性的取值里到底是哪个有问题，哪个没问题。这就可能花了很多时间，仍然是不能通过一致性检验，而更糟糕的是根本不知道哪里出现了问题。也就是说，层次分析法里面没有办法指出我们的判断矩阵里哪个元素出了问题。

2.7.2.4 特征值和特征向量的精确求法比较复杂

在求判断矩阵的特征值和特征向量时，所用的方法和多元统计所用的方

法是一样的。在二阶、三阶的时候，我们还比较容易处理，但随着指标的增加，阶数也随之增加，在计算上也变得越来越困难。不过幸运的是这个缺点比较好解决，我们有三种比较常用的近似计算方法。第一种就是和法，第二种是幂法，还有一种常用方法是根法。

2.7.3　基本步骤

2.7.3.1　建立层次结构模型

在深入分析实际问题的基础上，将有关的各个因素按照不同属性自上而下地分解成若干层次，同一层的诸因素从属于上一层的因素或对上层因素有影响，同时又支配下一层的因素或受到下层因素的作用。最上层为目标层，通常只有一个因素，最下层通常为方案或对象层，中间可以有一个或几个层次，通常为准则或指标层。当准则过多时，应进一步分解出子准则层。

2.7.3.2　构造成对比较阵

从层次结构模型的第 2 层开始，对于从属于上一层每个因素的同一层诸因素，用成对比较法和 1~9 比较尺度构造成对比较阵，直到最下层。

计算权向量并做一致性检验。对于每一个成对比较阵计算最大特征根及对应特征向量，利用一致性指标、随机一致性指标和一致性比率做一致性检验。若检验通过，特征向量（归一化后）即为权向量；若不通过，需重新构造成对比较阵。

计算组合权向量并做组合一致性检验。计算最下层对目标的组合权向量，并根据公式做组合一致性检验，若检验通过，则可按照组合权向量表示的结果进行决策，否则需要重新考虑模型或重新构造那些一致性比率较大的成对比较阵。

美国运筹学家 T. L. Saaty 于 20 世纪 70 年代提出的层次分析法是对方案的多指标系统进行分析的一种层次化、结构化决策方法，它将决策者对复杂系统的决策思维过程模型化、数量化。应用这种方法，决策者通过将复杂问题分解为若干层次和若干因素，在各因素之间进行简单的比较和计算，就可以得出不同方案的权重，为最佳方案的选择提供依据。运用 AHP 方法，大体可分为以下三个步骤：

步骤 1：分析系统中各因素间的关系，对同一层次各元素关于上一层次中某一准则的重要性进行两两比较，构造两两比较的判断矩阵。

步骤 2：由判断矩阵计算被比较元素对于该准则的相对权重，并进行判断矩阵的一致性检验。

步骤 3：计算各层次对于系统的总排序权重，并进行排序。

最后，得到各方案对于总目标的总排序。

2.7.3.3　构造判断矩阵

层次分析法的一个重要特点就是用两两重要性程度之比的形式表示出两个方案的相应重要性程度等级。如对某一准则，对其下的 9 个方案进行两两对比，并按其重要性程度评定等级。记 a_{ij} 为第 i 和第 j 因素的重要性之比，表 2-1 列出 Saaty 给出的 9 个重要性等级及其赋值。按两比较结果构成的矩阵 A = $(a_{ij})_{n \times m}$，称作判断矩阵。

表2-1　比例标度表

因素比因素	量化值
同等重要	1
稍微重要	3
较强重要	5
强烈重要	7
极端重要	9
两相邻判断的中间值	2，4，6，8

2.7.3.4　计算权重向量

为了从判断矩阵中提炼出有用信息，达到对事物的规律性的认识，为决策提供出科学依据，就需要计算判断矩阵的权重向量。

定义：判断矩阵 A，如对 $\forall i,j,k = 1,2,\cdots,n$，成立 $a_{ij} = a_{ik}a_{kj}$，则称 A 满足一致性，并称 A 为一致性矩阵。

一致性矩阵 A 具有下列简单性质：

（1）rank（A）= 1，且存在唯一的非零特征值 $\lambda_{max} = n$，其对应的特征向量归一化后记为 $w = (w_1, w_2, \cdots, w_n)$ 叫作权重向量，且 $a_{ij} = w_i / w_j$。

（2）A 的列向量之和经规范化后的向量，就是权重向量。

（3）A 的任一列向量经规范化后的向量，就是权重向量。

（4）对 **A** 的全部列向量求每一分量的几何平均，再规范化后的向量，就是权重向量。

因此，对于构造出的判断矩阵，就可以求出最大特征值所对应的特征向量，然后归一化后作为权值。根据上述定理中的性质 2 和性质 4 即得到判断矩阵满足一致性的条件下求取权值的方法，分别称为和法和根法。而当判断矩阵不满足一致性时，用和法和根法计算权重向量则很不精确。特征向量法是 APP 的一种基本方法，Perron 定理为特征向量法奠定理论基础。

定理 Perron 记 $A = (a_{ij})_{n \times m} > 0$ 为正矩阵，$\rho(A)$ 为其谱半径，则下列论断成立：

（1）A 的最大特征值 λ_{max} 存在、唯一，且 $\lambda_{max} = \rho(A)$。

（2）与 λ_{max} 对应的规范化特征向量 $w = (w_1, w_2, \cdots, w_n)^T$ 为正向量，即 W 中每个元素 $w_i > 0$。

因此，对于构造出的判断矩阵，就可以求出最大特征值所对应的特征向量，然后规范化作为权值。

2.7.3.5　一致性检验

当判断矩阵的阶数时，通常难于构造出满足一致性的矩阵来。但判断矩阵偏离一致性条件又应有一个度，为此，必须对判断矩阵是否可接受进行鉴别，这就是一致性检验的内涵。

特别要注意的是，如果所选的要素不合理，其含义混淆不清，或要素间的关系不正确，都会降低 AHP 法的结果质量，甚至导致 AHP 法决策失败。

为保证递阶层次结构的合理性，需把握以下原则：

（1）分解简化问题时把握主要因素，不漏不多。

（2）注意相比较元素之间的强度关系，相差太悬殊的要素不能在同一层次比较。

2.8　本章小结

本章主要对后面章节中用到的各种理论和方法进行介绍，主要包括：SWOT 分析方法、扎根理论、语义网络分析方法、统计分析和数据挖掘分析方法、信度分析、效度分析和层次分析方法等。

参考文献

[1] 李玲鞠．社区书店的SWOT矩阵分析 [J]．知识经济，2013 (10)：113.

[2] 张萍．长春长虹工业园项目可行性研究报告 [D]．成都：电子科技大学，2009.

[3] 王静．企业战略管理SWOT分析方法简述 [J]．商情，2015 (26)：78.

[4] 程日．企业营销人员的培训 [J]．商情，2015 (46)：253.

[5] 陈宇．基于扎根理论的煤炭企业生产运营风险因素分析 [J]．经济视野，2014 (4)：50-52.

[6] 薛晶心．扎根理论方法与高等教育研究 [J]．大学教育科学，2011 (6)：85-88.

[7] 王海涛．常用数据挖掘算法研究 [J]．电子设计工程，2011，19 (11)：90-92.

[8] 海丽切木·阿布来提．浅谈数据挖掘技术中常用的分类器构造方法 [J]．福建电脑，2012，28 (2)：98-100.

[9] 田临卿．数据挖掘技术在烟草行业中的应用 [J]．中国农业科技导报，2012，14 (6)：84-90.

[10] 涂泳秋．中医药科研中用到的数据挖掘方法综述 [J]．医学信息，2011，24 (13)：4045-4047.

[11] 陈欣．数据挖掘的分析方法综述 [J]．福建电脑，2004 (1)：31-32.

第 *3* 章 京津冀电商发展现状分析

随着信息技术的发展，电子商务的内涵和外延也在不断充实和扩展，并不断被赋予新的含义，开拓出更广阔的应用空间。

电子商务是网络应用的发展方向，具有无法预测的增长前景。大力发展电子商务，对于国家以信息化带动工业化的战略，实现跨越式发展，增强国家竞争力，具有十分重要的战略意义。

3.1 全国电商发展现状

3.1.1 全国电商交易规模

我国近年来的电子商务交易额增长率一直保持快速增长势头，自 2010 年突破 4 万亿元以来，中国电子商务交易额每年以人民币 2 万亿元左右的增幅增长，日益成为拉动国民经济增长的重要动力和引擎。2015 年我国网络零售市场交易规模为 4 万亿元，已经超越美国，成为世界第一电子商务大国。

截至 2017 年 6 月，我国网民规模达到 7.51 亿，半年共计新增网民 1992 万人，半年增长率为 2.7%。互联网普及率为 54.3%，较 2016 年年底提升 1.1 个百分点。

截至 2017 年 6 月，我国手机网民规模达 7.24 亿，较 2016 年年底增加 2830 万人，占全球网民总数的 1/5。网民中使用手机上网的比例由 2016 年年底的 95.1% 提升至 96.3%，手机上网比例持续提升。上半年，各类手机应用的用户规模不断上升，场景更加丰富。其中，手机外卖应用增长最为迅速，用户规模达到 2.74 亿，较 2016 年年底增长 41.4%；移动支付用户规模达 5.02 亿，线下场景使用特点突出，4.63 亿网民在线下消费时使用手机进行支付。[1]

2016 年，我国实现货物贸易进出口总值 24.33 万亿元，同比下降 0.9%，其中出口 13.84 万亿元，下降 2%；进口 10.49 万亿元，增长 0.6%。

2016 年中国跨境进口电商交易规模为 1.2 万亿元，同比增长 33.3%。

2016 年，中国电子商务交易额 26.1 万亿元，同比增长 19.8%，交易额约占全球电子商务零售市场的 39.2%，连续多年成为全球规模最大的网络零售市场。

2016 年全国网上零售交易额为 5.16 万亿元，同比增长 26.2%。其中 B2C 和 C2C 交易额分别为 2.82 万亿元。实物商品网上零售额 4.19 万亿元，同比增长 25.6%，占社会消费品零售总额的 12.6%。

2016 年移动购物在整体网络购物交易规模中占 70.7%，同比增长 15.3%。

2016 年农村网络零售市场交易额达到 8945.4 亿元，约占全国网络零售额的 17.4%，其中实物型网络零售额 5792.4 亿元，服务型网络零售额 3153 亿元。

从以上数据中不难看出，电子商务正在成为拉动国民经济保持快速可持续增长的重要动力和引擎。在电子商务各细分行业中，本地生活 O2O、网络购物的强劲增长拉动了电子商务整体的增长。中国已成为交易额超过美国的全球最大网络零售市场，网络购物也成为推动中国电子商务市场发展的重要力量。

3.1.2 电子商务从业人员规模

截至 2016 年 12 月，电子商务服务业市场规模实现新突破，达 2.45 万亿元，同比增长 23.7%，其中，电子商务交易平台服务商服务内容不断延伸，营收规模达 4000 亿元；支撑服务领域中的电子支付服务、物流服务、电子认证等市场规模持续高速增长，达 9500 亿元；衍生服务领域业务范围不断扩大，新兴业务类型不断涌现，市场规模呈现爆发性增长，达 1.1 万亿元。

电子商务服务企业超过 30 万家，支撑了 26.1 万亿元的电商交易规模，直接从业人员超过 305 万人，由电子商务间接带动的就业人数，已超过 2240 万人。直接就业人员上，随着电商的规模化发展以及不断向农村市场下沉，更多的传统企业加入到电商的行列，带动了电商从业人员的不断攀升。随着电子商务产业的迅猛发展，通过其衍生出来的新职业也如雨后春笋般涌现。

2016 年我国物流岗位从业人员数为 5012 万人，比上年增长 0.6%，占全国就业人员 6.5%。[2]

3.1.3 电子商务发展特点

第一，相关服务业发展迅猛，已经初步形成功能完善的业态体系。

第二，零售电子商务平台化趋势日益明显，平台之间竞争激烈，市场日益集中，开始出现一种新型的垄断（或寡头垄断）局面。

第三，电商平台之间的混战局面日益激烈，比如阿里巴巴、京东、苏宁，电商平台的地位和作用日益凸显，电商平台、政府监管部门与进行网上销售的企业之间正形成一种新的市场治理结构。

第四，跨境电子交易发展迅速，但是尚未形成有效的发展模式。

第五，区域发展不平衡情况显著，电子商务服务企业主要集中在长三角、珠三角和北京等经济发达地区，而且出现企业日益集中的趋势。

3.1.4 电子商务发展的问题与挑战

1. 网民规模增速放缓

提高网购商品品质和购物体验来摆脱当前的竞争和技术限制，通过科技创新，提高网民的消费动力，迎接消费升级带来的新机遇。

2. 线上线下充分融合发展局面尚未形成

传统企业和电子商务平台没有充分融合，需要线上线下深度融合，形成新的市场竞争力，提供更全面的电子商务服务。

3. 跨境和农村电子商务市场的潜力尚未充分挖掘

跨境电子商务和农村电子商务需进一步完善，充分发挥潜力，使其更好地形成物流便捷、市场共享的电子商务发展局面。

4. 部分新模式新业态对市场秩序和社会安全治理带来挑战[2]

坚持安全发展，建立健全的电子商务交易保障机制，妥善处理数据开放和信息共享风险，建立开放、公平、诚信的电子商务市场秩序。

3.2 北京电商发展现状

3.2.1 北京电商交易规模

2016 年北京市限额以上批发零售企业实现网上零售额达到 2000 亿元，同比增长 20%，拉动社会消费品零销总额增长 3.3%。2016 年北京跨境电子商务零售进口价值 3.4 亿元，北京跨境电商平台带动跨境电商企业零售出口 60 多亿美元，跨境电商零售出口额占到全国的两成。[2]

北京现已建成较为完善的口岸和通关监管体系，形成了 O2O 直购体验、综合服务平台等多种经营模式，培育了天竺综保区等 6 家跨境电子商务产业园，同时建成了 15 家跨境电商体验店。2016 年北京口岸跨境电商零售进口货值同比增长 8.4 倍。

3.2.2 北京电商发展的优势

1. 技术发展水平和消费水平较高

电子商务的发展水平位居全国前列，软硬件基础雄厚，是华北地区电子商务的核心城市。同时北京的消费市场巨大，为电商的发展带来影响。

2. 交通运输便捷，物流资源丰富

作为全国重要的交通枢纽，北京市已基本形成公路、铁路、航空互为补充的综合立体交通网络。北京已成为全国最重要的物资和商品集散地之一，有利于北京电子商务的发展。

3. 物流空间布局进一步优化

北京市加快了物流中心和配送中心的规划与建设，引导全市物流资源由城市中心区向城市外围集中发展。

4. 各大会议为北京电商发展带来机遇

北京受到电商企业开拓者的青睐，京东、聚美优品、当当网、亚马逊（中国）、国美在线等电商总部设立在北京，总部经济的要素集聚力、经济辐射力和国际影响力位居全国之冠；当然许多电子商务会议的召开，如中国（北京）电子商务大会，为北京电商的发展提供了有利条件。

3.2.3 推进北京电商发展的措施

1. 强化政策支持，优化电子商务发展环境

积极贯彻落实国家"互联网+流通"行动计划，制订落实方案，形成"互联网+农村""互联网+商业"以及"互联网+境内外"的融合发展格局，以促进电子商务产业的发展。

2. 积极推进消费供给侧改革

引导企业在全市设立跨境电商 O2O 体验店，促进经济消费；组织电子商务和传统企业参与活动，着力打造北京的优质网络促销品牌。

3. 搭建对接交流合作平台

举办"2016 中国（北京）电子商务大会"，支持企业参加国际电子商务展会，以开拓国外电子商务市场；支持传统产业进行线上线下融合共同发展。

4. 持续推进电子发票创新应用

积极推动电子发票的使用，使其节约成本，减少纸张消耗。

3.3　天津电商发展现状

3.3.1　天津电商交易规模

2016 年天津市全年限额以上批发零售企业实现网上零售额接近 400 亿元，同比增长 44.6%，快于社会消费品零售总额增速 37.4 个百分点，占线上社会消费品零售总额的 12.1%，比重比上年提高 3.2 个百分点。[2]

2016 年天津实现 B2B 外贸出口 3000 多万美元，通过海外仓业务实现跨境电商出口 4000 多万美元。

截至 2016 年，天津建成各类农村电子商务服务站突破 1000 家，全市网络经验主体达到 19151 个，网络交易平台 103 个。

同时，互联网与传统行业加快碰撞和融合，2014 年到 2016 年，三年累计推动超过 1032 家传统企业完成转型，累计 7000 多家传统外贸企业涉足互联网，形成了大众创业、万众创新的新局面，对促进天津全市经济转型升级，带动就业、拉动消费发挥了重要作用。

3.3.2　天津电商的发展优势

1. 区位优势明显，腹地范围广阔，经济发展潜力巨大

天津市位于我国华北、西北和东北三大区域的结合部，地处环渤海地区的中枢部位，京津和环渤海湾城市带的交汇点上，是我国北方地区进入东北亚，走向太平洋的重要门户和对外通道，也是连接内陆与中亚、西亚和欧洲

的亚欧大陆桥的重要起点之一。北京90%以上的海运出口货物经天津港。天津港的腹地范围包括京津、西北和华北12个省、直辖市、市、自治区。华北、西北、东北地区是我国资源富集地区。冶金、石化、机械制造等重工业发达，农业基础雄厚，未来该地区将继续发挥资源优势，发展冶金、石化等重化工业。

2. 海空港一体的国际物流运作体系

滨海新区依托天津，背靠"三北"，面向东北亚，具有较强的对内吸引和向外输出的双重有利条件。新区成立以来综合经济实力显著增强，成为天津市最大经济增长点和带动区域经济发展的强大引擎。天津港是滨海新区建设北方国际航运中心和国际物流中心的核心载体，目前滨海新区初步形成了天津港集装箱物流中心、散货物流中心、保税区海空港物流区等六个物流基地，实现了京津两地空港直接通关，形成了海空港一体的国际物流运作体系。

3. 交通网络发达，运输条件优越

目前天津港与外界相连的高速公路网络主要有京津塘高速公路，连接天津和北京两个直辖市，向西通过津保高速连接京石高速和太旧高速公路直通山西；向南通过京福高速直达福建；向东北通过京沈高速直通哈尔滨。

天津市海、陆、空立体交通网络发达，天津港有遍布全球的航线和四通八达的公路、铁路网络联结，具有发展物流产业的运输优势。公路方面，具有辐射状的公路网络，连接了北京、天津及华北、西北地区各省市。[3]铁路方面，天津港通过津浦、京山、京包、京九等铁路干线与全国铁路网络相连。空运方面，滨海国际机场是国家干线机场和北方航空货运中心，2017年上半年，滨海国际机场完成旅客吞吐量983.6万人次，同比增长21.1%，货邮吞吐量12.2万吨，同比增长17.7%。由此可见，天津港有效地为京津冀一体化、环渤海经济腹地发展高科技产品，将其运输往内地和海外，提供了最佳的仓储物流保障；天津港便捷的海、陆、空运输成为天津发展国际航运中心和物流中心的重要优势。

4. 条件优越的港口与土地资源

天津港港口条件优越，现代化水平高，是我国北方第一大港，天津还拥有较为完善的仓储、运输设施和大量的土地，能够为发展现代物流提供足够的土地资源，具有发展现代物流的资源优势，从而更有利于电商的发展。

5. 信息技术基础好，发展政策环境佳，人力资源丰富

天津是全国重要的科技和文化中心，研究机构和高等学府云集，科技人

才众多，技术、管理人才和熟练劳动力素质较高，也有一定规模的商品交易市场，为天津的电子商务带来支撑。

3.3.3　推进天津电商发展的措施

1. 抓政策支持

制定了一系列政策措施以支持电子商务的发展，并对网站建设、宣传推广以及传统企业应用电商等方面进行政策扶持。

2. 抓招商引资

着力推进载体招商，进一步提升和完善电子商务产业园的服务功能，推进电子商务的发展。强化政策招商，引进了一大批电子商务龙头企业，如京东等。

3. 抓氛围营造

成功举办了第五届中国（天津）电子商务发展高峰论坛等一系列关于电子商务发展会议，这些会议对电子商务的发展有极大的促进作用。

3.4　河北电商发展现状

3.4.1　河北电商交易规模

随着京津冀产业转型升级规划和商贸物流重要基地发展规划的实施，河北省电子商务进入规模扩大、提速增质的快速发展阶段，河北省产业转型升级步伐加快，为电子商务加快发展提供了新需求，借京津冀协同发展之力大力推进电子商务的发展，为河北电子商务发展提供广阔市场空间。

2016 年河北省电商交易额完成 18112 亿元，同比增长 24.5%；网上零售额完成 1822 亿元，同比增长 34.8%，占全省社会消费品零售总额的 12.7%，高于社会消费品零售额增幅 24.2 个百分点。2016 年跨境电商交易额达到 11.4 亿元。

2016 年河北省注册网上 70 余万户，建成运营电子商务平台超 2000 个，大宗商品电商交易平台 10 个，县域特色产业电商交易平台 100 个，电子商务产业园（基地）25 个，列入国家级电子商务示范基地 2 个，国家级电子商务示范企业 3 家；创建省级电子商务示范基地 19 个，入驻企业 4800 家；培育省级电子商务示范企业 49 家，注册网商 70 余万户。[2]

河北省特色电商平台加速崛起，形成了以河钢云商、省农产品电子交易中心为代表的大宗商品交易平台；以安平丝网、清河羊绒、白沟箱包为代表的县域特色产业电商平台；以迁西中国板栗网、鸡泽中国辣椒网、沧州红枣交易市场为代表的单品电商平台；以唐山中国陶瓷官网、沙河玻璃交易平台、唐山中国耐材之窗网为代表的行业电商平台；以移联网信、365 网络科技、石家庄农团网为代表的农村电商平台等。到 2016 年年底，全省建成并运营电子商务平台超过 2000 个。

从以上数据不难看出，电子商务正在成为河北省经济增长的新引擎。

3.4.2 河北电商的发展优势

1. 区位优势得天独厚、经济发展潜力巨大

河北省位居环渤海中心地带，环京津、环渤海，区域内科技发达，资源丰富，物流量大，经济发展极具潜力。河北省地处京津冀协同发展区域的腹地，区位优势明显，加上其政策方面的支持与传统产业发展良好等优势可以使其有效利用京津地区资源，优势互补，与京津地区的电商产业协同发展，实现京津冀电商协同发展。[4]

2. 物流基础设施良好，物流服务能力较强

省会与各设区市、各设区市与港口、省会与京津和周边省会城市之间都有高速公路连接，交通便利，物流服务能力较强。北京的物流园区和物流中心给河北物流融合到京津物流体系中创造了条件，对河北电子商务的发展带来不可低估的作用。

3. 形成传统特色产业链

河北省的传统特色产业发展态势良好，历史悠久。特别是近些年来涌现出的一批特色县域产业，如保定白沟的箱包、易县的砚台、藁城的宫灯、辛集的皮革、邢台清河的羊绒等都已经在当地形成了自己的特色产业链。面对互联网时代的发展，这些传统产业抓住机遇，许多企业已经引入电子商务模式，开设网上店铺。

4. 缓解京津两地压力，引进京津人才，带动自身电商发展

京津冀在跨境电商产业发展上各有优势，北京有电商人才、高新技术、资金流、信息流等优势，天津有港口物流优势，而河北省可以利用自身地理

优势承接京津跨境电商产业中的生产商功能和物流仓储建设，缓解京津两地空间拥挤状况和物流仓储成本压力，同时河北省可以引进京津地区的人才、信息、技术等资源来实现其传统产业的转型升级，从而带动自身电商产业的发展。

3.4.3　推进河北电商发展的措施

1. 建立和完善政策支撑体系

河北省印发了关于推进电子商务发展的一系列文件，建立了河北商务信用平台，完善了电子商务的统计系统。

2. 培育电子商务龙头企业

对于有潜力、有创新的电子商务企业提供人才引进等方面的优先支持，使其成为龙头企业。

3. 多层次开展电商人才培养

引进省内外高端复合型电子商务人才，引入国内外先进技术，带动河北省电子商务的发展。

3.4.4　国大 36524 电商情况

1. 国大基本情况

河北国大连锁商业有限公司是河北省较早成立并实行规范化管理的现代化商业连锁企业，主要发展以"国大 36524 便利店"为核心业态，以发展"国大农家店"为主要业态，包括食品商场、超市、便利店、报亭等业态，并建立了自己的配送中心和绿色食品生产基地。是省内成功的便利店品牌之一，是中国连锁经营协会会员单位。公司建立了国大 36524 便利店 400 多家店铺网络，24 小时营业的店铺有百余家，并建立了电话网、INT 网、人力营销网，在省内首创了"四网并行"的商业模式。公司所属各便利店遍布市区主要街道和大型社区，为广大消费者提供"时间、距离、商品和服务"上的便利。

国大集团早在 1997 年就提出"店铺网络、电话网、互联网、人力营销网络一并发展"的口号，以给顾客提供更多服务和便利，强化便利店的网络服务功能以及拓展其服务领域，更是积极响应"一带一路"倡议和"京津冀协同发展"国家战略，率先推进"互联网+"行动计划，携手京东、天猫等电商巨头和互联网金融机构，采取"实体店+互联网+金融"模式，推进线上线下（O2O）深度融合，着力打造"36524生活通"智慧社区综合服务平台。

2. 国大36524双线融合的优点

第一，为企业开辟新的销售渠道带来更多利润，为企业提高经济效益。

第二，通过电商平台做好营销助力线下实体营销，线上线下相互结合、相互引流，增强企业核心竞争力。

第三，同时掌握线上线下用户的消费能力和喜好，可借助大数据来分析用户的需求，带来更大的利益。

第四，实现电商和便利店的融合发展，满足顾客多样化和个性化的需求。

3. 国大36524线上线下进一步融合的措施

第一，打造便捷性、社交性、体验性强的购物空间和平台。无论是线上还是线下，提供购物体验服务是极其重要的，要把其优势结合起来，多方面向顾客展示。

第二，培养专业管理人员。只有通过专业人员的整合和规划，线上线下资源才能更好地进一步融合发展。

第三，优化企业供应链。对于企业来说，详细的供应链能减少成本，提高效率，所以优化供业链是十分重要的。[5]

3.4.5 北国商城电商情况

北国商城股份有限公司主要从事零售百货、超市连锁、家电连锁、餐饮娱乐、仓储运输、批发配送等经营，目前拥有大型百货店12家、大型超市18家、电器连锁店30余家、珠宝专卖店超过40家。从社区生活店再到时尚流行店再到高档购物中心，北人集团以不同的定位服务为不同的人群所信赖。

北国如意购是石家庄本土的综合性网上购物商城和一站式城市消费服务电子商务平台。

2010年，北人集团开始线上线下融合，北国如意购物网正式上线。北国如意购物网的发展目标是依托北人集团雄厚实力，整合线上线下多方优势资源，以"吃喝玩乐购如意全都有"为经营理念，全力打造"指尖上的北国"，使之成为消费者关注、喜欢、离不开的生活服务平台，成为华北地区深具影响力的网购平台。北国如意购物网依托北人集团强大的品牌信誉优势、规模优势、供应商优势、会员体系优势，为广大消费者提供更便捷的购物体验。

3.5　银行电商发展现状

银行网上商城是指由商业银行建设的、能够为企业或个人提供网上交易洽谈的电子商务交易平台，主要包括 B2B、B2C、O2O 等种类。

3.5.1　银行发展电商业务的背景

从宏观的角度看：银行发展电商是一种"互联网+电商+金融"的综合服务架构。电商正从银行的附属业务慢慢逐步转变为独立业务模块。

从微观的角度看：银行自身正面临着转型，传统的经营模式不足以满足客户的需求，对加强中间业务有迫切需求；电子商务的发展会给银行带来更多的发展，使金融产品和商贸联系更加密切；电子商务平台可以分析、挖掘客户的数据。

3.5.2　银行电商的发展特点

1. 与传统电商平台相比设立时间较短

虽然不少国有商业银行和股份制商业银行很早就建立了信用卡商城等网上平台，但由于其主要目的是积分兑换和信用卡分期付款，还不能成为真正意义上的电商平台。因此，综合性银行系电商平台与传统电商平台相比，普遍设立时间较晚。但由于设立时间较短，导致了银行系电商平台存在明显的"后发劣势"。

2. 自建平台积极性高，但知晓度和使用率较低

目前，受互联网金融等趋势影响，国内银行普遍对自建电商平台的积极性较高，如四大国有商业银行和主要的股份制商业银行，以及一些规模较大的城商行都建立了自己的电商平台，但不少银行电商平台的知晓度、浏览量和成交量都极低。

3. 以银行品牌为依托，以银行客户为支撑

如建设银行"善融商务"个人商城就极其突出国有商业银行背景，在品牌基础上，强调建设银行分支机构多达14917家，可以提供全方位金融服务的商业银行，已拥有了良好的声誉和品牌，能够为银行电商平台提供强大的信誉支撑；在客户资源上，强调建设银行的个人和企业客户数量众多、地域

广泛，建行客户已涵盖各个地区、各个行业，有能力为"善融商务"平台用户提供丰富的潜在交易机会；在服务条件上，强调建设银行众多分支机构和庞大的一线柜台人员，依托实体网点、客户服务热线、即时通在线沟通工具等，能够为平台用户提供及时、周到的客户服务。

4. 金融产品与服务嵌入是银行系电商平台的重要特色

各商业银行在建立银行电商平台时，都将金融产品和服务作为了其电商平台的核心竞争力，绝大部分银行系电商平台都能够提供信用卡分期付款等支付方式。

3.5.3 银行电商的发展建议

1. 发挥传统银行优势

传统银行相比于新兴的互联网企业有庞大的客户基础、健全的服务网络、流畅的资金供给、严密的风控管理等优势。传统银行要在继续保持传统优势的基础上进行电商化，才能做好互联网金融。

当然在转型过程中，银行应该把传统前台雇员转移去做技术支撑、理财支撑、服务支撑，更多地发挥在后台服务上。在人才支持中，尤其要重视技术人才的选拔和培养。"互联网+技术+金融"是银行业电子商务特征的最好概括。没有优秀技术人才的支撑，互联网商业银行转型完全是不可能的。

2. 银行业电商"精准营销"

银行应明确其自身擅长领域，继而细分市场，精准服务。在国家的普惠金融政策指引下，借助"互联网+"的东风，顺势建立起一个多元化、广覆盖、多层次的普惠金融体系。

3. 监管机制亟待完善

中国银行业电子商务发展目前处于初步发展阶段，主要参与主体都在不断地试错。在这样的形势下，互联网金融发展阶段的体制性结构并不完整，急需相关监管部门出台政策维持秩序。[6]

3.5.4 银行电商的政策建议

1. 引导银行系电商平台差异化发展

相比传统电商平台，银行介入电商领域的核心竞争力仍是金融服务，因此，银行系电商平台应深挖现有的银行客户资源，既要为自身贷款商户或潜在信贷对象提供新的网上销售渠道，实现银企的深入合作，又要深入分析个人客户的电商消费金融服务需求，不断创新金融产品和服务方式，在金融客户的细分市场上错位发展，实现与传统电商平台的差异化竞争。

2. 鼓励银行系电商平台提升物流、售后服务能力

银行系电商平台作为商业银行品牌和服务在互联网上的延伸，其运作过程中的口碑和美誉度也会对商业银行本身的信誉造成影响，因此，应从消费者权益保护等方面出发，进一步推动银行系电商平台提升其综合服务能力，尤其是完善对商户物流、售后服务的管理，不断优化银行系电商平台上消费者的购物体验，实现银行系电商平台与商业银行间的品牌共享双赢。

3. 推动银行系电商平台转换思维方式、加大人才培养

银行系电商平台虽然依靠的是商业银行的强大背景，但其本质也是互联网企业。因此，银行系电商平台在上线运行后，就应该认真学习电商文化，由传统的商业银行风控思维转变为互联网思维，同时，银行系电商平台还应进一步加强对既熟悉金融服务又具有互联网思维人才的培养，吸引优秀的互联网企业管理和技术人员，从而适应互联网行业的发展与竞争。[7]

3.6　本章小结

本章主要介绍了电子商务和物流的发展现状。首先介绍了全国整体的电子商务的基本情况，其次介绍了京津冀电子商务发展现状，最后分析银行的电商物流现状。

关于全国电子商务：通过全国电子商务的交易规模、从业人员规模、发展特点以及问题和挑战四个方面来介绍全国电子商务的发展现状。

关于京津冀电子商务：通过对比分析京津冀三个地区电子商务发展现状，探索目前京津冀电子商务市场的不足，如缺乏政策创新、电商人才缺乏等问题，提出改正措施，实现京津冀协同发展、打造基于科学选址的物流仓储中心、创新人才培养模式等对策建议，全力推进京津冀电子商务产业和经济发展。其中举例介绍了河北国大 36524 的电子商务的基本情况。

关于银行电子商务：对银行现状进行了具体介绍，分析了银行电商的发展特点，并给出了几点银行电商的发展建议。

参考文献

[1] 中国互联网络信息中心 . 第 40 次《中国互联网络发展状况统计报告》［EB/OL］. http://www.cnnic.net.cn/hlwfzyj/hlwxzbg/hlwtjbg/201708/t20170803_69444.htm.

[2] 中华人民共和国商务部 . 中国电子商务报告 2016 ［M］. 北京：中国商务出版社，2017.

[3] 张丽丽 . 天津港与区域经济协调发展研究 ［D］. 大连：大连海事大学，2010.

[4] 董胜聚，袁明发 . 河北省环京津区域经济发展与金融对策研究 ［J］. 社会科学论坛，1998（3）：24-28.

[5] 郭馨梅，张健丽 . 我国零售业线上线下融合发展的主要模式及对策分析 ［J］. 北京工商大学学报：社会科学版，2014，29（5）：44-48.

[6] 张雨辰，杨坚争 . 中国银行业电子商务发展状况探析 ［J］. 中国商论，2015（16）：58-60.

[7] 刘世成 . 我国银行系电商平台发展特点及 SWOT 分析 ［J］. 西南金融，2015（11）：32-35.

第 *4* 章 京津冀电商物流现状分析

在电子商务的带动下，电子商务物流需求保持高速发展。2017 年上半年，全国快递服务企业业务量累计完成 173.2 亿件，同比增长 30.7%；业务收入累计完成 2181.2 亿元，同比增长 27.2%。其中，同城快递业务量累计完成 40.4 亿件，同比增长 24.2%；业务收入累计完成 312.8 亿元，同比增长 28.2%。异地快递业务量累计完成 129.2 亿件，同比增长 32.9%；业务收入累计完成 1109.9 亿元，同比增长 19.9%。国际及港澳台快递业务量累计完成 3.6 亿件，同比增长 29.2%；业务收入累计完成 240.8 亿元，同比增长 22.2%。[1]

4.1 京津冀物流现状

4.1.1 京津冀物流交易规模

2016 年北京全年快递服务企业业务量累计完成 19.60 亿件，同比增长 38.59%；业务收入累计完成 256.57 亿元，同比增长 41.24%。同城快递业务增势强劲。同城业务量累计完成 8.59 亿件，同比增长 83.71%；实现同城业务收入累计完成 85.74 亿元，同比增长 108.63%。异地快递业务仍占主导地位。全年异地业务量累计完成 10.69 亿件，同比增长 14.81%；实现业务收入 115.11 亿元，同比增长 25.77%。国际及港澳台快递业务稳定增长。全年国际及港澳台快递业务量完成 0.33 亿件，同比增长 103.06%；实现业务收入 26.99 亿元，同比增长 0.57%。[2]

2016 年天津快递服务企业业务（收寄）量完成 4.1 亿件，同比增长 60.02%，占全国快递业务量的 1.3%；快递业务收入完成 63.49 亿元，同比增长 45.83%，占全国快递业务收入的 1.6%。同城快递业务高速增长。全年同城快递业务量完成 12471.42 万件，同比增长 73.75%；实现业务收入 11.75 亿元，同比增长 104.97%。异地快递业务快速增长。全年异地快递业务量完成

28239.3 万件，同比增长 55.19%；实现业务收入 36.32 亿元，同比增长 29.4%。国际及港澳台快递业务稳定增长。全年国际及港澳台快递业务量完成 294.63 万件，同比增长 17.94%；实现业务收入 4.17 亿元，同比增长 0.79%。[3]

2016 年河北省快递服务企业业务量完成 9.04 亿件，快递业务量同比增长 64.6%；快递业务收入完成 94.26 亿元，快递业务收入同比增长 67.8%。同城快递业务增长迅猛。全年同城快递业务量完成 1.25 亿件，同比增长 92.19%；实现业务收入 10.62 亿元，同比增长 129.37%。异地快递业务增势显著。全年异地快递业务量完成 7.76 亿件，同比增长 60.88%；实现业务收入 67.65 亿元，同比增长 58.22%。国际及港澳台快递业务快速增长。全年国际及港澳台快递业务量完成 295.62 万件，同比增长 66.56%；实现业务收入 3 亿元，同比增长 28.47%。[4]

4.1.2　京津冀物流一体化优势

1. 物流基础设施不断完善，区域交通网络逐渐形成

自从京津冀协同发展的提出，京津冀地区已形成了港口、铁路、公路、航空等多种运输方式相结合的交通网络，使京津冀地区的交通网连接越来越密切。

2. 物流园区建设蓬勃发展

京津冀大力建设物流园区以及提升物流服务质量，有利于促进京津冀地区物流业的发展。

3. 物流政策和发展机制不断健全

近年来，国家和政府出台一系列规划和政策以及京津冀协同发展，对京津冀地区物流业的发展提出了相应的规划，引导并推动了京津冀物流业的发展。

4.1.3　京津冀物流一体化问题

1. 交通网络不合理，交通服务建设滞后

京津冀地区的交通网络分布不均，造成物流市场不能满足或者浪费市场需求。此外，随着城市道路拥堵问题日益严重，各地针对货运车辆的限行措施纷纷推出，使得跨区域经营业务的物流企业十分被动，物流运输的及时性受到影响。虽然京津冀三地正在努力完善交通道路网络，但相关服务却明显滞后。

2. 政策规划缺乏整体性

当前，京津冀依然是三个独立的行政区，制定政策时只把自身利益放在首要位置，当自身利益受到影响时，更多的还是考虑自身的利益，这样就影响了京津冀地区物流的整体规划、协调和发展。与珠江三角洲、长江三角洲相比，京津冀地区国有经济占的比重较大，体制转换慢，市场体系不健全，造成了物流服务质量的下降，妨碍了京津冀地区物流资源的整合和一体化运作。

3. 发展区域物流业的基础产业不协调

京津冀缺乏有效的沟通与协调，缺少区域间的分工协作，不仅造成整个区域的资源无效配置和经济发展水平相对落后，而且阻碍了区域之间物资和商品的流动，制约了整个区域物流一体化的发展。

4. 区域内物流标准化建设和信息系统平台建设不完善

对于京津冀地区来说，物流标准化还存在许多问题，如物流信息难实现共享，严重制约了区域物流一体化的发展。物流的基本设备没有统一的规范和要求，不能实现有效的衔接。物流包装标准与物流设施标准间也存在缺口，严重影响了货物在运输、仓储、搬运过程中的运作效率。同时，物流信息标准化建设工作也有待加强。[5]

4.2　京东商城物流现状分析

4.2.1　京东商城物流配送模式

京东商城的物流模式主要有三种：自营物流体系、第三方物流和高校代理。

4.2.1.1　自营物流体系

2007 年，京东商城组建以北京、上海、广州和成都为中心的四大物流平台；2009 年陆续在天津、苏州、杭州、南京、深圳、济南等 23 座重点城市建立了物流配送站，最终，配送站覆盖全国 200 座城市；从 2010 年 4 月 1 日起，北京、上海、广州、成都四城市由京东自营配送的区域，实行"211 限时达"配送服务。

1. 211 限时达

当日上午 11：00 前提交的现货订单（部分城市为上午 10 点前），以订单出库完成拣货时间点开始计算，当日送达；夜里 11：00 前提交的现货订单（以订单出库后完成拣货时间点开始计算），次日 15：00 前送达。

2. 次日达

在一定时间点之前提交的现货订单（以订单出库后完成拣货的时间点开始计算），将于次日送达。

3. 极速达

"极速达"配送服务是为用户提供的一项个性化付费增值服务，如用户选择"极速达"配送服务，需通过"在线支付"方式全额成功付款或"货到付款"方式成功提交订单后，并勾选"极速达"服务后，京东会在服务时间内，3 小时将商品送至您所留地址的一项服务。

4. 夜间配

"夜间配"服务是为用户提供更快速、更便利的一项增值服务，如用户需要晚间送货上门服务，请下单时在日历中选择"19：00—22：00"时段，属"夜间配"服务范围内的商品，京东会尽可能安排配送员在用户选定当日晚间"19：00—22：00"给用户送货上门。

5. 自提柜

京东自提柜可以提供全天不间断的自提服务，用户只需在下单时选择"自助式自提"的配送方式，所购商品则会第一时间送至自提柜，随后京东系统自动发送短信提示消费者取货。取货时，消费者仅需输入订单号和提货码，或直接扫描提货二维码，即可完成身份验证，在按提示完成 POS 机刷卡支付后，便可开柜取货。[6]

4.2.1.2　第三方物流

随着互联网应用的普及，京东业务范围已经扩展到二级和三级城市，如果要在各个二级城市建立自己的物流配送中心，主要的成本最少也要在数百亿左右，加上二级城市的利润不能够维持物流中心的运营，因此，京东商城在二级城市选择与第三方物流企业进行合作，来完成配送。京东商城在发展中，很好地利用了第三方物流，更好地节省了物流成本，并且可以根据自身企业或产品需求，选择适合的物流供应商。

4.2.1.3　高校代理

高校学生是一个主要的消费群体，但学生上课时间往往和物流配送时间相冲突，导致不能及时取货，于是京东商城在全国各大专院校内招募了"高校代理人"，为高校教职工及学生提供京东商城的物流配送货等工作。

4.2.2　京东商城物流模式 SWOT 分析

4.2.2.1　优势

1. 提高物流作业效率

自营物流可以使物流、资金流、商品流、信息流结合得更加紧密，不必为运输、仓储、配送和售后服务的佣金问题进行谈判，避免由于与第三方信息不对称导致的多余支出，降低交易风险，从而提高了物流作业的效率，减少资金占用。京东商城董事局主席兼 CEO 刘强东认为，自建物流提供货到付款服务，自己掌控货款收支，可克服第三方快递公司物流账期过长的缺点。

2. 企业自主掌握了对物流的控制权

京东商城拥有自己的研发团队，技术产品基本都是自行开发。京东商城可以掌握每一款产品的详细信息，客户也可以随时查询所订购商品的具体状况，充分掌握对物流的控制权。

3. 加快送货速度，提高服务质量

电商企业自建物流体系，管理灵活，可以避免活动期间导致的快递堆积，保住大批订单，大大提升竞争力。在送达时间及服务中能够制定自己的规范，约束配送员的行为，增强其服务意识。

4. 快速掌握信息，加强过程控制

获得供应商、销售商以及最终客户的第一手信息，根据顾客需求和市场发展及时调整经营战略，加强对物流各个环节协调控制，迅速解决物流管理过程中出现的问题。

4.2.2.2　劣势

1. 投资过大，资金周转困难

物流体系涉及运输、仓储、包装等多个环节，建立物流系统的一次性投资较大，占用资金较多。京东商城的自营物流，就需要把大量的资金用于仓储、运输设备等相关的人力资本的建设中，这样就意味着需要较大的投资，并且短时间内成本收不回来，增加了企业的投资负担，削弱企业的市场竞争力，因此也会降低资金周转速度，削弱企业抵御市场风险的能力。

2. 客户满意度低，投诉增多

电子商务企业物流配送服务水平的高低直接影响网购者购物的满意度，在与消费者接触的环节中出现了很多引起消费者不满的因素，如京东商城无法监控第三方配送，会出现配送时效不及时、偶尔晚点等问题，而且第三方配送公司不能保证商品的配送质量。京东快递服务的不完善是直接导致客户对京东物流质疑的最大原因之一，因此公司的信誉度受损。

4.2.2.3 机遇

1. 网络覆盖的范围日益广泛，网民群体扩张速度快

根据京东商城提供的数据显示，2016 年，京东集团市场交易额达到 9392 亿元，净收入达到 2601 亿元，同比增长 43%。2016 年第四季度，公司净营收为人民币 803 亿元（约合 116 亿美元），可见网民的巨大购买力。

2. 可提高配送速度，改善服务质量

由于快递业的迅速发展，物流服务已经成为人们关注的焦点，货物丢失、破损、订单被拆分等现象时有发生。京东商城认清现状，抓住机会从 2009 年至今，成立的物流公司遍布全国物流体系中。截至 2017 年 8 月，京东在全国范围内拥有 7 大物流中心，运营了 335 个大型仓库，覆盖全国范围内的 2691 个区县，仓储设施占地面积约 710 万平方米。[6]

同时，在配送方面，京东提供了更多、更灵活的配送方式。这些措施给客户提供更多的选择空间，对完善服务质量起了很好的推动作用。

3. 用户对服务水平要求逐渐提高

物流作为电商与用户之间的桥梁，直接影响用户对购物的体验。第三方物流配送常出现的问题让消费者抱怨不已，直接影响客户的再次购买欲。因此电商企业需要自建物流来满足用户需求。

4.2.2.4 威胁

与京东商城同样的 B2C 电商企业，比如唯品会、苏宁易购等也在积极扩

张，扩大市场份额。未来也会有越来越多的 B2C 网站加入这个自营模式中，竞争对手会给京东商城带来很大压力。[7]

4.3　淘宝商城物流现状分析

4.3.1　淘宝商城物流配送模式

淘宝没有自己的快递公司，所以配送模式是第三方物流。

在淘宝网上购物产业链中，淘宝主要给卖家提供一个网络商店主页，物流模式主要由淘宝网交易网站平台、物流公司、卖家、买家共同构成。这条产业链中，物流、信息流、商流、资金流实现了完整的电子信息化，只有将货物的实体流动实现好，才能使整个产业链得以实现价值。淘宝网在为客户提供更安全和高效的网络交易平台，离不开物流的支持。

4.3.2　淘宝商城物流模式 SWOT 分析

4.3.2.1　优势

1. 电商企业专注核心业务，降低物流管理成本

电商企业将物流业务外包给第三方物流企业，可以不再保有仓库、车辆等物流设施，减少从事物流的人员，削减工资支出，对物流信息系统的投资也可转嫁给第三方物流企业来承担，从而减少投资和运营物流的成本，加强企业内部资源优化配置，提升竞争能力。

2. 第三方物流市场细分，提供专业物流服务

由于客户从事的行业不同，需求也千差万别，电商自建物流系统不能尽数满足，通过将业务外包获得具有针对性的物流服务。

3. 专业化效益

第三方物流企业一般是专业化的物流企业，由于业务量大，物流作业如运输、仓储、装卸、搬运、包装、信息处理等都可以实现专业化。专业化运作可以降低成本，提高物流水平，从而使大幅度提高经济效益成为可能。

4.3.2.2　劣势

1. 缺乏统一规范

第三方物流各自为政，没有统一的规范，消费者网上购物无法得到保障。

2. 阻碍电商管理客户关系

电商企业不直接完成产品的配送与售后服务，不利于建立稳定密切的客户关系。

3. 缺乏足够的人才储备

在物流企业中，拥有较高教育水平以及专业素质的员工数量较少，物流保障团队虽粗具规模，然而也存在知识更新速度较慢等缺陷。

4. 客户满意度低，配送服务质量差

淘宝网与第三方物流公司合作，服务质量、服务价格等方面良莠不齐，淘宝网在配送方面存在很多问题，如配送公司业务量大，遗失物品、货物破损等现象，这样就导致消费者往往会因为第三方物流公司的过错而迁怒于购物网站和商家。

淘宝网店评价中不难发现很多买家评价都包含对于货物到达时间太慢之类的抱怨。在配送网点覆盖面方面，淘宝网的各大网点的配送指南中，都对配送地点进行了规定。市内只能配送到一定区域，其余由买家上门自提，买家评价中也可以看到买家提到快递不送到家花了很多路费取货的情况。这样对买家造成了不便，也降低了淘宝网配送的服务质量。尽管淘宝网也致力于让客户享受更好的物流服务，但它却很难改变这个现状。[8]

4.3.2.3 机遇

1. 网络覆盖范围日益广泛，网民群体显示出较强的购买力

淘宝商城提供的数据显示，2014 年"双 11"天猫及淘宝的总成交额破 500 亿元，达 571 亿元；2015 年"双 11"全球购物狂欢节结束，阿里巴巴平台交易额定格在 912.17 亿元；2016 年"双 11"全球购物狂欢节结束，阿里巴巴平台交易额定格在 1207 亿元；可见网民爆发了强大的购买力。

2. 政府制定物流政策法规

电子商务被列入国家战略性新兴产业的重要组成部分，政府有关部门也制定了一系列促进我国第三方物流市场发展的政策法规，产业链整合和物流配套工程将进一步得到促进。

4.3.2.4　威胁

1. 我国第三方物流发展缓慢，人才短缺，严重阻碍物流的发展

目前，我国物流企业专业化操作程度较低，导致物流作业过程的效率低下和成本较高等问题，从而很难为企业提供综合性的物流服务。

2. 自建物流以及外国物流公司带来的竞争

国外物流企业将凭借熟练的物流操作手段、先进的专业技术等优势会对其构成强大的威胁。

4.4　国大 36524 物流现状分析

4.4.1　国大商城物流配送现状

河北国大连锁商业有限公司是河北省较早成立并实行规范化管理的现代化商业连锁企业。总部拥有先进的商业 MIS 系统、物流配送系统、视觉识别系统、专业培训兼管理系统。

随着电子商务的发展，36524 开展网上商城。2014 年石家庄获得国家电子商务与物流快递协同发展试点称号，对其电商和电商物流的发展有着重要的作用。国家邮政局鼓励和支持快递企业同社会资源合作，共同做好快递末端投递服务，在快递"最后 1 公里"峰会上，国家邮政局副局长刘君认为连锁便利店的发展应与社区物业、社区综合服务平台相结合，利用多媒体营销系统，进行产品的销售，做好终端服务。在确保基本的服务水平不变的基础上，更好地发挥信息无缝对接以及用户方便查询的功能，以满足消费者的需求。

2014 年，国大 36524 分别与京东集团、中国通用咨询投资有限公司、中国光大银行石家庄分行、鹿泉市政府签订了《建设京津冀城乡一体化"O2O"电子商务综合服务平台》战略合作协议。原本水火不容的店商与电商，联手争夺"最后一公里"消费节点，把便利店变身电商快递驿站，打造国内"最快配送"。

在此之后，国大 36524 便利店的经营范围不再局限于店内的三四千种商品，还将在网上设置全国各地名优土特产专柜、世界各地特色商品专卖店，

以及生鲜、服饰、家居、工艺品、健康美容、娱乐休闲等数十万种。

一系列政策的出台和国大和电商企业的"O2O"的合作，使国大36524的电商和物流又迈上了一个新的台阶。

4.4.2 国大商城物流配送模式发展建议

1. 采取共同配送模式

企业为了方便管理、更好地配送自己的商品，会倾向于选择自营配送模式，在自己的能力范围内建设配送中心，主要负责自己公司的配送业务。但这样的配送的物流模式虽然可以对其整个配送过程实施全程监控和管理，以及保护本企业的商业机密，但也会造成其资源的浪费，带来不必要的资金支出，不利于资金回笼，严重地影响企业的长期可持续发展。

2. 建立专业化的配送中心

在电子商务环境下，消费者的消费观念发生了改变，对服务的要求、产品质量的要求越来越高，专业化与优质化的物流配送方式是我国未来配送中心发展的必然势态，尤其是在速食等类产品的配送更加需要专业化的配送工具设施以及专业化的配送人员。

国大连锁便利店要以提供新鲜、安全、健康绿色的食品作为配送服务原则；以商品能够安全、高效、精确地送给客户作为服务宗旨；以更好地满足顾客差异化、优质化的需求作为服务追求，专业化的配送服务成为不可替代的需求产物。

3. 建立公共信息服务平台

电子商务环境下建立的信息公告服务平台是河北国大与物流配送要实现协同发展的媒介。通过整合物流配送信息资源、协调供应链等各环节，以实现社会资源的充分利用及物流信息充分共享，同时发挥政府职能作用，共同来推动电子商务与连锁便利店协同发展的高效性与规范性。

企业借助电子商务物流公共信息平台进行消费者数据的收集，来探究消费者的消费行为、消费习惯，并以物流企业的信息系统作为支撑，来满足企业信息系统对公用信息的需求，支持企业信息系统各种功能的实现。

公共信息服务平台的建立，可以有效地支撑信息部门对信息的共享，并对连锁便利店提供专业化管理与市场规范化管理，同时明晰了用户访问和使用信息资源的权限，最终达到整个物流配送系统运行的有序性，提高企业客户数据安全性和信息系统高效性。[9]

　　4. "快递+便利店"的模式

"快递+便利店"模式的标准化发展进一步实现配送车辆规范化运营，进而形成一套可复制的电商物流快递协同发展标准体系和诚信体系。

4.5　本章小结

　　本章主要介绍了京津冀电商物流的现状，京津冀物流一体化的问题以及京东商城、淘宝商城和河北国大 36524 电商物流现状。

　　关于京津冀电商物流：介绍京津冀三个地区 2016 年电商物流的数据，并指出了几点关于京津冀物流一体化的优势和问题。

　　关于京东和淘宝电商物流：通过对京东商城和淘宝商城的 SWOT 分析不难看出，绝大部分公司的自营配送和第三方物流配送体系都不太完善，在现如今的发展趋势下，只有将自营物流和第三方物流有效结合的模式才能适应现如今社会的发展。面对众多强势的竞争对手，京东商城和淘宝商城如果要继续保持自己的优势，就需要不断完善自己的不足之处，这样才能在高手如林的电子商务行业中站稳脚步，以此来打造真正属于自己的品牌。

　　关于河北国大 36524 电商物流：首先对国大 36524 的物流现状进行了详细介绍和分析，得出了几点对国大 36524 电商物流模式的改进措施。

参考文献

［1］中华人民共和国国家邮政局 . 国家邮政局关于 2017 年上半年邮政行业经济运行情况的通报 . http://www.spb.gov.cn/xw/dtxx_ 15079/201707/t20170731_ 1254314.html.

［2］北京市邮政管理局 . 2016 年北京市邮政行业发展统计公报 ［EB/OL］. http://bj.spb.gov.cn/xytj_ 14733/tjxx_ 14735/201705/t20170527_ 1171497.html.

［3］天津市邮政管理局 . 2016 年天津市邮政行业发展统计公报 ［EB/OL］. http://tj. spb.gov.cn/xytj/201705/t20170531_ 1172344.html.

［4］河北省邮政管理局 . 2016 年河北省邮政行业发展统计公报 ［EB/OL］. http://he.spb.gov.cn/xytj/tjxx/201705/t20170527_ 1171632.html.

[5] 焦文旗.京津冀物流现状及面临的问题 [J].时代经贸旬刊,2008,6 (6):86-88.

[6] 京东物流官网:http://www.jdwl.com/express.

[7] 张洁.京东商城物流运作模式的SWOT分析 [J].中小企业管理与科技旬刊,2014 (2):135-136.

[8] 刘杏英.浅析淘宝网物流配送的问题及对策 [J].物流工程与管理,2012 (3):141-142.

[9] 刘红亚.基于O2O的河北国大物流配送模式选择及路径优化研究 [D].石家庄:河北科技大学,2016.

第 *5* 章 基于评论挖掘的
网购物流服务质量因素研究

物流服务在 B2C 网购中占有着非常重要的地位，很显然改善物流服务质量是 B2C 电子商务企业在竞争中提高自身竞争优势的重要环节，也是吸引顾客和留住顾客的关键所在。目前，关于我国 B2C 电子商务物流服务的研究较多，不过大部分学者的研究主要集中在物流服务评价指标体系的建立以及对电子商务物流网络的优化，对于从网购消费者的角度去分析物流服务质量的影响因素类型及其相互作用机制的研究还很少见。本章采用扎根理论方法建立消费者网购物流服务影响因素的作用模型，为电子商务企业制定针对性的计划改善物流服务，提高消费者满意度提供理论依据。本章评论信息的抓取使用网站数据采集器八爪鱼，评论信息的分析和挖掘使用扎根理论方法，语义网络分析使用 ROST Content Mining 知识处理与内容挖掘软件。

本章的贡献之处在于：

（1）利用八爪鱼数据采集工具从天猫商城采集消费者评论信息，从网购消费者角度探讨物流服务因素类型；

（2）使用扎根理论研究方法分析和挖掘消费者评论信息，对网购物流服务因素进行开放式编码、主轴式编码和选择式编码，并进一步提取物流服务因素主范畴和类型；

（3）基于网购物流服务因素类型分析得出其作用模型，并运用语义网络分析法和理论饱和度检验对物流服务质量因素的类型及其作用机制进行验证。

5.1 电子商务物流服务相关研究工作

国外对电子商务物流服务质量的研究较早，早在 2001 年美国田纳西大学对物流服务质量的最新研究成果中，学者们基于客户角度总结出影响物流服务质量的 9 个关键指标，分别是误差处理、人员沟通质量、货品完好程度、时间性、订单释放数量、信息质量、货品质量、货品精准率和订购过程。Rabinovich. E（2004）得出交货及时性、可靠性和库存可获得性是物流服务质量主要影响因素，可以通过完善以上几方面的服务提升顾客对物流服务的满意[1]。Donna F. Davis（2008）指出网络购物具有一定的风险性，顾客一般不愿购买对质量没把握的物品，电商企业如果能够提高网上购物的物流服务能力，赢得顾客的信赖，必定会增强其竞争力[2]。Litvin 等（2008）认为对电商企业来说，网购评论信息是企业树立良好口碑的最重要方式，从另一方面来说，它也是一种有效的信息反馈形式，电商企业可以以此来收集大量的顾客信息[3]。Goldsby 等（2011）指出在电子商务背景下，物流服务质量对企业的顾客满意度和顾客持有率有重要影响[4]。George 等（2016）从实践的角度提出了供应链管理中最新的电子商务物流，通过对各地区典型的电子商务企业物流服务进行全面的回顾，从实践中获得了经验和启示，为其他电商企业提供指导[5]。Abdul 等（2014）分析了顾客对物流服务的满意程度，指出要特别关注物流服务质量，包括接受订单、执行或解决问题，他们认为顾客满意对企业寻求竞争优势非常重要[6]。

相较于国外，国内对传统的物流服务质量研究较多，但对 B2C 网购物流服务质量的研究文献相对较少。在有关文献中，大多是对网购物流服务质量的评价指标的选择以及评价模型的建立。高艳芳（2010）分别从客户视角和物流服务提供者视角的两个方向对物流服务质量评价指标体系的发展进行阐述[7]。姜伟（2016）从消费者的角度出发，研究 B2C 电子商务物流服务质量的评价，建立了具有良好有效性的评价模型并在实际中得以应用[8]。李依楠（2014）结合我国 B2C 电子商务物流服务的特点，应用实例对所提出的物流服务质量的量化方法进行了验证，得到满意结果[9]。林丽明（2015）采用定性研究的方法，构建了网购物流服务质量对消费者忠诚度影响的理论模型，总结出 B2C 电商企业应从准时性、价格合理性和便利性等几个方面做出改进，提高消费者满意度，使企业得到更好发展[10]。

在 B2C 电子商务物流优化研究方面，韩朝胜（2013）指出，新形势下现代物流业的落后严重阻碍了电子商务的发展，物流优化已成为各电商企业务必要解决的问题，同时也是现代物流产业调整和发展的机遇之一[11]。张延东、姚宁等（2013）从节点优化和路径优化两个方面做了深入研究，分析了影响 B2C 电子商务物流网络优化的因素，为 B2C 电子商务物流网络优化提供参考[12]。张娟（2015）认为，网购中时常发生的商品损坏、配送迟缓等现象与 B2C 电子商务企业的网络运营有密切关系，所以对于电子商务企业，物流网络的建立和优化是一个不可避免的问题[13]。甘永龙（2016）分析了电子商务物流配送现状和特点，总结出具体影响因素并结合目前电子商务的技术标准，对电子商务物流配送进行了优化研究，突破以往的瓶颈，实现了配送的最优化[14]。

尽管国内关于网购物流服务质量的学术研究相较国外起步较晚，但是随着网络的普及，网上购物在日常生活中变得非常普遍，因此对物流服务质量的要求也就越来越高。本书基于消费者评论信息的深入挖掘与研究，确定了影响物流服务质量的因素类型以及其相互作用机制，为 B2C 电商企业认识到自身物流服务的瓶颈以及提升企业的竞争力具有重要借鉴意义。

5.2 数据采集与处理

5.2.1 样本选择

随着网络的高速发展，网购已经成为人们日常生活中常见的行为。但由于网络的虚拟性，买家无法了解商品的质量和性能，因此很多网络购物者在购买前都会查看该商品的评价信息，以确定该商品的可靠性。购买商品之后又会对其进行评分和评价，以供其他购买者参考，日积月累，这些评价信息变得很丰富[15]。商品的评论信息具有匿名性、范围广、时间长等特征，来自全国各地的消费者以匿名的形式对所购商品进行评价，长时间存留的评论信息满足了消费者查看不同时间的购买情况，具有一定的客观性和真实性，所以选取这些评论信息为研究对象来分析影响 B2C 网购物流服务因素类型及其作用机制。

天猫商城是一个综合性的购物网站，包括服饰、家具建材、汽车以及数码产品等，品类齐全，同时还能提供比一般电商平台更加周全的物流服务，深受消费者的喜爱。目前为止，天猫商城已拥有 4 亿多买家、5 万多家商户和 7 万多个品牌，选取天猫商城上的评论信息作为研究对象，研究样本数量繁多，覆盖范围广泛，具有一定的代表性和客观性。本研究选取消费者经常购买的手机、服装和护肤品的评论信息作为研究对象，在每一类别下随机选择一种具体的商品进行评论数据的采集，以此保证研究的样本具有代表性、科学性和广泛性。

5.2.2 评论信息采集与处理

基于以上分析，本书在天猫商城的购买界面收集顾客的评论信息，本书选取八爪鱼采集器，通过关键词和评估词来抓取大量客户评论中有关物流的评论。数据采集过程如下：首先，设置基本信息，在此过程要输入任务名和任务组并填写备注信息，可以将任务需要注意的事项填写在备注中，避免在之后的操作中忽视需注意的要点。然后设计工作流程，将要研究的商品的网页链接复制到 URL 中，点击保存，打开对应的网页；点击"累计评论"，在弹出的页面中选择"点击这个元素"并在高级选项中设置 ajax 加载，因为天猫页面有很多图片信息，这样不需要等待图片加载完成就可以加快采集到所需信息。接着创建翻页循环，对用户评论做一个循环列表，上述操作之后，选择要抓取的字段并添加，提取有关元素。在设计好采集流程之后设置执行计划，最后启动单机采集，采集所需要数据[16]。

天猫评价系统默认只显示前面 100 页，因此仅采集前 100 页的评论信息，共收集到相关评论 1600 条，由于与物流服务有关的评论主要体现在初次评价时，本研究只考虑初次评论的内容，剔除追加评论。再对采集到的样本进行处理，去除重复的、无明确意义的评论以及无内容的评论，通过以上筛选，共得到 600 条有效评论。

5.3 网购物流服务因素类型及作用机制分析

5.3.1 研究方法

本书采用扎根理论的研究方法，对消费者的评论信息进行深入的分析与挖掘，探索 B2C 网购物流服务因素的类型及其作用机制。扎根理论并不是理论而是一种研究方法，在开始研究之前一般没有理论假设，在收集和分析资料的基础上归纳出概念和范畴，并探索它们之间的联系进而形成理论[17]。这些资料可以是访谈文本或以其他方式收集到的数据等，扎根理论最关键的是编码过程，通过开放式编码发掘范畴，主轴式编码确定主范畴，选择式编码挖掘核心范畴。本书严格按照扎根理论的要求展开研究，具体研究流程如图

5-1 所示[18]。

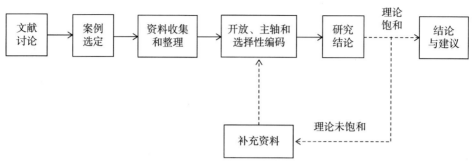

图5-1　扎根理论研究流程

5.3.2　基于开放式编码的概念及范畴提取

在开放式编码阶段，将收集到的原始资料信息不断的分析和比较，归纳出概念和范畴，此过程中研究者一定要保持客观的态度，避免因个人情绪对研究结果产生影响[19]。本研究对网购评论信息的原始语句进行开放式编码，一共得到 600 条原始语句和相应的初始概念，对初始概念进一步分析和提炼，依据其属性将其归在更高抽象水平的概念之下，实现概念范畴化，由于篇幅有限，本书仅保留了有代表性的部分原始资料语句，最终形成了 18 个范畴，所得范畴及其相应的初始概念如表 5-1 所示。

表5-1　网购物流服务因素开放式编码范畴化

序号	范畴	原始资料语句（初始概念）
1	发货速度	发货很速度，物流也很给力，宝贝质量不错，好评 衣服买了 6、7 天才给发货，对卖家失望至极，坚决不能给好评
2	物流速度	衣服很不错，但是物流真的太慢了 物流速度快，无异味，是正品
3	按沟通时间送达	物流超快，可能是深圳同城的原因，12：50 发出，17：00 就收到了 因为个人原因需要极速发货，和客服沟通后安排了加急，并且当天就有了物流信息
4	物流费用	之前 12 月 2 号买的时候就问客服双十二搞活动不，他说不知道，要我赶紧买，还不给我包邮，买了之后双十二又搞活动，还包邮，和客服说也不给我补差价

序号	范畴	原始资料语句（初始概念）
5	退换货费用	买了好几次了，这次的最不满意，严重怀疑是否是正品，想退货了，然后还不给退运费 衣服寄过来有点脱线，售后很快帮忙换货，而且还有运费险，以后还会再来光顾这家店
6	包装破损	衣服收到了，包装很严实，没有一点损坏的地方 包装太简陋了，袋子都是坏的
7	包装档次	收到了，包装很大气上档次 包装的很简易，之前看评论是盒装才买的，而且还没有送卡片，早知道去唯品会买了
8	商品损坏	包装很严实，商品没有损坏
9	验货服务	快递迅速，客服说可以开机验货 快递员送货上门直接让当面签收，并提醒当场开箱验货，简直是无可挑剔
10	退换货服务	第一次发货由于双十一的原因码不对但是及时给换了 很糟糕的一次购物，双十二下的单，衣服本身就有线头问题，退货的时候商家还拒收了，一直说物流单号不一致不给我退款，折腾了好几天，昨天才把款退给我了，差评
11	配送服务	催了3天，尽快发货的结果就是最后一天晚上11点发货，然后8天之后让我晚上下楼取包裹 首先要夸奖物流真的非常快，而且在镇上也是送货上门
12	送货人员态度	快递小哥服务周到，感谢邮政速递！给予5分好评 东西收到啦，东西质量很好，快递员有点暴力，但里面包装比较完好
13	查询订单跟踪信息	毛衣质量不用说，真的非常好，主要是不更新物流 物流没更新，但是到了，很喜欢的
14	客服态度	客服很耐心，双十一买的今天才拿到手，很漂亮 客服服务态度太差，收到货后需要加微信，加了微信还要收货电话
15	指引说明详尽性	咨询的两个客服都非常友善，解答问题耐心细致，让我不但了解到产品性能、比较了不同产品间的差异、得到了使用方面的指引，还体会到华为的服务，必须五星好评
16	货品信息完整性	从来没有这么快的收到快递，昨天晚上九点左右拍下的，今天下午四点多就收到了，包装规整，厚厚的袋子，不怕磕碰；清单、三包卡、发票、标签齐全
17	货品精准率	衣服款式是没得说，就是请仓库发货之前仔细检查一下衣服，第一件没法修复，换的一件勉强修复了一下 本来买的粉色的，结果发成了黑色的，差评

序号	范畴	原始资料语句（初始概念）
18	承诺兑现水平	差评，随随便便包装，连个说好的盒子也没有 真心的必须差评！我无语了，还没发货，我就退款的，结果你们工作人员给我发货了，包裹说要我拒收就给我退款，拒收了，事情过去了10多天，钱还是迟迟不肯退给我

5.3.3　基于主轴式编码的主范畴提取

主轴式编码的目的是确定各个概念之间的相互联系，通过对开放式编码的进一步分析与研究，整合出更高一层次的范畴[20]。基于上述分析，本研究根据不同范畴之间的相互关系，共归纳出响应性、经济性、完好性、便利性、沟通性、透明性以及可靠性七个主范畴，进一步挖掘主范畴之间的联系归纳出四种网购物流服务因素类型，各主范畴对应的开放式编码范畴以及物流服务因素类型如表5-2所示。

表5-2　主轴式编码形成的主范畴

物流服务因素类型	主范畴	对应范畴	范畴的含义
配送质量	响应性	发货速度	商家对订单的处理速度。
		物流速度	从下订单到收货的时间。
		按沟通时间送达	购买的商品能够按约定的时间送达。
	经济性	物流费用	免运费或者所支付的相应物流费用。
		退换货费用	消费者退换货时所支付的费用。
	完好性	包装破损	确保配送的商品外包装完好。
		包装档次	配送的商品包装精美、大气、上档次。
		商品损坏	确保配送的商品是没有损坏的。
售后服务质量	便利性	验货服务	提供开箱验货服务，确定物品完好性。
		退换货服务	商家是否支持退换货服务或退换货的及时性。
		配送服务	快递员配送费用的及时性与配送地点的选择。
感知体验	沟通性	送货人员态度	快递人员的服务态度对消费者的影响。
		查询订单跟踪信息	消费者可以实时查询订单跟踪信息，且订单跟踪信息更新及时、准确。
		客服态度	客服回答顾客问题的及时性与耐心。
	透明性	指引说明详尽性	顾客有问题时，客服回答要具体详细。

物流服务因素类型	主范畴	对应范畴	范畴的含义
可靠性	可靠性	货品信息完整性	商品的信息要完整。
		货品精准率	配送的商品正是消费者预定的商品或配送的商品没有缺漏。
		承诺兑现水平	在购物过程中遇到问题时商家处理达到的效果。

通过进一步挖掘主范畴探索出了如表 5-2 所示的网购物流服务质量因素的类型，包括配送质量、售后服务质量、信息质量和可靠性四个主要类型。其中由响应性、经济性和完好性等主范畴形成的配送质量，是消费者在网购体验中直接关系到自身利益的因素，是影响网购物流服务质量的最重要因素；网购的售后服务质量是消费者决定此次购买或者选择再次购买的一个重要因素；感知体验是消费者在网购时最直接的情感体验，它包括沟通性和透明性两方面内容，在这一方面，如果客服能够为顾客详尽耐心的解答问题，快递人员的态度友善，各种信息都能全面了解，这时消费者的心理满足感会极大提高，即使对其他方面有不满也会有所缓和，感知体验是消费者决定是否购买的直接因素；可靠性体主要是评价一个商家服务的可靠程度，能够按时发货，发出的货品准确无误以及承诺的兑现水平影响着顾客的满意度，间接影响了网购物流服务质量。

5.3.4 选择性编码

基于上述分析可以发现范畴之间的联系愈加明显，本阶段先要确定核心范畴并进一步分析核心范畴与其他范畴的关系，并将它们之间的关联描述出来，用典型关系结构的形式表现出网购物流服务的各个因素之间的关联[21]，本研究的典型关系结构如表 5-3 所示。通过主范畴的典型关系结构进一步揭示了网购物流服务因素类型之间的相互作用机制，对 B2C 企业发现自身的物流薄弱环节，提高物流服务质量具有重要现实意义。

表5-3　主范畴的典型关系结构

典型关系结构	关系结构的内涵
感知体验→网购物流服务因素	感知体验是消费者在网购时最直接的情感体验，是消费者在网购决策时决定最终是否消费的直接因素。

续表

典型关系结构	关系结构的内涵
售后服务质量→感知体验→网购物流服务因素	售后服务质量可以调节网购者或服务的满意程度，决定着网购者的感知体验，进而影响着物流服务。
配送质量→网购物流服务因素	商品的配送质量是消费者在网购中最关注的因素，直接决定网购者对物流服务的满意度。
配送质量→感知体验→网购物流服务因素	物流配送质量可以促进网购者对商品或服务的感知体验，是影响网购物流服务质量的最重要因素。
可靠性→感知体验→网购物流服务因素	网购的可靠性可以提高网购者对商品或服务的情感体验，间接影响了网购物流服务质量。

　　基于上述主范畴的典型关系结构，本研究确定了"网购物流服务满意度关键影响因素"这一核心范畴。可以看出，感知体验是网购物流服务的直接驱动因素，它决定了顾客是否进行网购行为。售后服务质量和可靠性通过影响感知体验间接驱动消费者的网购行为，是网购物流服务的间接因素。配送质量既可以直接影响网购物流服务质量又可以通过感知体验间接影响网购物流服务质量。以此为基础，本研究构建出一个网购物流服务因素及其作用机制模型。如图5-2所示。

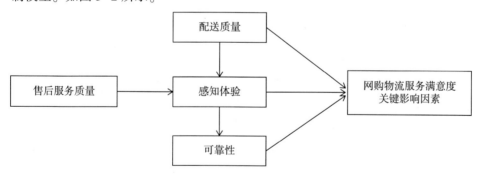

图5-2　网购物流服务因素及其作用机制

5.4　网购物流服务因素的语义网络分析及理论饱和度检验

5.4.1　分词及词频分析

　　基于以上的分析与探索，确定出了网购物流服务因素的作用模型，接下来对最终保留的600条有效评论信息进行语义网络分析，探索其规律，进一步验证所得结果的可靠性。首先对得到的评论信息进行分词操作，由于中文分词具有一定的难度，在这里借助相关软件来进行文本分词，在分词时会发现一些没有实际意义的词语频繁的出现，因此要过滤掉这些词语，提高关键因素提取的准确性。然后运用 ROAST Content Mining 知识处理与内容挖掘软件进行全网分析，选取词频大于或等于 10 的词语，并去掉一些无意义的词组，最终得到的结果如表5-4所示[22]。

表5-4 网购评论信息高频词及频数统计

高频词	词频	高频词	词频	高频词	词频
手机	586	清晰	54	失望	23
物流	266	值得	50	表扬	23
包装	238	购买	47	细致	22
发货	220	颜色	46	网上	22
服务	217	打开	43	当天	21
很快	207	大气	43	惊喜	21
速度	195	热情	41	五星	21
满意	187	到货	40	上档次	19
态度	155	下单	40	担心	18
收到	147	总体	38	咨询	18
快递	141	顺丰快递	33	及时	17
耐心	128	购物	32	开心	17
使用	117	真心	30	性价比	17
问题	113	体验	30	退货	16
好评	106	宝贝	30	售后	16
效果	103	贴心	29	热心	16
质量	100	期待	28	严实	15
感谢	80	精致	28	发票	15
时间	75	精美	27	放心	15
评价	74	周到	27	盒子	15
验货	69	回答	27	解释	14
漂亮	68	完美	26	便宜	13
解答	58	卖家	26	人性化	12
到手	58	收货	24	认真	12
正品	58	方便	23	细心	11

由上表可知，一些高频词如"物流""包装""服务""满意""态度""快递""耐心""问题"和"质量"等出现次数在 100 次以上，这些词语在顾客的评论中频繁出现，说明网购者特别注重物流的配送质量以及自身感知体验等因素；另外，"验货""收货""方便""退货""售后""发票""放心""人性化"和"认真"等词出现频次也比较多，可以看出网购者除关心物流的配送质量和感知体验外，购买的便利性和可靠性也是他们考虑的主要因素。分词及词频统计的结果与扎根研究结论一致，为进一步研究做出铺垫。

5.4.2　关键词共现分析

接着使用 ROST Content Mining 知识处理与内容挖掘软件进行语义网络分析，在待处理文件的文本框中载入已分析好的文件，提取高频词并过滤掉无意义的词，生成高频词共现矩阵网络。如图 5-3 所示。

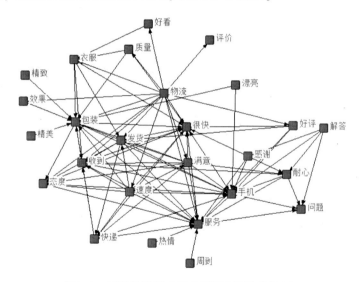

图5-3　网购物流影响因素的语义网络分析图

通过语义网络分析图可以发现，消费者关注的网购物流服务因素类型包括配送质量、感知体验、便利性和可靠性等基本包含在内。一些关键词如"包装""发货""物流""速度""快递""态度"和"耐心"等出现的频次较多，这意味着消费者在网购时关注较多的物流因素是包装等配送质量和服务态度等感知体验。此外，消费者在评论时还会用到"感谢""满意""好评"等形容词来强调对商品的售后服务以及商家的可靠性的满意度。同时各种网购物流影响因素之间相互作用关系也很明显，由网络图中的箭头指向可知"态度""耐心"等感知体验的关键词直接决定网购物流服务质量,商家的可靠性和售后服务质量通过感知体验的作用间接的影响物流服务质量,配送质量既可以直接影响物流服务质量又可以通过感知体验间接影响物流服务质量。因此,此过程进一步验证了上述研究中确定的网购物流服务因素类型及作用机制符合网购的实际情况,具有较强的说服力。

5.4.3 理论饱和度检验

理论饱和是指在不能够获取额外数据的情况下,分析者进一步发展某一个范畴之特征的时刻[23]。为了进一步验证研究结果,本研究采用原始资料检验法和信度评估法对所得研究结果的可靠性进行检验。

原始资料检验法。在此过程中对得出的网购物流服务质量因素及其作用机制模型中的概念和关系返回到原始资料中进行验证,不难发现"物流""速度""满意""包装""态度""收到""快递""服务""耐心""质量"等概念均来自天猫商城在线评论的原始评论内容。本研究有充足的理论资料的支持,因为在研究过程中使用数据采集器采集了大量评论数据,同时,通过反复的和原始资料比较,提炼所得范畴和关系结构才最终确定模型。

信度评估法。信度是指研究的结果具有稳定性、可靠性和一致性。依据 Miles 和 Huberman 定性数据分析中编码者信度的计算公式:信度=一致编码的数目/所有编码的数目进行计算,即评分者之间对相同网购评论信息的内容编码归类相同的个数占编码总个数的百分比,可采用以下方法来确保编码的信度。首先,选取 2 名具有相关专业知识的研究者,其中第一个研究者根据网购评论信息中的100%(600条)信息进行编码,然后抽取25%(150条)的评论信息,交给第二个研究者,与此同时,研究者本人也要也要对上述评论信息分别进行编码,再独立计算出表达研究结果具有一致性的信度 R,两个研究者计算所得的 R 值越大,说明所确定的范畴一致性程度越高,结果越可靠。依据信度的计算公式,分别得出信度 R1=0.94,信度 R2=0.91,说明本研究与文本内容的研究具有一致性,所得结论是可靠的。

5.5 本章小结

为探究消费者网购物流服务因素类型及其作用机制,以网络购物者在平台上的评价信息为研究对象，利用八爪鱼数据采集工具从天猫商城抓取大量的评论信息，使用扎根理论研究方法对其进行深入分析和挖掘。语义网络分析使用 ROST Content Mining 软件对所得结果进行验证。

本章运用扎根理论和语义网络分析法探究网购物流服务因素类型及其作用机制，研究表明，响应性、经济性、完好性、沟通性、透明性、便利性和可靠性这七个主范畴对网购物流服务质量有显著影响。经过进一步挖掘主范畴关系结构，将影响物流服务质量的因素归纳为配送质量、感知体验、售后服务质量和可靠性四个主要类型。接着运用语义网络分析和理论饱和度检验对以上研究结果进行进一步验证，所得结果与已有研究结果基本一致，充分说明了结论的可靠性。本研究有利于 B2C 电子商务企业发现自身物流的薄弱环节，从以上几个方面改善物流服务，能够减少企业的物流成本、提高顾客的满意度以及自身的经营水平，为 B2C 电子商务的发展提供了有力的理论依据。同时，注重商品的配送质量、售后服务质量，以高水平的服务赢得越来越多的顾客的信赖，才能在电子商务的激烈竞争中赢得相对优势。

物流作为网购交易的重要环节和基本保障，探讨物流服务对提升企业竞争的意义也就显得十分必要。一方面可以提升顾客对企业的忠诚度从而获利，B2C 电子商务企业必须要通过提高物流服务质量这一有效途径来留住顾客，加强顾客重复购买意愿，只有拥有良好的物流服务才能拥有稳定的客户群，而获取和保持稳定的客户群则是电商企业维持竞争优势的直接来源。另一方面也可以作为电商企业完善自身物流系统的重要依据，根据已得出的网购者注重的物流影响因素结合企业物流服务现状，探索其不足之处并制定相应的优化策略，使企业得到更好的发展。

参考文献

[1] RABINOVICH E, BAILEY. J. P. Physical distribution serviceq quality in internet retailing: service pricing, transaction attributes, and firm attributes [J]. Journal of Operations Management, 2004, 21 (6): 651-672.

[2] DONNA F. DAVIS, SUSAN L and GOLICIC, ADAM J. MARQUARDT. Branding a B2B service: Does a brand differentiate a logistics service provider [J]. Industrial Marketing Management, 2008, 37 (2): 218-227.

[3] LITVIN S W, GOLDSMITH R E and PAN B. Electronic word-of-mouth in hospitality and tourism management [J]. Tourism Management, 2008, 29 (3):

458-468.

[4] RAO S, GOLDSBY T J and GRIFLIS S E. Electronic logistics service quality: It's impact on the customer's purchase satisfaction and retention [J]. Journal of Business Logistics, 2011, 32 (2): 167-179.

[5] ABDUL KHABIR RAHMAT, NASRUDDIN FAISOL. Consumer satisfaction with the quality of logistics services [J]. Procedia - Social and Behavioral Sciences, 2014, 24 (110): 330- 340.

[6] GEORGE Q, TAY Y. ZHONG. E - commerce logistics in supply chain management: Practice perspective [J]. Procedia Cirp, 2016 (52): 179-185.

[7] 高艳芳. 物流服务质量评价指标体系的研究 [J]. 决策咨询, 2010, 21 (6): 56-58.

[8] 姜伟. B2C 电子商务下基于顾客感知—期望的物流服务质量评价 [D]. 江苏: 南京大学, 2016.

[9] 李依楠. B2C 电子商务物流服务质量可拓评价研究 [D]. 大连: 大连海事大学, 2013.

[10] 林丽明. B2C 电子商务物流服务质量与顾客忠诚关系的研究 [J]. 物流工程与管理, 2015, 37 (6): 119-121.

[11] 韩朝胜. 新形势下 B2C 电子商务物流优化研究 [J]. 物流技术, 2013, 32 (3): 117-120.

[12] 张延东, 颉栋栋, 姚宁. 影响 B2C 电子商务物流网络优化因素研究 [J]. 中外企业家, 2014, 41 (19): 133-140.

[13] 张娟. B2C 电子商务企业物流网络优化研究 [D]. 四川: 西南交通大学, 2015.

[14] 甘永龙. 电子商务物流配送优化研究 [J]. 经营管理者, 2016, 32 (33): 295.

[15] 张艳萍, 周鹏程. 在线顾客评价对网购决策的影响分析 [J]. 北方经贸, 2013 (7): 71-72.

[16] 李燕飞. 在线评论对消费者满意度及商品销量的影响研究 [D]. 广东: 广东工业大学, 2016.

[17] 王林, 曲如杰, 赵杨. 基于评论信息的网购情景线索类型及其作用机制研究 [J]. 管理评论, 2015, 27 (4): 156-166.

[18] 杨冉冉, 龙如银. 基于扎根理论的城市居民绿色出行行为影响因素理论模型探讨 [J]. 武汉大学学报, 2014, 67 (5): 13-19.

［19］赵杨，时勘，王林．基于扎根理论的微博集群行为类型研究［J］．情报科学，2015，33（4）：29-34.

［20］尹元元，彭密香．农产品电商营销模式选择影响因素模型构建［J］．商业经济研究，2017（2）：57-59.

［21］陈向明．扎根理论在中国教育研究中的运用探索［J］．北京大学教育评论，2015，13（1）：1-16.

［22］聂昌腾，何志英．基于在线评论文本的消费者网购生鲜农产品影响因素研究［J］．电子商务，2017（2）：48-50.

［23］徐建中，曲小瑜．基于扎根理论的装备制造企业环境技术创新行为驱动因素的质化研究［J］．管理评论，2014，26（10）：90-101.

第 *6* 章　基于网购消费者视角的第三方物流评价指标体系研究

本章主要依据第 5 章分析得出的影响网购物流服务质量的主要因素,并结合已有的文献研究成果以及电商企业的实际情况,构建合适的第三方物流评价指标体系。

6.1　第三方物流

所谓第三方物流指企业为了把精力更好地放在公司的主营业务方面,将原本由公司自己处理的物流工作,利用签订合同的方式转交给专业物流企业,此外,通过信息体系和第三方物流企业维持密切的联系,以实现全程管控物流的一种物流运作管理模式[1]。

6.1.1　第三方物流的定义

第三方是相对于"第一方"发货人及"第二方"收货人来说的。是由第三方物流企业来承接企业物流的一种物流运作形态。第三方物流企业不是商品的拥有者,也不参加到商品的买卖之中,而是在合同的约束及联盟的基础上为客户提供系统化、个性化以及信息化的物流服务。伴随信息技术的迅猛发展及经济全球化日益强烈的趋势,各种各样的产品相继在全球流通、生产、销售以及消费,物流活动越来越巨大、越来越复杂,但是"第一方"及"第二方"物流的组织及运营能力已经满足不了社会的需求;此外,企业为了在国际竞争中占领一席之位,就一定要确定企业的核心竞争力,强化供应链管理,减少物流成本,将不在企业主营业务范围内的物流工作承包给第三方,由此,产生了第三方物流供应商。

我们国家最早有关物流方面的其中一个研究就是第三方物流供应商的运

作模式。最普遍的第三方物流供应商的物流服务包含了以下几个方面：对物流体系进行设计、EDI 技能、对报表进行管理、集运货物、对承运人进行选择、对货代人进行选择、有关海关事项代理等多个重要环节。通常来说，作为第三方物流供应商在进行提供相关物流服务时需要与企业签订明确一定服务期限的合同，因此，第三方物流服务也被叫作合同契约物流服务[2]。

第三方物流供应商的内部结构大体上可以分为以下两大类：资产基础供应商以及非资产基础供应商。对资产基础供应商来说，其拥有自己的运输工具及仓库，他们的物流运作模式都是进行实实在在地物流操作。但是对于非资产基础供应商而言，他们只是管理公司，不具有资产或者是租赁资产，非资产基础供应商提供人力及先进专业的物流管理体系，从而可以为客户提供高效的物流服务。

第三方物流从广义上而言，其实际上是资产基础供应商以及非资产基础供应商定义的结合，第三方物流的优势及特征是专业化以及规模化等，其可以在很大程度上帮助企业降低风险、减少经营成本、增强竞争力、提升竞争优势等。此外，对于加速物流产业的形成及发展，第三方物流也功不可没。而从狭义角度来看，第三方物流通常指以信息化技术为背景，为企业提供专业、高效、快速的第三方物流服务，从而减轻企业成本，提高企业的运作效率。

6.1.2　第三方物流的基本特征

1. 关系合同化

第三方物流是通过签订合同的形式来约束及规范物流企业和消费者之间的关系的。物流企业依据合同的相关约定，为第一方或者是第二方提供一体化、多功能化、专业化的全方位物流服务，并且根据合同的有关约定来管理各个物流服务活动及物流服务过程。此外，第三方物流也是通过签订合同的方式来发展物流联盟，并确定所有物流联盟参与方之间的权利、责任关系。

2. 服务个性化

不一样的物流服务需求者对物流个性化要求也是不一样的，而第三方物流供应商在新时代发展背景下，更要从多方面去满足客户的需求。例如，对于公司的形象、业务程序、产品特点、客户需求特点以及竞争等方面的不同需求，第三方物流供应商要有的放矢，为物流服务需求者有针对性的提供具有个性化的服务，进而逐渐形成具有自身核心竞争力的业务，加强企业所能提供的独具特色的物流服务，提升公司在激烈的物流市场环境中的竞争能力以及竞争优势。

3. 功能专业化

第三方物流提供的是系统化、一体化、专业化的物流服务。从物流设计、操作过程、技术工具、物流设施以及物流管理等方面都要将专业化及专业的能力最大限度地体现出来。通过这些专业化的物流服务，第三方物流供应商才能更快地占领市场。

4. 管理系统化

管理系统化是第三方物流形成及发展的基本条件，只有构建现代化物流管理体系方能实现第三方物流服务运行及发展。

5. 信息网络化

第三方物流不断发展的基础是信息技术。在第三方物流服务进程中，信息技术的发展满足了信息实时共享的需求，推动了物流管理的科学化以及信息化，在很大程度上提升了物流效率以及物流效益。

6.2 第三方物流供应商

6.2.1 第三方物流供应商的定义与特征

因为对第三方物流供应商的研究广度及研究深度不一样，不同的专家及学者对第三方物流进行了不一样的定义。Robert C. Lieb[3]（1993）觉得，TPL（Third-Party Logistics，第三方物流）通常指为企业提供专业高效、快速的第三方物流服务，从而减轻企业成本，提高企业的运作效率。John Coyle[4]（1996）觉得，第三方物流（TPL）是指对单独公司提供全部物流功能或者是部分物流功能的外部供应者；SinehiLevi[5]（2000）觉得第三方物流（TPL）是选择一家外部公司来为企业管理物料或者是配销产品。

我国的专家及学者在大量有关第三方物流的著作中对第三方物流供应商进行了定义。学者蒋伶俐[6]（2012）觉得第三方物流供应商是不在本企业的组织架构内、功能相对比较灵活而且经济效率比较高的专门为企业提供服务的盈利组织。在《第三方物流与第四方物流的研究》中，学者郭峰[7]（2011）指出第三方物流是对物流市场进行整合，拥有货源之后再对运输、仓储等环节进行整合。简而言之就是整合市场及资源，第三方物流供应商根据客户的要求为其量身打造物流最优的方案，进而获得客户资源，占领市场，促进自身物流运营的不断成熟和发展。在《第三方物流研究》中，学者杨德仁[8]（2011）指出第三方物流是由供应方及需求方之外的物流供应商根据合同的有关约定为供应方或者是需求方提供专业的物流服务的运营模式。

在《第三方物流研究》一文中，学者田宇、朱道力[9]（1999）以国内国外的有关研究作为基础，对第三方物流的定义及特征进行了论述。在《第三方物流理论、操作与案例》中，学者骆温平[10]（2001）将国内国外有关于物流及第三方物流的研究成果相互结合起来，对物流以及第三方物流的基础理论进行了论述。学者彭望勤[11]（1998）提出第三方物流的定义是指商流企业和物流企业进行社会分工，将原本由本企业进行的物流活动分包给第三方物流供应商进行处理。学者郝聚民[12]（2002）站在物流服务的角度，对现代物流企业的本质职能进行了定义，其本质职能是管理及运行低层的物流资源，根据客户的需求提供特定的物流服务。在《我国第三方物流现状、问题与对策》研究中，学者王世伟[13]（2003）对第三方物流的定义是指为企业提供全部物流功能或者是部分物流功能的在企业组织结构之外的外部服务者。本书所指的第三方物流是指原本由本企业进行的物流活动分包给第三方物流供应商进行处理。

6.2.2　第三方物流供应商的分类

第三方物流的主要意义是可以使企业将自身精力及力量全部集中于企业的核心业务中。通过利用第三方物流完整的物流体系，达到物流活动的专业化及一体化，进而降低企业的财务风险等。第三方物流供应商有各种各样的类别，根据不同的分类标准，可以将第三方物流供应商分成不一样的类别[14]。

（1）从第三方物流供应商提供服务的区域及物流功能划分，可以分为单向型物流供应商及综合型物流供应商。所谓单向型物流供应商主要指其所提供的物流业务范畴只有一项或者是几项。现在有很多单向型物流供应商，例如，联邦快递以及佐川急便等快递公司。但是对于综合型的物流供应商来说，他们的运营模式是把公司的多项物流业务或者是公司所有的物流业务进行综合管理，其中包括产品储存及配送货物等。对于综合型的物流供应商而言，其在很多物流需求公司中拥有很高的知名度及声誉。

（2）从企业是自己承担企业自身的物流业务还是把原本由企业自己承担的物流业务承包给其他企业来进行划分，可把物流供应商分成物流自理企业及物流代理企业。

（3）从第三方物流供应商是否拥有资产基础进行划分，可把第三方物流供应商划分成拥有资产基础供应商及不拥有资产基础供应商。所谓资产基础供应商（asset-based third party）也就是那些拥有属于自己资源的第三方物流供应商，这种物流供应商拥有公司自己的仓库及运输设备以及产品储存设备等。对于没有公司自己资产的第三方物流供应商，从本质方面而言，这种类型的物流供应商没有自己的仓库及运输设施，而是通过租赁的方式来获取物流运营中所需的各种设备设施，其功能主要是为企业提供人力资源及物流管理等方面的服务。

6.3 第三方物流供应商的选择与评估

第三方物流供应商在供应链管理中有着很重要的位置，科学、合理的选择符合企业要求及发展的第三方供应商是建立良好合作关系的基础。企业在选择第三方物流供应商时，要结合企业自身特征和第三方物流供应商的特征，建立一套科学、合理的选择与评估体系。

6.3.1 第三方物流供应商的选择方法

国内和国外的学者及专家对第三方物流供应商的选择方法进行了有关研究。对选择第三方物流供应商的方法进行了总结[15]，详细如图6-1所示。

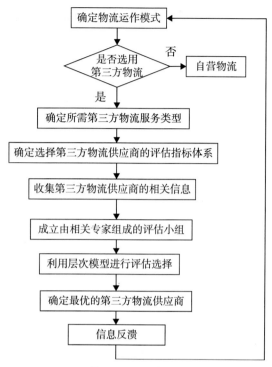

图 6-1 第三方物流供应商选择流程

6.3.2 第三方物流供应商评估指标体系

1. 构建评估指标体系的原则

构建评估指标体系是能不能正确、合理选择第三方物流供应商的主要条件。建立起科学合理的评估指标体系，总的来说需要体现这几方面的原则：第一是需要有包含性，确定的评估指标体系能够全面覆盖所有的层面；第二个是可测量，通过对指标进行评估后，能够从有效的渠道中获取相关的信息数据，并且所确定的评估指标是能够被客观衡量的；第三是评估指标的定义要较易理解。对各个评估指标进行一个具体的定义，并且这个定义要很容易的理解和接受，而且操作起来也很方便；第四是各个评估指标具有简单性，易懂性，同时还需要体现一致性等。因此，总的来说在建立评估指标体系的时候要对以下原则进行重点关注：

（1）系统全面性原则

评估指标体系的构建需要体现出第三方物流供应商自身的素质，还有具体的服务能力，合作的融合性等都需要体现出来。

（2）简明性原则

在获取相关信息数据时，能够以最简明的方法表达出来，从信息数据中可以清晰了解第三方物流供应商的现实情况，但评估指标也不宜过于详细，或者是表述重复等。

（3）适宜性原则

根据企业自身特点及周边环境设计的评价指标能够适宜企业对物流供应商的选择，并且这种选择是不受外部环境的影响的，企业还可以根据内部的实际情况做出相应的调整，使其可以更加满足企业的发展需要。

（4）科学性原则

设计出来的评价指标体要具有可靠性，不能以主观臆测的形式来评估。此外，在对同一个评价指标体系进行评价之后，对于不一样评价对象的评价结果也应该具有可行性及可参考性，进而保障企业可以客观、公正及有效地评估第三方物流供应商。

（5）定性与定量相结合原则

不是所有的评价指标都可以进行定量阐述，对一些特殊情况需要使用定性与定量相结合的形式来进行评估。从而使得评估结果更显得科学与合理。

2. 第三方物流供应商评估体系指标

第三方物流供应商评价指标体系构建的优劣对于企业选择第三方物流供应商能否成功有直接的影响。行之有效的评估指标系统在操作上比较容易，所有第三方物流供应商的真实水平被准确反映出来以后，所有第三方物流供应商之间的差异也就比较容易而且清晰的进行分别。此外，可以把这个评估指标系统与各个第三方物流公司共享，指引各个第三方物流公司提升运行效率。也可以将国内和国外有关的文献资料、案例研究相互结合起来，不难发现对于第三方物流供应商的选择评价指标主要如下：

（1）物流运作成本

在企业进行物流决策的时候，最关注的问题就是成本，在能够更好地节约成本的情况下，企业才会考虑将物流业务承包给第三方。所以，第三方物流供应商需依靠自己的专业化程度以及规模化实力，减少物流业务所花费的费用占企业总经营成本的比例，这样的话不仅赢得了客户的青睐，提升了自身的服务水平及质量，而且还可以帮助客户企业降低其经营成本，实现双赢。

（2）物流运作效率

对于物流这一块，企业为了降低仓库的容量，实现产品零库存，提高整体运行效率，那么就需要第三方物流供应商可以准时把企业产品运输并交付到正确的地方或者是收货人。第三方物流供应商怎样保证产品能及时、准确地交给收获人或者是把货物送到正确的地方，关键所在就是单据正不正确以及货物是不是完好。所以，物流运作的效率在评价第三方物流供应商的指标中也非常的重要。其中，物流活动的效率包括：准确性、完好性、速度。

（3）供应商基本素质

企业在对第三方物流公司进行选择的时候，一般而言会先考虑公司是否具有良好的信誉，所以，对于将要选择的第三方物流供应商，其基本上都具有较高的声誉以及信誉度比较高、客户满意度高，而且其企业文化与自身企业文化的一致性比较好。

3. 评估方法介绍

较为传统的供应商选择方法是招标法。由于在招标过程中，有时只是简单地通过投标方案来获取有关投标供应商的信息资料，而不能做到更进一步的了解投标方，所以用招标法所选择的供应商也许并不是最适合企业要求和发展的。

目前，选择供应商的评价方法主要有：第一种是权重分析方法、第二种是数学规划方法、第三种是概率统计方法。本书主要是应用第一种权重分析法，即是层次分析法。层次分析法（Analytic Hierarchy Process），通常也叫AHP，这种方法最早是由美国的一位学者名字叫托马斯·塞蒂（T. L. Saaty）正式提出来的。AHP 法最大的优点就是通过定性以及定量相结合起来的一种方法，这是一种具有系统化以及层次化的分析法[16]。

层次分析法的大概思路是将一个比较复杂的问题逐层分解成几个具体的因素，且根据这些因素间的支配关系来建立具有层次式的结构，然后通过对各个因素进行两两比较，以此来确定具体的权重。采用层次分析法可以使评估过程变得更加系统性，实用性，层次分析法采用的是定性及定量法结合起来的方法，和传统的方法相比，更具有简洁性。层次分析法的计算方法和实施步骤比较容易掌握，进而可以快速地得出结果，提升企业效率。此外，层次分析法也有一定的不足，表现为层次分析法仅是在原来的方案中选择一个最优方案，所以对于其他更好的方案可能无法获得，相对而言比较粗糙，进而也影响了计算结果，因此导致计算结果无法让每一个决策者都能接受、赞同。

6.4 层次分析原理

层次分析法的核心思想是通过将复杂的多目标决策问题看作一个整体的系统，进行资源整合，把决策问题所需要考虑的影响元素分别置于目标层、准则层和方案层上，按照各因素之间的相互关联以及隶属关系，将不同的因素按不同层次进行聚合，从而形成一个多层次的分析结构模型。在评价过程中可以采取定性与定量得以结合的方法，这是一种综合评价的分析方法[17]。

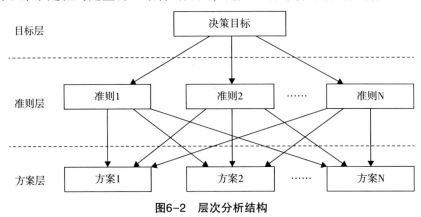

图6-2 层次分析结构

6.4.1 层级分析法的实施步骤

1. 建立层次结构模型

运用 AHP 分析方法来研究相关课题，应先根据课题的重点及难点，不断发现问题，及时深入解决分析，即确定出研究目的，明确目标层。目标层确定后，为进一步使发现的问题层次和条理突出，根据影响总目标的各方面因素，再确定出准则层，这是在总目标的基础上，从多方面再次进行细化问题。准则层中各因素按照自身属性及相互关系聚集起来，该层次是衡量目标层的细则，与此同时，准则元素也会受到目标层和方案层的共同作用。针对不同的研究问题，层次数视所研究具体情况而定，层层关联。在结构模型中，各层元素都需着重全面地反映其上一层制因素内容。

2. 构造判断矩阵

根据层次结构模型，对各层次每个部分的所有因素两两比较，构造出判断矩阵。判断矩阵表示的是本层次中受到上一层次制约因素影响的各因素之间相对重要性比较。为使决策数据化，判断定量化，根据 Satty 提出的 1~9 标度量化方法，如表 6-1 所示，对元素间重要性进行赋值，在实际行动中需要专家根据实际情况按此表数值比较赋值[18]。

表6-1　重要性等级量化值

因素 i 对因素 j 的重要度	量化值
i, j 同等重要	1
i 比 j 稍重要	3
i 比 j 明显重要	5
i 比 j 强烈重要	7
i 比 j 极端重要	9
因素 j 对因素 i 的重要度	i 对 j 重要值倒数（1/3，1/5，1/7，1/9）

3. 判断矩阵的一致性检验

（1）判断矩阵偏离一致性

在评判过程中，人们的思维观念，价值观点和评判准则可能会不同，为确保各位专家在评判各项指标时，保持判断观念一致，最大限度减少偏离因素的影响，需要对判断矩阵进行一致性检验。在这里，本书引入度量判断矩阵偏离一致性的指标 CI。CI 值表示的是对各位专家评价事物偏离程度的检验，公式如下表示：

$$CI = \frac{\lambda_{\max - n}}{n - 1}$$

$\lambda_{\max}$ 表示判断矩阵最大特征根，n 表示所有特征根之和。

实践证明：CI 值越大，表示判断矩阵偏离完全一致性的程度越大；CI 值越小，表明偏离程度越小，一致性越好。CI＝0，表示具有完全一致性，这也是在所有的评价研究中，力争达到的目标[19]。

（2）平均随机一致性

人们判断误差的衡量标准与判断矩阵的阶数有关，为了明确这种关系，权衡误差标准，在评判过程中，可以引入平均随机一致性指标 RI，RI 表示的是满意一致性。对于 1~9 阶判断矩阵，RI 值如表 6-2 所示。

表6-2 平均随机一致性指标

1	2	3	4	5	6	7	8	9
0.00	0.00	0.58	0.90	1.12	1.24	1.32	1.41	1.45

（3）随机一致性比率

从表6-2可知，2阶以下的判断矩阵满意一致性数值为0，即 $RI=0$，因此1~2阶矩阵的 RI 无法作为衡量标准。因此当阶数大于2时，再次引入另一个衡量标准 CR（即随机一致性比率）来衡量一致性，公式如下所示：

$$CR = \frac{CI}{RI}$$

当 $CR<0.10$ 时，表示具有满意一致性，不需要再调整判断矩阵，否则还需再次构造判断矩阵，直至达到满意一致性。

4. 层次单排序

层次单排序是某层次各因素相对于上一层次某些因素的相对重要程度的排序权值。

5. 层次总排序

层次总排序是最底层因素相对于最高层的相对重要程度。

6. 决策

根据各元素的权重总排序值以及各评价指标的实际数据，经计算可得出各评价事物的最终评价结果，并以此为依据并结合研究实际情况进行决策分析。

6.5 基于网购消费者视角的第三方物流评价指标体系构建

6.5.1 评价选择指标体系构建原则

选择第三方物流供应商的时候，迫切需要构建一套科学的评价选择指标体系，构建时需要遵循下面的几个基本原则。

1. 全面性

YD公司不但具有精细化学品贸易公司的一般性质，而且在YD公司经营业务过程中，又逐步形成了自己较为独特个性和经营方式。因此，YD 公司在正式确定第三方物流供应商评价选择指标体系的过程中，需要体现全面性，同时也需要把企业的一般性以及特殊性都考虑在内，对评价选择指标体系的构建尽量做到全面、具体以及完整。

2. 实际性

利用评价选择指标体系来进行第三方物流供应商选择过程中，也需要体现指标的实际性，使选出的指标能够与 YD 公司的真实状况相符合，要和 YD 公司的真实物流需求密切相关，而且还可以获得有关信息。

3. 灵活性

YD 公司的物流需求不是固定的，随时有可能会据市场的变化而变化，公司在发展过程中，也会根据发展需要调整评价指标，这就是需要体现出指标的灵活性。使得这个体系可以伴随企业规模的变化以及市场环境的变化而随时进行同步更新。

6.5.2 评价指标体系的构建

本书从网购物流服务因素研究入手，通过分析比较所收集的原始资料信息，提取出了 18 个范畴，以此为基础，进一步归纳总结出响应性、经济性、完好性、便利性、沟通性、透明性和可靠性等 7 个主范畴。本书从消费者网购感知角度出发，综合考虑各主范畴所属的物流服务类型，并结合当前电商运营模式与环境，构建了评价指标体系。该体系包括 5 个一级指标、23 个二级指标，如表 6-3 所示。

表6-3 评价指标体系

目标	一级指标	二级指标	指标解释
电商评价 A	物流服务水平 B1	发货速度 B11	商家对订单的处理速度
		物流速度 B12	从下订单到收货的时间
		订单追踪定位 B13	能够实时查询货物物流信息，且订单跟踪信息更新及时、准确
		配送及时性 B14	货物配送的速度、准时性
		物流运营覆盖范围 B15	配送业务覆盖区域

续表

目标	一级指标	二级指标	指标解释
	服务保障 B2	配送人员操作规范化 B16	快递员配送操作规范无误，能保证收货人权益
		货品精准率 B21	配送的商品正是预定的商品或配送的商品没有缺漏
		承诺兑现水平 B22	在购物过程中遇到问题时商家处理达到的效果
		验货服务 B23	提供开箱验货服务，确定物品完好性
		货物完好性 B24	配送的商品及外包装完好
		退换货服务 B25	商家是否支持退换货服务或退换货的及时性、货款到账时间
		客服解决问题能力及时效性 B26	客户回答问题详细具体性、及时性
		对紧急事件的应急处理能力 B27	紧急订单的配送能力、突发事件应变能力
	物流经济性 B3	物流费用 B31	免运费或者所支付的相应物流费用
		退换货费用 B32	消费者退换货时所支付的费用
		运险费用 B33	购买商品时运险费赠送情况
	服务态度 B4	送货人员态度 B41	快递人员的服务态度
		客服态度 B42	客服回答问题的耐心与交流语气
	企业综合实力 B5	资产状况 B51	公司固定资产、流动资产、无形资产等在内的总资产及资产运行状况
		公司信誉度 B52	企业提供的物流服务在公众中的信誉度情况
		硬件设施 B53	公司店面设施完备情况
		业务规模 B54	产品种类、业务范围与规模
		财政稳定性 B55	公司财政稳定、负面新闻情况

6.5.3 评价指标体系说明

6.5.3.1 物流服务水平

1. 发货速度

订单的处理速度对消费者的网购感知具有显著影响，企业如果能够在第一时间组织发货，会增加消费者的满意度感知；如果发货速度太慢，会严重影响消费者的满意度同时也可能产生消费者因此而退款的现象，这样企业不仅会损失很多订单，同时也损毁了企业在消费者心中的形象，从而导致客户的流失。

2. 物流速度

物流速度是消费者最关心的问题，大家都希望在网上下订单后可以在最短的时间里收到货品，若货品在预期时间内没能送达，消费者的满意度自然会下降。此外，如果发货速度快，物流速度慢也同样会导致消费者对物流速度不满意或者在评价时把物流项打低分。因此，要想在激烈的市场竞争中脱颖而出，提升物流速度仍然是企业发展的重中之重。

3. 订单追踪定位

在发货过程中，货物运输信息能否实时被追踪且订单跟踪信息更新是否及时、准确，会对消费者的便利性感知产生显著影响，订单的实时追踪定位可以为消费者的后续准备工作提供便利。订单跟踪信息不及时、延误，会影响消费者对物流服务水平的认可度。

4. 配送及时性

电子商务促进了传统物流模式的改进，对物流配送的要求更高，货物能够在对消费者承诺时间内及时准确的送达，或者在换货时，二次配送的及时性都可以有效提高消费者对物流配送服务的满意度感知。

5. 物流运营覆盖范围

物流运营覆盖范围可以体现出企业的物流服务水平，运营范围广会给消费者带来极大的便利，消费者在进行购买决策时自然愿意选择这样的电商平台，在无形之间吸引了很多新顾客同时还会留住老顾客，进而提高企业竞争力。

6. 配送人员操作规范化

物流服务水平最终体现在员工素质和操作技能上，物流配送人员操作规范无误，可以减少货物的损伤与丢失，保障消费者的权益，增加消费者对企业的信任。

6.5.3.2 服务保障

1. 货品精准率

货品精准率即配送的货品包括货物的种类、规格、型号和数量等与消费者所下订单一致，大部分消费者出于退换货的时间成本以及便利性考虑，会将货品精准率作为衡量物流服务水平的基本要求。

2. 承诺兑现水平

能够准确地履行向顾客承诺的服务，体现出企业的可靠性。从这个角度来说，顾客非常关心他们接受的物流服务以及货品的数量、质量都与交易时的订单要求一致，这主要由企业提供的物流配送服务质量来保证。

3. 验货服务

提供开箱验货服务，确定物品完好性，可以有效避免消费者的经济损失，为消费者网购提供服务保障。一般情况下，在配送人员来送货时，首先要检查货品的完好性以及数量的准确性，在检查无误后再让其离开，如出现问题，可以退回包裹，协商赔偿事宜，避免不必要的纠纷。

4. 货物完好性

货物完好在物流配送过程中的重要性不可忽视。影响货物完好性的因素有很多，对包装质量的不重视以及运输途中货物排列不合理都是不容忽视的细节。为了让顾客更加满意，减少客户的损失，应该尽量保证货物包装上不出现问题。

5. 退换货服务

是否支持退换货服务或退换货的及时性、货款到账时间都会影响消费者的购买感知，服务有保障消费者才会放心购买，所以企业若想留住顾客，一定要注重退换货服务。

6. 客服解决问题能力及时效性

客服人员应该认真对待顾客提出的问题，回答问题要详细具体，站在顾客的角度考虑问题，安抚好顾客的情绪并立即处理问题，给出一个双方均可接受的解决问题的方案，一项关于客服处理顾客问题的调查显示，如果问题处理得当，75%的顾客下次还会购买；如果问题处理不当，不但不会购买还会告诉给身边的人，对品牌形象产生负面影响。

7. 对紧急事件的应急处理能力

在下单、配送过程中，难免会出现意外情况，但很多事件暴露出现在的一些电子商务网站在应对突发事件时明显经验不足，处理问题能力欠缺。在遇到突发事件如果能够快速采取补救措施，重新赢得消费者的信赖，这决定着可以比竞争对手更加牢固的抓住顾客，提升自身的竞争力。

6.5.3.3 物流经济性

1. 物流费用

物流费用是消费者在网购时需要考虑的重要因素之一，目前我国很多电商企业在前期自建物流配送体系的过程中投入了大量资金，订单的运输成本也随之增高，因此也会收取相应的物流费用。商家如果免运费或者是所需支付的物流费用低，会增加消费者的好感度，在进行网购决策时会优先考虑这类商家。

2. 退换货费用

消费者退换货时所支付的费用合理会给顾客留下很好的印象，很有可能会重复购买。处理好退换货问题，可以帮助电子商务企业增强顾客满意度，完善顾客体验，提高顾客忠诚度。

3. 运险费用

在网购过程中，难免会出现退换货的情况，所以在购买时消费者一般会更青睐于赠送运费险的电子商务网站。

6.5.3.4 服务态度

1. 送货人员态度

送货人员直接与客户对接，他们的服务态度直接影响消费者对物流服务质量的评价，如若能与客户建立良性交流，会提升物流服务水平。但目前物流配送人员流动性大，人员素质参差不齐，培训机会少，工作强度大，导致服务态度不尽完美，这会使客户感觉不悦，降低了对网购的满意度感知。

2. 客服态度

顾客在做出购买决策前一般都会先咨询客服，在购买后如果有什么问题，首先也会联系客服，客服的重要性也就可想而知。客服代表的就是品牌形象客服态度友善并且能够为顾客详尽耐心的解答问题，会使顾客更加满意，提升品牌知名度与美誉度。

6.5.3.5 企业综合实力

1. 资产状况

企业的资产不仅包括固定资产、流动资产还包括品牌形象、软实力等无形资产。电商企业的资产状况可以反映其综合实力，有形资产可以体现其偿债水平、无形资产体现其物流发展水平，总资产实力可以增加消费者的信任，使企业在竞争中处于优势地位。

2. 公司信誉度

消费者对网购交易结果的满意意味着其对产品和物流服务的感知超出了预期，可以增加消费者的信任。此外在整个网购过程中，承诺给消费者的事情一定要尽力做到，否则会给消费者带来一定的麻烦，降低消费者对该电商企业的好感，影响企业的信誉度。

3. 硬件设施

硬件设施包括企业的办公楼、厂房和先进的设备等，先进的储运工具可以极大地提高物流运作效率，减少操作失误。如自动化分拣设备，可以提高货物的分拣效率，减轻员工的劳动轻度，同时也可以避免暴力分拣对货物的损伤，特别是在物流需求的旺季，这种优势体现的愈加明显。可见，先进而又完善的硬件设施可以很好地体现出电商企业的综合实力。

4. 业务规模

业务规模主要是按照企业的总资产、主营业务收入或者是从业人员数量来确定的。企业的综合实力主要体现在其业务规模上，不同类型的业务规模体现了其相应的综合实力水平。

5. 财政稳定性

企业的财政状况是衡量其综合实力的标准之一，企业没有负面新闻影响，财政状况稳定，对其运营和发展都是十分有利的，自然也会对提高企业综合实力有重要作用。

6.6　本章小结

本章首先介绍了第三方物流的理论基础，然后基于第 5 章的研究结果，响应性、经济性、完好性、沟通性、透明性、便利性和可靠性这 7 个主范畴对网购物流服务质量有显著影响，在此基础上，本章从网购物流服务因素研究入手，通过分析比较所收集的原始资料信息，提取出了 18 个范畴，以此为基础，进一步归纳总结出响应性、经济性、完好性、便利性、沟通性、透明性和可靠性等 7 个主范畴。从消费者网购感知角度出发，综合考虑各主范畴所属的物流服务类型，并结各当前电商运营模式与环境，构建了评价指标体系。该体系包括 5 个一级指标、23 个二级指标。

参考文献

[1] 张旭辉. 第三方物流 [M]. 北京：北京大学出版社，2010.

[2] 秦晓辉. 我国铁路货场第三方物流运作模式研究 [D]. 北京：北京交通大学，2006.

[3] Robert C. Lieb, Robert A. Millen, Luk N. Van Wassenhove. Third‐party Logistics Services：A Comparion of Experienced American and European Manufacturers [J]. International Journal of Physical Distribution&Logistics Management. 1993, (6)：41.

[4] Coyle, J. J., Bardi, E. J., Langley, C. J. The Management of Business Logistics [M]. West Pub, 1996.

[5] David Simchi‐Levi, Philip Kaminsky, Edith Simchi‐Levi. Designing and Managing the Supply Chain：Concepts, Strategies and Case Studies [M]. McGraw‐Hill Publication, 2008.

[6] 蒋伶俐. 第三方物流的理论背景研究 [J]. 物流工程与管理，2012 (3)：17−18.

[7] 郭峰. 第三方物流与第四方物流的研究 [J]. 价值工程，2011，(4)：23−25.

[8] 杨德仁. 第三方物流研究 [J]. 物流科技，2011，(7)：45−46.

[9] 田宇，朱道立. 第三方物流研究 [J]. 物流技术，1999 (4)：45−47.

[10] 骆温平. 发达国家物流外协第三方的经验与借鉴 [J]. 集装箱化，2001 (7)：32−34.

[11] 彭望勤. 对 Logistics 的一些提法 [J]. 商品储运与养护，1998 (7)：12−15.

[12] 郝聚民. 第三方物流的价值分析 [J]. 中国物流与采购，2002 (9)：22−27.

[13] 王世伟. 我国第三方物流现状、问题与对策研究 [D]. 天津：天津财经学院，2003.

[14] 郝聚民. 第三方物流 [M]. 成都：四川人民出版社，2002.

[15] 周愉峰，孟波，李玉凤. 第三方物流供应商选择研究评述 [J]. 重庆工商大学学报，2009 (11)：6−11.

[16] 徐晓璐，王筱博. 基于 AHP 和 DEA 的第三方物流企业的选择研究 [J]. 电

子商务，2009（03）：72-78.

［17］赵家胤. 基于模糊层次分析法的电子商务服务满意度评估方法［J］. 信息
化研究，2011（3）：52-55.

［18］周敏，王琼，邢洁冰. 基于模糊可拓层次分析法的物流客户满意度研究
［J］. 物流技术，2011，30（4）：78-81.

［19］邹建平. 快递服务质量及其与顾客忠诚的关系研究［D］. 西安电子科技大
学硕士论文，2010.

第 7 章 消费者个体特征及物流服务感知对网购平台选择的影响研究

近年来，我国电子商务发展异常迅猛，规模不断扩大，消费模式也产生了巨大的转变，越来越多的消费者开始选择网络购物。据 CCNIC（中国互联网络发展状况统计报告）的相关研究数据显示，截至 2017 年 6 月，我国网民规模达到 7.51 亿人，互联网普及率为 54.3%，较 2016 年年底提升 1.1 个百分点，2017 年上半年，全国网络零售交易额达 3.1 万亿元，同比增长 33.4%。在这种大环境下，传统零售的营业额已开始出现下滑趋势，越来越多的 B2C 电子商务企业纷纷出现，其竞争也越来越激烈，而消费者的选择性也随之增多，而消费者的个体特征及物流服务感知成为影响消费者对网购平台选择的主要影响因素。

消费者个体特征不同，对网购平台的需求和选择行为上也有巨大差异，电商企业应该从消费者个体特征的差异性考虑，根据消费者不同的需求和偏好策划营销方案。与此同时，物流服务在电子商务中也占有着非常重要的地位，关注消费者物流服务感知也成为电商企业管理中要考虑的新问题。目前，关于消费者网购行为影响的研究较多，主要是从价格、网购平台的质量和消费者心理情况出发，研究的结果也大多是给商家和网购平台提供建议。而本书的特别之处在于主要是从消费者的自身特点出发，研究消费者个体特征和物流服务感知因素对消费者网购平台选择的影响程度大小，建立起相应模型，并利用回归方程，在网购消费者个体特征、物流服务感知、网购平台的顾客忠诚度之间建立一种路径从而达到研究的目的。

本章其余内容的安排如下：第一部分从消费者个体特征和物流服务感知两个方面对消费者网购平台选择影响的相关研究进行综述；第二部分依据现有理论研究，构建了消费者网购平台选择影响因素的作用模型，并作出相应假设；第三部分设计调查问卷，对研究数据进行收集并对问卷的可靠性进行信度与效度分析；第四部分为实证研究，运用 SPSS 统计分析软件对消费者个体特征进行描述性统计分析，运用单因素方差分析研究消费者个体特征对物流服务感知因素的影响，运用多元回归分析研究物流服务感知因素对消费者网购平台选择的影响并建立回归方程。同时对前文提出的假设模型进行修正，得出模型的标准化路径系数并进行分析。第五部分对本章做出总结并对未来的深入研究进行展望。

7.1 文献综述

7.1.1 国外研究现状

本书研究的是消费者个体特征和物流服务感知对网购平台选择的影响，而每个消费者作为一个独立的个体，有着自身独有的特点，因此，研究个体特征对网络购物的影响是十分必要的。Loshe 等（2000）在研究中发现网络购物的百分比与他们上网时间成正比关系，因此他们认为，消费者使用网络的时间和网络购物的可能性之间存在正向相关关系[1]。Goldsmith（2001）在总结前人研究成果的基础上建立了影响消费者网络购物的个体特征因素模型，并进行了实证分析，研究发现网络使用时间长短与网络购物关系不大，主要与个人特征有着密切的联系[2]。Donna（2005）在老年人对电子商务的参与和使用态度的研究中，验证了年龄越大，对网络购物的感知易用性越差，进而导致网购频率越低，可以看出，在消费者个体特征方面，年龄是影响网络购物意愿的要素之一[3]。Jyh-Jian Sheu 等（2008）在对消费者购买决策的研究中指出，消费者的网购经验和收入水平会对其网购行为产生显著影响，网购经验越丰富的人越愿意网购，而收入高的相对于收入较低的人更喜欢网购[4]。

国外的学者很早就开始关注网络购物背景下消费者的物流服务感知问题。Shim 等（2001）指出，在网络购物中，消费者通过物流服务感知来评价他们的网购经历，如果过去网购中的这些主观感受使他们觉得满意，那么他们会继续选择网络购物[5]。Rabinovich E（2007）认为顾客对物流服务的感知包括交货及时性、可靠性、库存可获得性以及退换货的便利性等，他认为物流服务感知是影响顾客满意度的主要因素[6]。Shashank Rao（2011）总结出在电子商务背景下，物流服务质量和物流成本是影响顾客忠诚度和满意度的主因，要从这两方面考虑发展新顾客和留住老顾客[7]。

7.1.2　国内研究现状

从国内的研究来看，近年来我国学者也逐步重视在 B2C 这种商务模式下，影响消费者网购行为的因素。汤发俊（2011）在研究中提出，影响消费者网络购物行为的内部因素主要有商品自身特征、商家的信誉水平、消费者本身特征和消费者心理状况，而外部因素主要有网购自身发展状况、市场发展情况、网络购物的环境、经济水平等[8]。胡勤（2015）通过相关文献和理论研究，建立了影响消费者购买行为的理论模型，主要考虑了包括性别、年龄、学历等消费者个体特征以及感知特征等因素对购买行为的影响，分析出网络环境下影响消费者购买行为的因素，为电商企业提供参考依据[9]。安静（2017）等则是从客户本身的评论为研究基础，提倡 B2C 电子商务企业能够从消费者的评论信息来分析客户的个体特征以及自身商品的问题，同时顾客也能从商家提供的评论中来获取多重的网购信息，使企业和顾客达到信息的共享性[10]。

卞文良（2011）等认为，关注消费者物流服务感知已成为当今电商企业不容忽视的新问题，他们针对我国 B2C 电子商务发展现状对物流服务感知相关因素建立了假设模型，通过实际数据和结构方程对假设进行了验证[11]。赵丽梅（2015）结合消费者网购的消费行为进行了问卷调查，通过调查结果总结出了电商企业营销要注重顾客的感知体验以提高顾客满意度，同时也对电商企业的潜在问题进行了思考[12]。孙钧（2016）结合国内电子商务物流运营和发展中的问题，总结出物流是影响电子商务发展的重要因素，从如何转变物流模式、提高物流服务效率方面为电子商务企业提出了实质性的建议[13]。

7.2　模型构建与假设

7.2.1　模型构建

基于上述理论和文献分析，我们可以发现，影响网购平台选择的因素主要可以归为两大类：一是消费者的个体特征，包括统计特征、行为特征、心理特征和认知特征；二是物流服务感知，包括配送质量、服务态度、经济性感知和便利性感知。由此，本书构建了消费者网购平台选择影响因素模型，如图 7-1 所示。

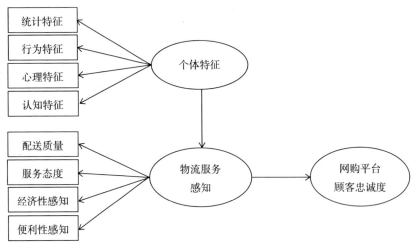

图 7-1　消费者网购平台选择影响因素路径

　　从模型中可以看出，消费者个体特征中的统计特征、行为特征心理特征和认知特征对物流服务感知因素产生影响，并间接影响了网购平台的顾客忠诚度；而物流服务感知因素中配送质量的满意度感知、服务态度的满意度感知、经济性感知以及便利性感知直接影响网购平台的顾客忠诚度。

7.2.2　研究假设

7.2.2.1　消费者个体特征

　　消费者的统计特征包括性别、年龄、学历、职业、收入以及消费水平。其中，性别、年龄、学历和职业是消费者最基本的特征。一般情况下，消费者的收入越高消费水平越高，由于购买能力的差别，对网购平台物流服务的要求也就不同，会影响网购平台的选择。消费者的行为特征包括理性消费、冲动消费和感性消费。理性消费是消费者根据自己的需求，认认真真了解商品的品质、价格以及售后服务，综合各方面的考虑做出购买决策；消费者的冲动消费往往只是看到商品的图片、介绍或者是评论便立刻决定购买，没有充分考虑商品的实用性特征；感性消费的消费者是受到商品的评论或者图片的影响，忽略了其真实性。消费者的心理特征包括追求性价比、从众心理和参考他人评论，追求性价比的消费者在购物前会反复斟酌商品的性能和价格，选择性价比高的商品；具有从众心理的消费者一般无法自己做出购买决策，喜欢参考他人；喜欢参考他人评论的消费者往往只看评论中的好评和差评，根据评论内容决定是否购买。消费者的认知特征主要受网购经验的影响，在网购时受以往经验的影响较大。基于此本书做出如下假设：

1a：消费者的性别对物流配送质量的满意度具有正向影响

1b：消费者的性别对物流服务态度的满意度具有正向影响

1c：消费者的性别对经济性感知具有正向影响

1d：消费者的性别对便利性感知具有正向影响

2a：消费者的年龄对物流配送质量的满意度具有正向影响

2b：消费者的年龄对物流服务态度的满意度具有正向影响

2c：消费者的年龄对经济性感知具有正向影响

2d：消费者的年龄对便利性感知具有正向影响

3a：消费者的学历对物流配送质量的满意度具有正向影响

3b：消费者的学历对物流服务态度的满意度具有正向影响

3c：消费者的学历对经济性感知具有正向影响

3d：消费者的学历对便利性感知具有正向影响

4a：消费者的职业对物流配送质量的满意度具有负向影响

4b：消费者的职业对物流服务态度的满意度具有负向影响

4c：消费者的职业对经济性感知具有正向影响

4d：消费者的职业对便利性感知具有正向影响

5a：消费者的月收入对物流配送质量的满意度具有正向影响

5b：消费者的月收入对物流服务态度的满意度具有正向影响

5c：消费者的月收入对经济性感知具有正向影响

5d：消费者的月收入对便利性感知具有正向影响

6a：消费者的消费水平对物流配送质量的满意度具有正向影响

6b：消费者的消费水平对物流服务态度的满意度具有正向影响

6c：消费者的消费水平对经济性感知具有正向影响

6d：消费者的消费水平对便利性感知具有正向影响

7a：网购时间对物流配送质量的满意度具有正向影响

7b：网购时间对物流服务态度的满意度具有正向影响

7c：网购时间对经济性感知具有正向影响

7d：网购时间对便利性感知具有正向影响

8a：网购次数对物流配送质量的满意度具有正向影响

8b：网购次数对物流服务态度的满意度具有正向影响

8c：网购次数对经济性感知具有正向影响

8d：网购次数对便利性感知具有正向影响

9a：行为特征对物流配送质量的满意度具有正向影响

9b：行为特征对物流服务态度的满意度具有正向影响

9c：行为特征对经济性感知具有正向显著影响

9d：行为特征对便利性感知具有正向显著影响

10a：心理特征对物流配送质量的满意度具有正向影响

10b：心理特征对物流服务态度的满意度具有正向影响

10c：心理特征对经济性感知具有正向显著影响

10d：心理特征对便利性感知具有正向显著影响

7.2.2.2　物流服务感知

物流服务感知是在整个网购交易环节中影响消费者网购决策的决定性因素，物流服务质量的好坏直接影响着消费者对网购平台的选择[14]，本书围绕物流的配送质量、服务态度、经济性感知以及便利性感知等几个方面研究对网购平台选择的影响。由于各网购平台的竞争日趋激烈，消费者对配送质量（物流速度、包装以及信息沟通等）的要求也越来越高，消费者更倾向于选择配送质量好的网购平台；良好的服务态度（快递或客服人员的服务态度等）会给消费者留下深刻印象，会直接影响消费者购买的体验感知；此外经济性感知与便利性感知都会对消费者选择网购平台起到积极的作用，故本书针对物流服务感知因素做出如下假设：

11a：配送质量对消费者网购平台的选择具有正向显著影响

12a：服务态度对消费者网购平台的选择具有正向显著影响

13a：经济性感知对消费者网购平台的选择具有正向显著影响

14a：便利性感知对消费者网购平台的选择具有正向显著影响

7.3　研究设计与数据收集

7.3.1　问卷设计

7.3.1.1　设计原则

1. 相关性

保证所设计的问题应紧扣问卷主题，主要针对消费者个人基本信息，如调查对象的性别、年龄、职业等基本信息以及网购情况和网购物流服务质量对消费者选择网购平台的影响进行调查，设计问卷题目。

2. 一般性

问卷问题应该符合实际的调研情况。

3. 逻辑性

问题设置要有一定关联度，层层递进。

4. 明确性

问卷的问题要清晰明确，不应影响选择选项。

5. 非诱导性

问题中不能存在感情因素等，尽可能减少主观因素等干扰，以及采用心理效应诱导被调查者。

6. 便于整理分析

采用问卷的最终目的是收集问卷调查数据，因此设计问卷的原则之一是需要在充分收集信息的基础上，运用大数据整理分析归纳，提高精准度，了解被调查者的需求。

7.3.1.2　设计方案

根据分析目的，以上述设计原则为指引，设计出了此次问卷调查的具体内容，共计 16 道题目。设计问题时，提供固定选项供被调查者从中选择。

本研究调查问卷的内容主要包括两部分，第一部分是对消费者个人基本信息的调查，针对调查对象的性别、年龄、职业等基本信息以及网购情况进行调查。第二部分是关于网购物流服务质量对消费者选择网购平台影响的调查，包括配送质量、服务态度、经济性感知以及便利性感知对消费者选择网购平台的影响，此部分内容我们采用 likert5 分量表，将各变量的指标按照"很不满意""不满意""一般""满意""很满意"5 种级别，每个变量的取值分别记为 1、2、3、4、5，调查者根据自己的实际情况进行打分，并依据打分情况对收集到的信息进行数据分析[15]。

本书在参考以往文献的基础上，设计了本研究量表，各变量及其问题描述如下表所示，其中，表7-1 是对消费者个体特征因素的衡量，表7-2 是对物流服务感知因素的衡量。

表7-1　对消费者个体特征因素的衡量

变量	问题描述
统计特征	您的性别 您的年龄 您目前的学历 您的职业 您每月的收入 您每年网购消费的金额
认知特征	您网络购物的时间 您每年网络购物的次数
行为特征	您网购多数情况下的行为特征
心理特征	您在网购时的心理特征主要是

表7-2　消费者网购平台物流服务感知量表

变量	问题描述
配送质量	货品包装精细完好 打开包装后货品无损坏 在规定的时间内完成货物配送 网上可以随时追踪货物配送进程
服务态度	快递人员服务态度好 对消费者退换货或投诉处理能力强 客服人员能够及时回答您的问题
经济性感知	运费经济合理 退换货费用经济合理

续表

变量	问题描述
便利性感知	支持送货上门或物流网点距离近 支持打开包装核对货品信息再签收 支持顾客选定的时间配送

7.3.2　数据收集

随着网络购物潮流的涌现，参与网购的人数也迅速增多，为了确保研究样本的广泛性与真实性，此次调研对象包括学生、企业职员、党政机关事业单位、个体以及其他行业的人员，并且所有的调查对象都必须有过网购经历。问卷主要通过问卷星调查平台进行发布与回收，共回收调查问卷 561 份，剔除重复答题与前后矛盾的问卷 14 份，共回收有效问卷 547 份，有效率为 97.5%。所有的受访对象中，具有一年以上购物经验的为 502 人，所占比例达到 91.8%，每年网购次数超过 10 次的占 79%，每年网络购物消费金额超过 2000 元的占 64.5%，说明受访对象都具有较丰富的网购经验。

7.3.3　信度与效度分析

7.3.3.1　信度分析

信度分析即可靠性分析，它主要用来衡量测量结果的一致性程度，一个系统是否具有可靠性和稳定性就可以用信度分析的方法进行测量，故我们用信度分析对本书问卷中问题的可靠性进行测量。

信度分析的方法主要有四种：重测信度法、复本信度法、折半信度法、α系数信度法[16]。其中 α 系数信度法是目前最常用的一种方法，它适用于态度或意见式问卷（量表）的一致性检验，故本书的问卷调查采用此方法进行可靠性分析。量表的信度系数最好大于 0.7，当 α 系数小于 0.3 时，表示这份量表不可信，当 α 系数在 0.3~0.4 之间，表示勉强可信，当 α 系数在 0.4~0.5 之间，表示这份量表可信，当 α 系数在 0.5~0.7 之间，表示较可信，当 α 系数在 0.7~0.9 之间，表示很可信，当 α 系数大于 0.9，表示这份量表十分可信，一般情况下，当 α 系数小于 0.6 时最好重新编辑问卷。

为了提高研究变量测量的准确度，我们对文中的每一个变量都设定了多个指标，并运用 SPSS20.0 对量表中的各项指标进行可靠性检验，进一步得出每个指标的信度系数如表7-3所示。

表7-3　各指标的信度检验

问卷相关量表	题项数	α
消费者个体特征	10	0.628
配送质量	4	0.917
服务态度	3	0.897
经济性感知	2	0.852
便利性感知	3	0.798

由表7-3可知，问卷各相关量表的信度系数均大于0.6，表明该问卷的可信度是可以接受的，其中，物流服务感知影响因素的各分量表的α值均大于0.7，可见本研究量表具有很好的信度，问卷设计合理，适合对所收集到的数据进一步分析。

7.3.3.2　效度分析

调查问卷的有效性和正确性要用效度来衡量，效度越高表示问卷题目相关性越高，所得到的结果才更具有代表性意义。效度分析主要有以下三种：内容效度分析、准则效度分析以及结构效度分析，本次调查问卷所有问题的设定都是综合相关理论、文献综述和专家审验和修改等多方考量的结果，问卷中的内容能够包含所有影响网购平台选择的因素，具有代表性、准确性和全面性，保证了问卷具有良好的内容效度和准则效度。对于问卷的结构效度，可以用探索性因子分析进行检验，在进行因子分析前，我们首先要用KMO和巴特球体检验来判断该调查问卷是否能进行因子分析。当KMO值大于0.5，sig值小于0.01时，说明得到的数据适合做因子分析，并且KMO值越大越适合因子分析。我们采用SPSS20.0对本书的调查问卷进行探索性因子分析，除"心理特征"因子载荷小于0.5外，其余均符合要求，故将心理特征题项从问卷中删除。具体分析结果如表7-4所示。

表7-4　问卷的效度分析结果

因素类型	题项数	因子载荷	KMO	Bartlett
个体特征	1	0.714	0.631	0
	2	0.874		
	3	0.893		
	4	0.771		

续表

因素类型	题项数	因子载荷	KMO	Bartlett
	5	0.792		
	6	0.659		
	7	0.880		
	8	0.841		
	9	0.778		
	10	0.250		
配送质量	1	0.930	0.831	0
	2	0.908		
	3	0.876		
	4	0.866		
服务态度	1	0.930	0.739	0
	2	0.912		
	3	0.891		
经济性感知	1	0.914	0.744	0
	2	0.876		
便利性感知	1	0.871	0.702	0
	2	0.845		
	3	0.822		

7.4　影响消费者网购平台选择的实证分析

7.4.1　消费者个体特征的描述性统计分析

对调查者的统计特征、认知特征和行为特征进行描述性统计分析，基本统计信息如表 7-5 所示。

表7-5　消费者个体特征调查统计数据

因素类型	调查项目	描述内容	频数	百分比（%）
统计特征	性别	男	207	37.8
		女	340	62.2
	年龄	18 岁以下	9	1.6
		18~24 岁	174	31.8
		25~30 岁	89	16.3

续表

因素类型	调查项目	描述内容	频数	百分比（%）
		31~35 岁	34	6.2
		36~40 岁	60	11.0
		40 岁以上	181	33.1
	学历	初中及初中以下	21	3.8
		高中	35	6.4
		大专	41	7.5
		大学本科	309	56.5
		硕士及硕士以上	141	25.8
	职业	学生	153	28.0
		企业职员	96	17.6
		党政机关事业单位	149	27.2
		个体企业	47	8.6
		其他	102	18.6
	月收入	2000 元以下	163	29.8
		2000~4000 元	130	23.8
		4000~6000 元	112	20.5
		6000~8000 元	93	17.0
		8000 元以上	49	9.0
	消费金额	2000 元以下	181	33.1
		2000~5000 元	198	36.2
		5000~8000 元	56	10.2
		8000~10000 元	30	5.5
		10000 元以上	82	15.0
认知特征	网购时间	0~1 年	32	5.9
		1~3 年	170	31.1
		3~5 年	162	29.6
		5 年以上	183	33.5
	网购次数	1~10 次	103	18.8
		10~20 次	119	21.8
		20~30 次	122	22.3
		30~40 次	57	10.4
		40 次以上	146	26.7

续表

因素类型	调查项目	描述内容	频数	百分比（%）
行为特征	网购行为特征	冲动消费	27	4.9
		理性消费	440	80.4
		感性消费	80	14.6

　　调查结果显示：在 547 份有效问卷中男性为 207 人，占样本的 37.8%，女性为 340 人，占样本的 62.2%，很显然女性比男性更喜欢网络购物；年龄结构方面，35 岁以下的网购人数有 306 人，占总人数的 55.9%，样本总体偏向年轻化，说明年轻人更容易接受新鲜事物；学历方面，主要以高学历为主，大学本科和硕士及硕士以上学历的共 450 人，占样本总数的 82.3%，表明受过高等教育的人群对网络的敏感度要远超过普通人，这类人网络操作能力强，以此寻求生活上的便利，对物流服务感知的便利性感知影响较大；职业方面，主要是以学生和党政机关事业单位为主，因为他们接触网络较多，网购需求大，网购决策也更加合理，对物流服务感知的影响也较为明显；消费水平方面，主要集中于中低消费水平，因为中低收入的人群占绝大多数，这也和网购人群的年龄偏低有一定关系，对网购的经济性感知影响更为明显。

　　认知特征主要从消费者网购经验方面研究对物流服务感知的影响，具有一年以上网购经验的所占比重达到 94.1%，平均每年网购次数超过 10 次的占81.2%，网购经验越丰富对物流服务感知的影响越明显。行为特征方面，理性消费的人数达到 440 人，占样本总数的 80.4%，理性消费的人群在作出购买决策之前都会经过慎重思考，在经过反复的对比衡量之后才会做出抉择，这样无论在配送质量、服务态度、还是经济性感知和便利性感知方面都是经过考量的。

7.4.2　消费者个体特征对物流服务感知因素的影响分析

　　由 7.2 节初步建立的模型可知，消费者个体特征先是影响物流服务感知因素，进而影响消费者对网购平台的选择。本节通过单因素方差分析的方法研究消费者个体特征对物流服务感知因素的影响，把消费者个体特征作为自变量，把物流服务感知因素作为因变量，通过方差分析确定出它们之间的关系。在下文的分析中，若显著性小于 0.05，则表明不同消费者个体特征的组间存在显著性差异，分组大于两组时进行了多重比较分析。

7.4.2.1 消费者个体特征对配送质量的影响

不同消费者个体特征对配送质量满意度感知的影响如表7-6所示。除统计特征中的"性别"和"职业"特征外，其他个体特征的 Sig 值均大于0.05，对配送质量的影响不显著，说明不同年龄、学历、收入、消费水平、认知特征和行为特征对配送质量的满意度感知没有显著差异。性别和职业对配送质量的影响比较显著，女性对配送质量感知的均值高于男性，说明女性相对于男性来说对配送质量更满意，企业职员和党政机关事业单位的消费者对配送质量的满意度感知不如其他职业。

表7-6　消费者个体特征对配送质量感知的影响分析

统计特征		均值	标准差	F 值	显著性 Sig
性别	男	3.69	0.935	3.527	0.041
	女	3.84	0.832		
年龄	18 岁以下	4.22	0.667	1.338	0.247
	18~24 岁	3.72	0.896		
	25~30 岁	3.83	0.882		
	31~35 岁	3.53	0.961		
	36~40 岁	3.83	0.960		
	40 岁以上	3.82	0.806		
学历	初中及初中以下	3.95	0.590	1.881	0.112
	高中	3.71	0.957		
	大专	3.59	1.072		
	大学本科	3.74	0.849		
	硕士及硕士以上	3.92	0.872		
职业	学生	3.75	0.912	2.365	0.042
	企业职员	3.97	0.911		
	党政机关事业单位	3.83	0.820		
	个体企业	3.55	0.904		
	其他	3.69	0.820		
月收入	2000 元以下	3.77	0.920	0.325	0.861
	2000~4000 元	3.74	0.936		
	4000~6000 元	3.85	0.785		

统计特征		均值	标准差	F 值	显著性 Sig
	6000～8000 元	3.75	0.893		
	8000 元以上	3.84	0.717		
消费金额	2000 元以下	3.82	0.883	0.981	0.417
	2000～5000 元	3.81	0.833		
	5000～8000 元	3.75	0.792		
	8000～10000 元	3.50	1.075		
	10000 元以上	3.74	0.927		
网购时间	0～1 年	3.78	0.941	0.199	0.897
	1～3 年	3.75	0.884		
	3～5 年	3.82	0.739		
	5 年以上	3.78	0.966		
网购次数	1～10 次	3.67	0.964	1.447	0.217
	10～20 次	3.87	0.863		
	20～30 次	3.80	0.703		
	30～40 次	3.95	0.811		
	40 次以上	3.71	0.961		
行为特征	冲动消费	3.56	0.974	1.503	0.223
	理性消费	3.78	0.868		
	感性消费	3.89	0.871		

7.4.2.2　消费者个体特征对服务态度感知的影响

不同消费者个体特征对服务态度感知的影响如表 7-7 所示。除统计特征中的"职业"外,其他个体特征对服务态度感知影响不显著,可以解释为,性别、年龄、学历、收入、消费水平、认知特征和行为特征对服务态度感知的影响没有显著差异,并且这些消费者对服务态度感知的评价相对一致,均值大部分都在 3.5 以上,说明物流服务态度感知的满意度较高。不同职业的物流服务态度感知存在显著差异,企业职员的物流服务感知均值高于其他职业,即企业职员对物流服务态度的满意度感知不如其他职业。

表7-7 消费者个体特征对服务态度感知的影响分析

统计特征		均值	标准差	F 值	显著性 Sig
性别	男	3.610	0.9343	0.592	0.442
	女	3.671	0.8851		
年龄	18 岁以下	4.167	0.7018	0.759	0.580
	18~24 岁	3.672	0.9129		
	25~30 岁	3.569	0.9293		
	31~35 岁	3.624	0.9755		
	36~40 岁	3.648	0.9142		
	40 岁以上	3.644	0.8754		
学历	初中及初中以下	3.857	0.7187	1.478	0.207
	高中	3.617	0.9691		
	大专	3.385	0.9595		
	大学本科	3.635	0.8948		
	硕士及硕士以上	3.731	0.9078		
职业	学生	3.683	0.9358	1.959	0.049
	企业职员	3.810	0.9731		
	党政机关事业单位	3.661	0.8822		
	个体企业	3.451	0.827		
	其他	3.516	0.8314		
月收入	2000 元以下	3.683	0.9545	0.406	0.805
	2000~4000 元	3.607	0.9525		
	4000~6000 元	3.661	0.8128		
	6000~8000 元	3.580	0.9342		
	8000 元以上	3.745	0.7397		
消费金额	2000 元以下	3.701	0.9447	0.606	0.658
	2000~5000 元	3.612	0.8514		
	5000~8000 元	3.655	0.863		
	8000~10000 元	3.457	1.0321		
	10000 元以上	3.687	0.9201		
网购时间	0~1 年	3.725	0.9456	0.127	0.944
	1~3 年	3.632	0.9197		
	3~5 年	3.633	0.8402		

续表

	统计特征	均值	标准差	F 值	显著性 Sig
网购次数	5 年以上	3.663	0.9411		
	1～10 次	3.541	1.0301	0.802	0.524
	10～20 次	3.724	0.8907		
	20～30 次	3.653	0.7381		
	30～40 次	3.753	0.9408		
	40 次以上	3.618	0.9036		
行为特征	冲动消费	3.444	1.0162	1.611	0.201
	理性消费	3.636	0.8953		
	感性消费	3.782	0.9035		

7.4.2.3　消费者个体特征对经济性感知的影响

不同消费者个体特征对经济性感知的影响如表 7-8 所示，除统计特征中的"月收入""消费金额"和行为特征外，其他个体特征对经济性感知的影响不显著，即不同性别、不同年龄层次、不同学历、不同职业和认知特征对经济性感知没有显著影响。在月收入中，月收入越低经济性感知的均值越高，可以解释为，收入越低的消费者更容易感受到不同网购平台带给他们的经济性；同理，消费水平低的网购者的经济性感知的均值大于消费水平高的网购者，这也符合常理，所以消费水平低的网购者感觉到网购平台的经济性比消费水平高的网购者更容易。此外，在消费者的行为特征中，感性消费的均值最大，理性消费的均值次之，冲动消费的均值最小，他们之间的经济性感知差异显著，因为感性消费的人容易受到价格、图片和评论的影响，对网购的经济性感觉较为明显；理性消费的人，在网购前会经过慎重的考虑，对经济性感知也会有一定的影响；而冲动消费的人则完全相反，所以均值最小，相较于另外两种行为特征对经济性感知的影响最不显著。

表7-8　消费者个体特征对经济性感知的影响分析

	统计特征	均值	标准差	F 值	显著性 Sig
性别	男	3.439	0.9533	0.742	0.389
	女	3.506	0.841		
年龄	18 岁以下	3.933	0.8367	0.625	0.691

统计特征		均值	标准差	F 值	显著性 Sig
	18~24 岁	3.44	0.9101		
	25~30 岁	3.517	0.8732		
	31~35 岁	3.418	0.907		
	36~40 岁	3.46	0.971		
	40 岁以上	3.497	0.8379		
学历	初中及初中以下	3.752	0.9938	1.401	0.232
	高中	3.531	0.8331		
	大专	3.356	0.9905		
	大学本科	3.429	0.8615		
	硕士及硕士以上	3.576	0.8946		
职业	学生	3.468	0.9237	1.185	0.317
	企业职员	3.6	0.9939		
	党政机关事业单位	3.53	0.8236		
	个体企业	3.374	0.8563		
	其他	3.363	0.8097		
月收入	2000 元以下	3.508	0.9618	2.14	0.049
	2000~4000 元	3.434	0.9147		
	4000~6000 元	3.427	0.7887		
	6000~8000 元	3.217	0.8721		
	8000 元以上	3.127	0.786		
消费金额	2000 元以下	3.597	0.9609	2.209	0.047
	2000~5000 元	3.423	0.8041		
	5000~8000 元	3.339	0.8017		
	8000~10000 元	3.14	1.0414		
	10000 元以上	3.446	0.8631		
网购时间	0~1 年	3.537	0.8717	0.079	0.972
	1~3 年	3.487	0.907		
	3~5 年	3.459	0.7821		
	5 年以上	3.483	0.956		
网购次数	1~10 次	3,495	1.063	0.475	0.881
	10~20 次	3.56	0.8928		
	20~30 次	3.415	0.6852		

统计特征		均值	标准差	F 值	显著性 Sig
	30~40 次	3.600	0.888		
	40 次以上	3.414	0.8888		
行为特征	冲动消费	3.222	0.9036	2.34	0.047
	理性消费	3.469	0.8706		
	感性消费	3.630	0.9414		

7.4.2.4 消费者个体特征对便利性感知的影响

不同消费者个体特征对便利性感知的影响如表 7-9 所示，从表中可知，统计特征中的性别、年龄以及认知特征的每年网购次数对便利性感知都具有显著影响。从性别来看，男性比女性的便利性感知的水平要高，从日常生活中我们也能感觉到，一般来说男性比女性更怕麻烦；就年龄层次而言，年龄越大，对便利性感知水平越高。对于认知特征中的每年网购次数而言，不同层次均值都大于 3.5，说明感知便利性评分都比较高。

表7-9 消费者个体特征对便利性感知的影响分析

统计特征		均值	标准差	F 值	显著性 Sig
性别	男	3.643	0.9033	1.741	0.049
	女	3.566	0.8619		
年龄	18 岁以下	3.518	0.7507	1.687	0.044
	18~24 岁	3.552	0.8707		
	25~30 岁	3.601	0.8531		
	31~35 岁	3.638	1.0032		
	36~40 岁	3.705	0.9450		
	40 岁以上	4.189	0.8515		
学历	初中及初中以下	3.810	0.6920	1.632	0.165
	高中	3.617	0.9742		
	大专	3.368	1.0591		
	大学本科	3.585	0.8442		
	硕士及硕士以上	3.716	0.8885		
职业	学生	3.576	0.9033	1.259	0.285

续表

统计特征		均值	标准差	F 值	显著性 Sig
	企业职员	3.771	0.9450		
	党政机关事业单位	3.638	0.8677		
	个体企业	3.560	0.8729		
	其他	3.512	0.7801		
月收入	2000 元以下	3.566	0.8969	0.554	0.696
	2000~4000 元	3.567	0.9360		
	4000~6000 元	3.658	0.7980		
	6000~8000 元	3.642	0.9365		
	8000 元以上	3.739	0.7106		
消费金额	2000 元以下	3.641	0.9027	0.225	0.907
	2000~5000 元	3.578	0.8295		
	5000~8000 元	3.659	0.7836		
	8000~10000 元	3.527	1.0211		
	10000 元以上	3.640	0.9536		
网购时间	0~1 年	3.666	0.9547	0.219	0.883
	1~3 年	3.572	0.8459		
	3~5 年	3.641	0.8271		
	5 年以上	3.619	0.9401		
网购次数	1~10 次	3.504	0.9313	2.186	0.038
	10~20 次	3.683	0.8704		
	20~30 次	3.573	0.7979		
	30~40 次	3.809	0.8584		
	40 次以上	3.592	0.9107		
行为特征	冲动消费	3.404	1.0155	1.374	0.254
	理性消费	3.607	0.8702		
	感性消费	3.720	0.8666		

基于上述消费者个体特征对物流服务感知因素影响的单因素方差分析结果，可以看出，统计特征中的性别对配送质量的满意度感知和便利性感知的影响比较显著，故假设 1a，1d 成立，1b，1c 不成立。而年龄只对感知因素中的便利性感知产生影响，故假设 2d 成立，2a，2b，2c 都不成立。学历对感知因素的影响都不显著，故假设 3a，3b，3c，3d 都不成立。职业对配送质量和服务态度的满

意度感知影响较为显著，而对经济性感知和便利性感知的影响不显著，故假设 4a，4b 成立，4c，4d 不成立。月收入和每年网购的消费金额都只影响感知因素中的经济性感知，对其他感知因素的影响不显著。故假设 5c 和 6c 成立，其余假设均不成立。认知特征中，只有每年网购次数影响感知因素中的便利性感知，故假设 8d 成立，8a，8b，8c 不成立，而行为特征只对感知因素中的经济性感知影响比较显著，故假设 9c 成立，9a，9b，9d 均不成立。

7.4.3　物流服务感知对网购平台选择的影响分析

经过上面的单因素方差分析，已经基本验证了第 7.3 节提出的消费者个体特征对物流服务感知因素影响的研究假设，为了进一步验证物流服务感知因素对消费者网购平台选择的影响，需要进行多元回归分析。通过方差分析已经得出消费者个体特征与感知因素之间的关系，故多元回归分析只需要以各感知因素作为自变量，网购平台的忠诚度作为因变量进行分析，最终结果如表 7-10 所示。

表7-10　感知因素对网购平台忠诚度的影响分析

模型	非标准化系数		标准系数	t	Sig	共线性统计量	
	B	标准误差	试用版			容差	VIF
配送质量	0.294	0.008	0.316	36.754	0	0.243	4.123
服务态度	0.21	0.008	0.233	25.312	0	0.211	4.744
经济性感知	0.23	0.007	0.25	33.957	0	0.23	3.028
便利性感知	0.265	0.008	0.286	33.672	0	0.249	4.022

由表 7-10 可以得出，配送质量、服务态度、经济性感知和便利性感知的回归系数与 T 检验统计量均符合要求，并且 Sig 值为 0.000 均小于 0.05，故我们可以认为配送质量、服务态度、经济性感知和便利性感知等因素对网购平台的忠诚度都具有显著影响。由此验证了原假设 10a，11a，12a，13a 均成立，同时还可以得出回归方程：

网购平台顾客忠诚度 = 0.294×配送质量+0.210×服务态度+0.230×经济性感知+0.265×便利性感知

7.4.4　模型修正与分析

在上述研究中，我们运用方差分析和多元回归分析来验证文中提出的 40 个假设，其中 13 个假设通过验证，剩余 27 个假设得不到数据支持未通过假设验证，将未通过验证的假设从原模型中剔除，得出修正以后的模型。如图7-2所示。

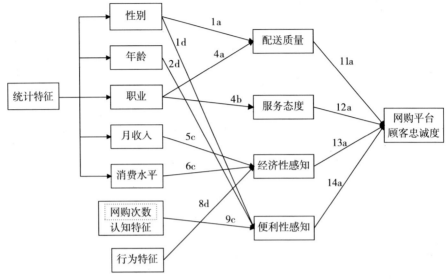

图7-2　修正模型

从图7-2中我们可以得出各个影响因素之间的关系，为了得出各影响因素之间影响程度的大小，需要进行路径分析，将各变量分为外生变量、中介变量和内生变量，其中外生变量包括消费者个体特征（性别、年龄、职业、月收入、消费水平）、认知特征以及行为特征，中介变量为配送质量、服务态度、经济性感知和便利性感知，内生变量则为网购平台的顾客忠诚度。将修正模型分解为多个回归方程，并求出回归方程中各自变量的标准化回归系数 γ，γ 值即为所对应的路径系数。

回归方程1：网购平台顾客忠诚度 $=\gamma_1$ 配送质量 $+\gamma_2$ 服务态度 $+\gamma_3$ 经济性感知 $+\gamma_4$ 便利性感知

回归方程2：配送质量 $=\gamma_5$ 性别 $+\gamma_6$ 职业

回归方程3：服务态度 $=\gamma_7$ 职业

回归方程4：经济性感知 $=\gamma_8$ 月收入 $+\gamma_9$ 消费水平 $+\gamma_{10}$ 行为特征

回归方程5：便利性感知 $=\gamma_{11}$ 性别 $+\gamma_{12}$ 年龄 $+\gamma_{13}$ 网购次数

根据7.4.3节得出的回归方程可知回归方程1的标准化回归系数，其余各路径的标准化回归系数与回归方程1的系数得出方法相同，模型标准化路径系数如图7-3所示。

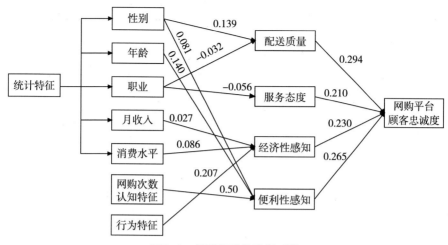

图7-3　模型标准化路径系数

由图 7-3 可知，配送质量满意度感知对网购平台顾客忠诚度直接影响的标准化路径系数为 0.294。配送质量的满意度感知对网购平台顾客忠诚度的正向影响较为显著，同时性别和职业通过影响配送质量的满意度感知影响网购平台的顾客忠诚度，其影响大小分依次为性别、职业。

服务态度的满意度感知对网购平台顾客忠诚度直接影响的标准化系数为 0.210，表明服务态度对顾客网购平台忠诚度的正向影响不如配送质量。其中，职业对服务态度的满意度感知存在负向显著影响，进而间接影响网购平台的顾客忠诚度。

经济性感知对网购平台顾客忠诚度直接影响的标准化系数为 0.230，说明其对网购平台的顾客忠诚度影响较大，统计特征中的月收入、消费水平以及行为特征通过影响经济性感知因素间接影响网购平台的顾客忠诚度，其中行为特征对经济性感知因素的影响较统计特征显著。

便利性感知对网购平台顾客忠诚度直接影响的标准化系数为 0.265，说明便利性感知对网购平台顾客忠诚度的影响较为显著，消费者认知特征中的网购次数通过影响便利性感知间接影响网购平台的顾客忠诚度。在物流服务质量因素中，配送质量的标准化回归系数最大，对网购平台顾客忠诚度的影响最为显著，其次才是便利性感知、经济性感知和服务态度，所以商家需重点关注自身的物流配送质量。

7.5　本章小结

本章以调查问卷收集的数据为基础，运用单因素方差分析和多元回归分析法探究消费者个体特征和物流服务感知因素对网购平台选择的影响。通过实证分析结果表明，影响消费者对网购平台选择的主要物流服务感知因素依次是配送质量、便利性感知、经济性感知和服务态度，这些因素对网购平台的顾客忠诚度具有正向影响，各电商企业若想留住老顾客，发展更多新的顾客，首要考虑的因素就是提升自身物流配送质量的能力。其次，要让消费者感觉到网购的便捷，可以通过优化物流网络和提高配送的灵活性提高消费者便利性感知的满意度，当然适当地降低商品运费或者免除退换货费用，注重自身服务态度等措施，都会让电商平台受到更多消费者的青睐。此外，个体特征也是影响网购平台选择的因素之一，它通过影响物流服务感知因素间接影响消费者对网购平台的选择，电商企业可以根据消费者不同特征制定个性化的营销策略，如考虑到不同年龄层次的消费者对网购平台的使用，电商企业可以为消费者提供简单的网购流程以降低交易的难度。

参考文献

[1] Lohse. G. L, Bellman S. and Johnson, E. J. Consumer buying behavior on the internet: findings from panel date [J]. Journal of Interactive Marketing, 2000, 14 (1): 15-29.

[2] Goldsmith, R. E. Using the domain specific innovativeness scale to identify innovative internet consumers [J]. Internet Research, 2001, 11 (2): 149-158.

[3] Donna. An empirical investigation of web site characteristics consumer emotional tates and on-line shopping behaviors [J]. Journal of Business Research, 2005 (58): 526-532.

[4] Jyh-Jian Sheu, Yao-Wen Chang, Ko-Tsung Chu. Applying decision tree data mining for online group buying consumers'behavior [J]. International Journal of Electronic Customer Relationship Management, 2008, 2 (2): 140-157.

[5] Shim, S, Eastlick, M and Warrington P. An online repurchase intentions model: the role of intention to search [J]. Journal of Retailing, 2001, 77 (3):

397-416.

[6] Rabinovich E, Knemeyer AM, Mayer CM. Why do internet commerce firms incorporate logistics service providers in their distribution channels – The role of transaction costs and network strength [J]. Journal of Operations Management, 2007, 25 (3): 661-681.

[7] Shashank Raos, Goldsby T. J. Electronic logistics service quality: It's impact on the customer's purchase satisfaction and retention [J]. Journal of Business Logistics, 2011, 32 (2): 167-179.

[8] 汤发俊, 江文. 我国网络团购发展现状及趋势研究 [J]. 中国物流与采购, 2011 (11): 121-124.

[9] 胡勤. 网络环境下消费者购买行为影响因素研究 [D]. 天津: 天津大学, 2015.

[10] 安静, 郑荣, 杨明中. 消费者个体特征对在线评论有效性的影响 [J]. 现代情报, 2017, 37 (1): 106-111.

[11] 卞文良, 鞠颂东, 徐杰, 等. 在线 B2C 顾客物流服务感知以及相关因素的实证研究 [J]. 2011, 25 (2): 14-20.

[12] 赵丽梅. 基于消费者网购影响因素的电商网站营销策略探讨 [J]. 商业经济研究, 2015 (30): 73-74.

[13] 孙钧. 网络经济背景下电子商务物流运营策略分析 [J]. 商业经济研究, 2016 (03): 81-83.

[14] 陈洋, 周绿林, 何娣. 电子商务转型期购物感知对 B2C 购物网站品牌忠诚影响机理研究 [J]. 消费经济, 2012, 28 (5): 54-58.

[15] 王克喜, 戴安娜. 基于 Logit 模型的绿色生鲜农产品网购意愿的影响因素分析 [J]. 湖南科技大学学报, 2017, 20 (2): 87-93.

[16] 苗国层. C2C 交易中消费者个体特征和感知风险对购物意向影响的实证研究 [D]. 湖南: 南华大学, 2010.

第 8 章 基于个体特征的网购消费者分类研究

第 7 章分析了网购消费者的个体特征及物流服务感知对消费者网购平台选择的影响，为了有针对性地对不同网购者实施不同的物流策略，本章基于网购消费者的个体特征对其进行分类。

本章其余内容的安排如下：第一部分对调查问卷的基本题目进行分析，分析消费者的个人基本信息，包括调查对象的性别、年龄、职业等基本信息以及网购物流服务质量对消费者选择网购平台影响的调查分析；第二部分对被调查者的地理位置、来源渠道、时间段等进行分析；第三部分依据网购消费者个体特征及物流服务感知对网购消费者进行分类；第四部分对网购消费者分类结果进行分析，最后一部分对本章做出总结并对未来的深入研究进行展望。

8.1 物流服务质量对消费者网购平台选择影响的调查问卷选项分析

第 1 题　您的性别：　　　［单选题］

表8-1　性别

选项	小计	百分比	
男士	217		38.68%
女士	344		61.32%
本题有效填写人次	561		

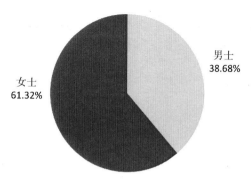

图 8-1　性别分布图

第2题　您的年龄：　　　[单选题]

表8-2　年龄

选项	小计	百分比	
18 岁以下	11		1.96%
18~24 岁	174		31.02%
25~30 岁	93		16.58%
31~35 岁	34		6.06%
36~40 岁	61		10.87%
40 岁以上	188		33.51%
本题有效填写人次	561		

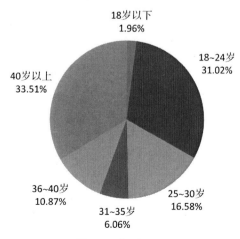

图8-2　年龄分布图

第3题　您目前的学历：　　　　［单选题］

表8-3　学历

选项	小计	百分比	
初中及初中以下	25		4.46%
高中	35		6.24%
大专	42		7.49%
大学本科	315		56.15%
硕士及硕士以上	144		25.67%
本题有效填写人次	561		

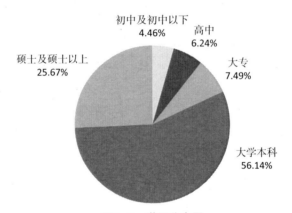

图8-3　学历分布图

第4题　您的职业：　　　　　［单选题］

表8-4　性别

选项	小计	百分比	
学生	155		27.63%
企业职员	97		17.29%
党政机关事业单位	152		27.09%
个体企业	47		8.38%
其他	110		19.61%
本题有效填写人次	561		

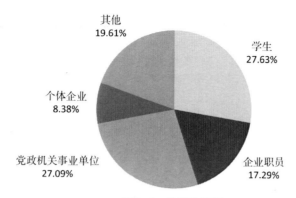

图8-4　性别分布图

第 5 题　您每月的收入：　　　　　　[单选题]

表8-5　收入

选项	小计	百分比
2000 元以下	169	30.12%
2000~4000 元	130	23.17%
4000~6000 元	118	21.03%
6000~8000 元	94	16.76%
8000 元以上	50	8.91%
本题有效填写人次	561	

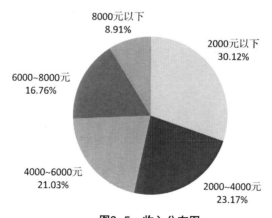

图8-5　收入分布图

第6题 您是否有过网购经历? [单选题]

表8-6 网购经历

选项	小计	百分比	
是	547		97.5%
否	14		2.5%
本题有效填写人次	561		

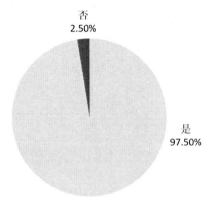

图8-6 网购经历分布图

第7题 您网络购物的时间: [单选题]

表8-7 网购时间

选项	小计	百分比	
0~1年	45		8.02%
1~3年	170		30.3%
3~5年	163		29.06%
5年以上	183		32.62%
本题有效填写人次	561		

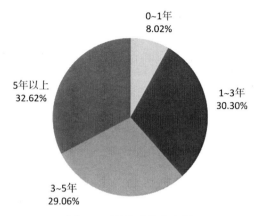

图8-7 网购时间分布图

第 8 题 您每年网上购物的次数是： [单选题]

表8-8 网购次数

选项	小计	百分比	
1~10 次	115		20.5%
10~20 次	120		21.39%
20~30 次	123		21.93%
30~40 次	57		10.16%
40 次以上	146		26.02%
本题有效填写人次	561		

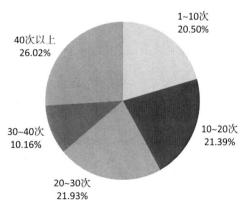

图8-8 网购次数分布图

第 9 题　您每年网络购物消费的金额为：　　　　［单选题］

表8-9　网络购物消费金额

选项	小计	百分比	
2000 元以下	194		34.58%
2000~5000 元	198		35.29%
5000~8000 元	56		9.98%
8000~10000 元	31		5.53%
10000 元以上	82		14.62%
本题有效填写人次	561		

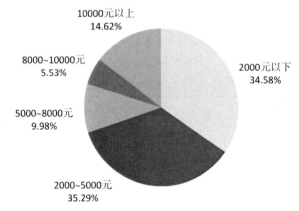

图8-9　网络购物消费金额分布图

第 10 题　您在网购时多数情况下是：　　　　［单选题］

表8-10　网购消费类型

选项	小计	百分比	
冲动消费	30		5.35%
理性消费	451		80.39%
感性消费	80		14.26%
本题有效填写人次	561		

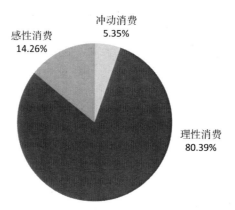

图8-10　网购消费类型分布图

第 11 题　您在网购时的心理特征主要是：　　　　　　［单选题］

表8-11　网购消费者心理特征

选项	小计	百分比	
追求性价比	358		63.81%
从众心理	24		4.28%
参考他人评论	179		31.91%
本题有效填写人次	561		

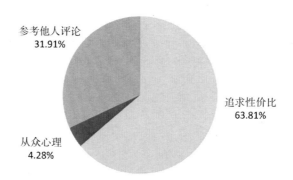

图8-11　网购消费者心理特征分布图

第 12 题　选择电商平台时，它所采用的物流公司是否会成为您的考虑因素：　　［单选题］

表8-12 网购物流因素影响

选项	小计	百分比	
不会在意	162		28.88%
会有适当考虑	379		67.56%
特别在意,我会指定物流公司	20		3.57%
本题有效填写人次	561		

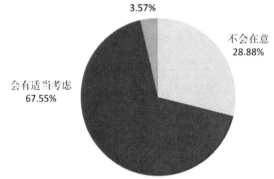

图8-12 网购物流因素影响分布图

第13题 请问您最青睐使用哪种电商平台购物: [单选题]

表8-13 网购消费者青睐的电商平台

选项	小计	百分比	
以第三方物流配送(如淘宝网、当当网等)为主的电商平台(请填写本问卷第14题)	194		34.58%
以自营物流配送(比如京东、苏宁等)为主的电商平台(请填写本问卷第15题)	135		24.06%
两者都有(请填写本问卷第14、15题)	232		41.35%
本题有效填写人次	561		

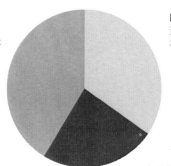

以第三方物流配送（如淘宝网、当当网等）为主的电商平台（请填写本问卷第14题）

34.58%

两者都有（请填写本问卷第14、15题）

41.35%

以自营物流配送（比如京东、苏宁等）为主的电商平台（请填写本问卷第15题）

24.06%

图8-13　网购消费者青睐的电商平台分布图

第 14 题　以第三方物流配送（如淘宝网、当当网等电商平台）为主的物流特点：　　[矩阵单选题]

表8-14　以第三方物流配送为主的电商平台物流特点

题目 \ 选项	很不满意	不满意	一般	满意	很满意	（空）
支持送货上门货物流网点距离近	26 (4.63%)	16 (2.85%)	145 (25.85%)	222 (39.57%)	88 (15.69%)	64 (11.41%)
货品包装精细完好	23 (4.1%)	13 (2.32%)	169 (30.12%)	220 (39.22%)	72 (12.83%)	64 (11.41%)
打开包装后货品无损坏	20 (3.57%)	14 (2.5%)	122 (21.75%)	252 (44.92%)	86 (15.33%)	67 (11.94%)
支持打开包装核对货品信息再签收	41 (7.31%)	44 (7.84%)	161 (28.7%)	157 (27.99%)	83 (14.8%)	75 (13.37%)
在规定的时间内完成货物配送	20 (3.57%)	19 (3.39%)	159 (28.34%)	219 (39.04%)	76 (13.55%)	68 (12.12%)
网上可以随时追踪货物配送进程	19 (3.39%)	16 (2.85%)	78 (13.9%)	235 (41.89%)	147 (26.2%)	66 (11.76%)
支持顾客选定的时间配送	18 (3.21%)	28 (4.99%)	161 (28.7%)	199 (35.47%)	87 (15.51%)	68 (12.12%)
快递人员服务态度好	19 (3.39%)	17 (3.03%)	132 (23.53%)	239 (42.6%)	89 (15.86%)	65 (11.59%)

续表

题目＼选项	很不满意	不满意	一般	满意	很满意	（空）
对消费者退换货或投诉处理能力强	29（5.17%）	32（5.7%）	180（32.09%）	173（30.84%）	78（13.9%）	69（12.3%）
客服人员能够及时回答您的问题	20（3.57%）	26（4.63%）	167（29.77%）	206（36.72%）	75（13.37%）	67（11.94%）
物流费用经济合理	21（3.74%）	19（3.39%）	169（30.12%）	202（36.01%）	80（14.26%）	70（12.48%）

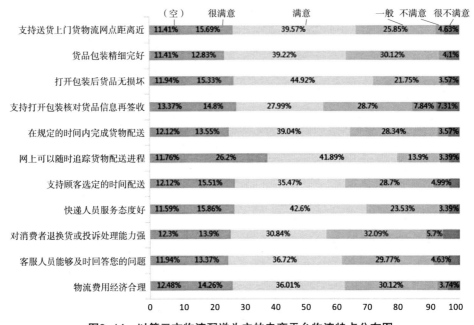

图8-14 以第三方物流配送为主的电商平台物流特点分布图

第15题　以自营物流配送（如京东、苏宁等电商平台）为主的物流特点：　　[矩阵单选题]

表8-15　以自营物流配送为主的电商平台物流特点

题目＼选项	很不满意	不满意	一般	满意	很满意	（空）
支持送货上门，货物流网点距离近	16 （2.85%）	15 （2.67%）	85 （15.15%）	198 （35.29%）	132 （23.53%）	115 （20.5%）
货品包装精细完好	16 （2.85%）	11 （1.96%）	73 （13.01%）	215 （38.32%）	129 （22.99%）	117 （20.86%）
打开包装后货品无损坏	19 （3.39%）	13 （2.32%）	68 （12.12%）	213 （37.97%）	131 （23.35%）	117 （20.86%）
支持打开包装核对货品信息再签收	20 （3.57%）	19 （3.39%）	102 （18.18%）	188 （33.51%）	113 （20.14%）	119 （21.21%）
在规定的时间内完成货物配送	19 （3.39%）	12 （2.14%）	76 （13.55%）	198 （35.29%）	139 （24.78%）	117 （20.86%）
网上可以随时追踪货物配送进程	15 （2.67%）	11 （1.96%）	69 （12.3%）	201 （35.83%）	149 （26.56%）	116 （20.68%）
支持顾客选定的时间配送	15 （2.67%）	16 （2.85%）	88 （15.69%）	195 （34.76%）	130 （23.17%）	117 （20.86%）
快递人员服务态度好	17 （3.03%）	9 （1.6%）	79 （14.08%）	196 （34.94%）	140 （24.96%）	120 （21.39%）
对消费者退换货或投诉处理能力强	16 （2.85%）	14 （2.5%）	114 （20.32%）	185 （32.98%）	111 （19.79%）	121 （21.57%）
客服人员能够及时回答您的问题	18 （3.21%）	15 （2.67%）	112 （19.96%）	191 （34.05%）	109 （19.43%）	116 （20.68%）
物流费用经济合理	18 （3.21%）	18 （3.21%）	133 （23.71%）	179 （31.91%）	96 （17.11%）	117 （20.86%）

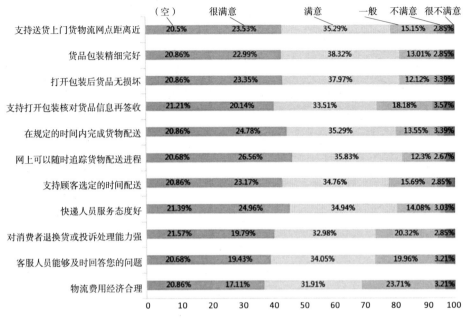

图8-15 以自营物流配送为主的电商平台物流特点分布图

第16题 若存在下述问题，您在下次购物时是否会考虑更换其他购物平台？ ［矩阵单选题］

表8-16 更换购物平台物流影响因素

题目 \ 选项	是	无所谓	否
物流速度慢	365（65.06%）	145（25.85%）	51（9.09%）
快递或客服人员的服务态度差	421（75.04%）	89（15.86%）	51（9.09%）
商品的包装简陋	315（56.15%）	197（35.12%）	49（8.73%）
商品配送不够便利（如物流网点远，不支持验货、指定快递、指定时间等）	405（72.19%）	113（20.14%）	43（7.66%）
信息沟通不够及时透明	401（71.48%）	117（20.86%）	43（7.66%）
物流费用不够经济合理（包括运费及退换货费用）	407（72.55%）	115（20.5%）	39（6.95%）

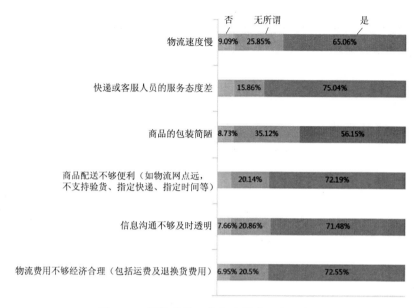

图8-16　更换购物平台物流影响因素分布图

8.2　物流服务质量对消费者网购平台选择影响的调查问卷样本分析

1. 来源渠道分析

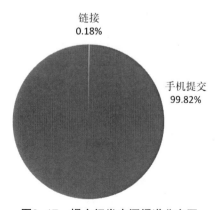

图8-17　提交问卷来源渠道分布图

2. 时间段分析

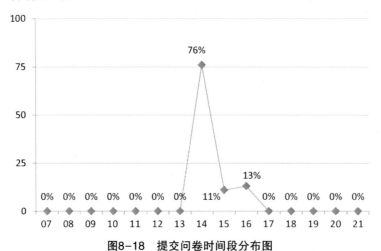

图8-18 提交问卷时间段分布图

3. 地理位置分析

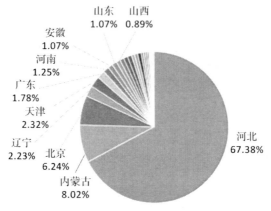

图8-19 被调查者地理位置分布图

8.3 基于网购消费者个体特征的网购消费者分类研究

本书选择数据挖掘方法决策树模型作为网购消费者分类的依据，并使用 R 语言工具实现网购消费者分类。

8.3.1　决策树模型

8.3.1.1　分类

分类：指将数据映射到预先定义好的群组或类。

因为在分析测试数据之前，类别就已经确定了，所以分类通常被称为有监督的学习。分类算法要求基于数据属性值来定义类别。分类就是构造一个分类模型，把具有某些特征的数据项映射到某个给定的类别上。图 8-20 是一个三分类问题：

图8-20　三分类问题

分类模型实现过程如图 8-21 所示：

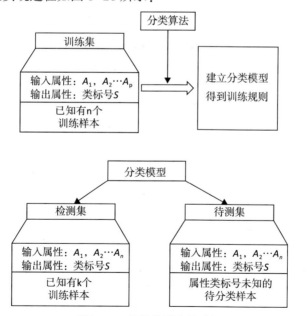

图8-21　分类模型实现过程

分类算法有两步过程：第一步是学习步，通过归纳分析训练样本集来建立分类模型得到分类规则；第二步是分类步，先用已知的检验样本集评估分类规则的准确率，如果准确率是可以接受的，则使用该模型对未知类标号的待测样本集进行预测。

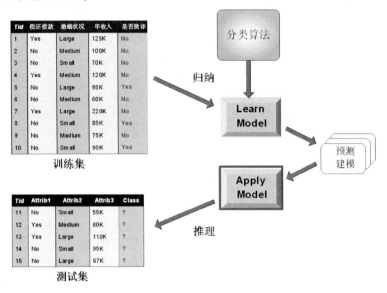

图8-22　分类模型过程案例

8.3.1.2　决策树模型

决策树模型采用自顶向下的递归方式，在决策树的内部结点进行属性值的比较，并根据不同的属性值从该结点向下分支，叶结点是要学习划分的类。

决策树是用样本的属性作为结点，用属性的取值作为分支的树结构。

决策树的根结点是所有样本中信息量最大的属性。树的中间结点是该结点为根的子树所包含的样本子集中信息量最大的属性。决策树的叶结点是样本的类别值。

决策树是一种知识表示形式，它是对所有样本数据的高度概括。

决策树能准确地识别所有样本的类别，也能有效地识别新样本的类别。

1. 决策树任务

决策树（decision tree）是一种常见的机器学习方法。以二分类任务为例，从给定训练数据集学得一个模型，用以对新样本进行分类，决策树正是基于树结构进行决策的，恰是人类在面临决策问题时一种很自然的处理机制。例如：对"这是好瓜吗?"的问题进行决策时，会进行一系列的判断或"子决策"。

（1）它是什么颜色？青绿色。

（2）它的根蒂是什么形态？蜷缩。

（3）它敲起来是什么声音？浊响。

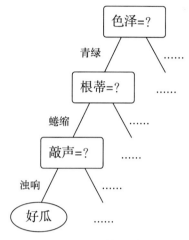

图8-23　决策树判断

2. 决策树算法

（1）一棵决策树包含一个根节点、若干个内部节点和若干个叶节点。

①叶节点对应于决策结果，其他每个节点则对应于一个属性测试。

② 每个节点包含的样本集合根据属性测试的结果被划分到子节点中，根节点包含样本全集。

（2）决策树的生成是一个递归过程，有 3 种情形会导致递归返回。

①当前节点包含的样本全属于同一类别，无需划分。

②当前属性集为空，或是所有样本在所有属性上取值相同，无法划分。

③ 当前节点包含的样本集合为空，不能划分。

3. 决策树划分选择：信息增益

（1）"信息熵"（informationentropy）是度量样本集合纯度的常用指标。

①假定当前样本集合 D 中第 k 类样本所占的比例为 $p_k(k = 1,2,\cdots,|v|)$，则 D 的信息熵定义为：$Ent(D) = -\sum_{k=1}^{|v|} p_k \log_2 p_k$。

②Ent（D）的值越小，则 D 的纯度越高。

（2）假定离散属性 a 有 V 个可能取值（$a^1,a^2,\cdots,a^v$），若使用 a 来对样本集 D 进行划分，其中第 v 个分支节点包含了 D 中所有在 a 取值为 a^v 的样本，

记为 D^v。

（3）可计算出用属性 a 对样本集 D 进行划分所获得的"信息增益"（information gain）：

$$Gain(D,a) = Ent(D) - \sum_{v=1}^{v} \frac{|D_v|}{|D|} Ent(D^v)$$

（4）信息增益越大，使用属性 a 来进行划分所获得的"纯度提升"越大，即选择属性 $a_* = \arg_{a \in A} \max Gain(D,a)$。

（5）著名的 ID3 决策树算法就是以信息增益为准则选择划分属性。

4. 决策树划分选择：增益率

信息增益准则对可取数目较多的属性有所偏好，为减少这种偏好可能带来的不利影响，著名的 C4.5 决策树算法使用"增益率"（gain ratio）选择划分属性。

增益率定义为：

$$Gain\_ratio(D,a) = \frac{Gain(D,a)}{IV(a)}$$

其中

$$IV(a) = - \sum_{v=1}^{v} \frac{|D_v|}{|D|} \log_2 \frac{|D_v|}{|D|}$$

称为属性 a 的"固有值"（intrinsic value）。

属性 a 的可能取值数目越多，则 IV（a）的值通常会越大，增益率准则对可取值数目较少的属性有所偏好。

C4.5 决策树算法先从候选划分属性中找出信息增益高于平均水平的属性，再从中选择增益率最高的。

5. 决策树划分选择：基尼指数

（1）CART 决策树算法使用"基尼指数"（Gini index）选择划分属性。

（2）数据集 D 的纯度可用基尼值来度量。

①基尼值定义为：

$$Gini(D) = \sum_{k=1}^{|v|} \sum_{k' \neq k} p_k p_{k'} = 1 - \sum_{k=1}^{|v|} p_k^2$$

②Gini（D）反映了从数据集 D 中随机抽取两个样本，其类别标记不一致的概率。

③ Gini（D）越小，则数据集 D 的纯度越高。

（3）属性 a 的基尼指数定义为：

$$Gini\_index(D,a) = \sum_{v=1}^{v} \frac{|D_v|}{|D|} Gini(D^v)$$

（4）选择属性 $a_* = \arg_{a \in A} \min Gini\_index(D,a)$

8.3.2　决策树在 R 语言中的实现

8.3.2.1　R 语言介绍

R 是用于统计分析、绘图的语言、数据挖掘分析和操作环境。R 是属于 GNU 系统的一个自由、免费、源代码开放的软件。主流用户以命令行操作，也有工程师开发了图形化界面进行操作。它是一个用于统计计算和统计制图的优秀工具，具有以下优势：

（1）R 比其他统计学或数学专用的编程语言有更强的物件导向（面向对象程序设计）功能。

（2）用于作矩阵运算，其分析速度可比商业软件 MATLAB。

（3）它的使用很大程度上是借助各种各样的 R 包的辅助。从某种程度上讲，R 包就是针对于 R 的插件，不同的插件满足不同的需求。

8.3.2.2　R 语言中决策树的实现方法

1. 划分训练集和测试集

（1）调用函数 set. seed（）设置随机数种子，使得实验结果可复制。

（2）调用函数 sample（）随机抽取训练集的样本序号。

①第 1 个参数表示抽样范围为 1 到该数，调用函数 dim（）得到数据集的维度，第 1 个元素即为数据集的样本数。

②第 2 个参数表示抽样数，设置为数据集样本数的 70%。

③变量"inTrain"包含训练集的样本序号，其他为测试集。

2. 训练分类决策树

（1）分类决策树顾名思义，即以类别变量作为目标变量的决策树，用于预测样本类别。

（2）调用程序包"rpart"中的函数 rpart（）训练分类决策树。

①第 1 个参数表示模型的公式，"～"标号前表示目标变量，"～"标号表示预测变量（用"+"号连接）。

②第 2 个参数 data 表示输入数据集为"mpg"，并只取序号包含在变量

"inTrain" 中的样本。

③变量 "rpartMod" 包含得到的分类决策树模型。

3. 查看分类决策树模型

调用函数 print（）查看分类决策树模型。

4. 可视化分类决策树模型

调用程序包 "rpart. plot" 中的函数 rpart. plot（）画出分类决策树结构。

5. 用分类决策树模型做预测

调用函数 predict（）预测样本类别。

①第 1 个参数表示使用的模型为变量 "rpartMod"。

②第 2 个参数 type 表示返回类型，设置为 "class" 表示返回样本的类别标签，设置为 "prob" 则表示返回样本为各个类别的概率。

③第 3 个参数 newdata 表示需要预测的样本，如不指定则表示使用训练集中的样本。

④第 2 条命令中，将参数 newdata 设置为数据集 "mpg" 中序号不包含在变量 "inTrain" 中的样本，即测试集样本。

6. 评估分类决策树模型：列联表

（1）调用函数 table（）查看分类决策树预测结果与实际类别的列联表。

（2）行表示预测结果，列表示实际类别。

7. 评估分类决策树模型：精确度

（1）精确度定义为，分类正确的样本数占所有样本数的比例。

（2）可以看出，分类决策树模型在训练集上的精确度略高于在测试集上的精确度，可能存在过拟合。

8. 调优并可视化分类决策树

（1）调用程序包 "rpart" 中的函数 rpart（）训练分类决策树。

①参数 minsplit 表示叶子节点包含的最小样本数为 30。

②参数 cp 表示新的划分必须将模型效果提高的最小比例为 0.1。

（2）可以看出，得到的分类决策树仅包含了一个属性划分。

9. 用分类决策树模型做预测并评估模型效果

（1）可以看出，分类决策树模型在训练集和测试集上的精确度基本一致，不存在过拟合。

（2）虽然该分类决策树模型结构更简单且在训练集上精确度更低，但并不妨碍它在测试集上的效果。

10. 训练并可视化回归决策树

（1）回归决策树顾名思义，即以数值变量作为目标变量的决策树，用于预测样本数值。

（2）训练回归决策树，以变量 "hwy" 为目标数值变量，以变量 "displ" "year" "cyl" 和 "drv" 为预测变量。

11. 用回归决策树模型做预测并评估模型效果

（1）回归决策树模型的效果可以用均方根误差衡量。

（2）可以看出，回归决策树模型在训练集上的均方根误差远小于在测试集上的均方根误差，可能存在过拟合。

8.3.3　基于 R 语言的网购消费者分类

8.3.3.1　基于网购消费者个体特征的网购消费者物流速度感知分类

将网购消费者的性别（sex）、年龄（age）、学历（degree）、职业（career）、每月收入（income）、网购时间（time）、每年网上购物次数（numbyyear）、每年网络购物消费金额（moneybyyear）作为自变量，网购消费者物流速度感知（speed）作为预测变量，对网购消费者进行分类。

1. 读入数据

foo<-read. csv（" e：/DataBase/data1. csv"）

foo<-data. frame（foo）

head（foo）

2. 划分训练集和测试集

（1）调用函数 set. seed（）设置随机数种子，使得实验结果可复制。

（2）调用函数 sample（）随机抽取训练集的样本序号。

①第 1 个参数表示抽样范围为 1 到该数，调用函数 dim（）得到数据集的维度，第 1 个元素即为数据集的样本数。

②第 2 个参数表示抽样数，设置为数据集样本数的 70%。

③变量 "inTrain" 包含训练集的样本序号，其他为测试集。

set. seed(1234)

inTrain<-sample(dim(foo)[1],0.7 * dim(foo)[1])

3. 对变量"speed"(物流速度感知)做变换

(1)变量"speed"有3种不同的值：是、否、无所谓。为将多类分类问题简化成两类分类问题，将所有值不是"是"都设置为"否"。

(2)调用函数 ifelse() 做条件判断，变量"speed"的值为"是"时则返回"是"，否则返回"否"。

①第1个参数表示判断条件，设置为变量"speed"的值是否等于"是"。

②第2个参数表示条件为真时的返回值，设置为"是"。

③第3个参数表示条件为假时的返回值，设置为"否"。

(3)调用函数 as. factor() 将数据转换为因子型。

foo $ speed<-as. factor(ifelse(foo $ speed = ="是","是","否"))

4. 训练分类决策树

(1)分类决策树顾名思义，即以类别变量作为目标变量的决策树，用于预测样本类别。

(2)训练分类决策树，以变量"speed"为目标类别变量，其他变量为预测变量。

(3)调用程序包"rpart"中的函数 rpart() 训练分类决策树。

①第1个参数表示模型的公式，"~"标号前表示目标变量，"~"标号表示预测变量（用"+"号连接）。

②第2个参数 data 表示输入数据集为"foo"，并只取序号包含在变量"inTrain"中的样本。

③变量"rpartMod"包含得到的分类决策树模型。

library(rpart)

rpartMod<-rpart(speed~.,data=foo[inTrain,])

5. 查看分类决策树模型

调用函数 print() 查看分类决策树模型。

print(rpartMod)

6. 可视化分类决策树

调用程序包"rpart. plot"中的函数 rpart. plot() 画出分类决策树结构。

library(rpart. plot)

rpart. plot(rpartMod)

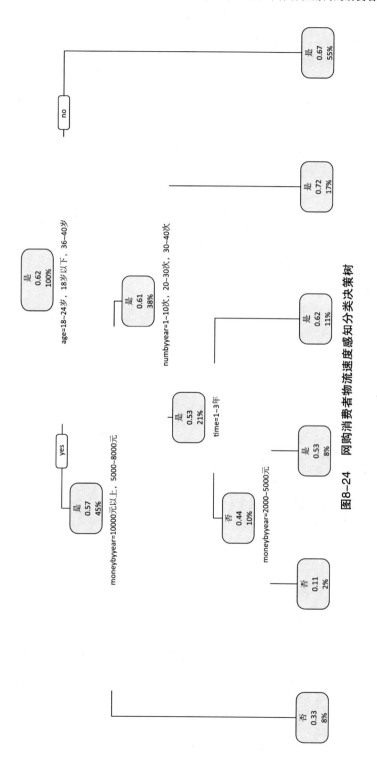

图8-24　网购消费者物流速度感知分类决策树

由图 8-24 可以看出，由于物流速度感知即物流速度慢会更换购物平台的被调查者占所有被调查者人数的 62%，大多数人会因为物流速度感知更换购物平台。在生成的决策树模型中选择叶子节点最大的百分比，其分类规则如下：

age = 18 ~ 24 岁，18 岁以下，36 ~ 40 岁，moneybyyear = 10000 以上，5000 ~ 8000 元，time ≠ 1-3 年，更换购物平台的概率为 62%；

age ≠ 18 ~ 24 岁，18 岁以下，更换购物平台的概率为 67%。

由以上分析可以看出，对于物流速度感知影响购物平台更换的网购消费者个体特征主要是年龄、月收入和网购时间。

7. 用分类决策树模型做预测

调用函数 predict（）预测样本类别。

①第 1 个参数表示使用的模型为变量"rpartMod"。

②第 2 个参数 type 表示返回类型，设置为"class"表示返回样本的类别标签，设置为"prob"则表示返回样本为各个类别的概率。

③第 3 个参数 newdata 表示需要预测的样本，如不指定则表示使用训练集中的样本。

④第 2 条命令中，将参数 newdata 设置为数据集"foo"中序号不包含在变量"inTrain"中的样本，即测试集样本。

predTrain<-predict(rpartMod,type = " class")

predTest<-predict(rpartMod,type = " class" ,newdata = foo[-inTrain,])

8. 评估分类决策树模型：列联表

（1）调用函数 table（）查看分类决策树预测结果与实际类别的列联表。

（2）行表示预测结果，列表示实际类别。

table(predTrain,foo[inTrain," speed"])

predTrain 否　是

　　否　28　11

　　是 120 233

table(predTest,foo[-inTrain," speed"])

predTest 否　是

　　否　5　16

　　是　43 105

9. 评估分类决策树模型：精确度

（1）精确度定义为，分类正确的样本数占所有样本数的比例。

（2）可以看出，分类决策树模型在训练集上的精确度略高于在测试集上的精确度，可能存在过拟合。

$sum(predTrain==foo[inTrain,"speed"])/dim(foo[inTrain,])[1]$

[1] 0.6658163　//精确度为 66.6%

$sum(predTest==foo[-inTrain,"speed"])/dim(foo[-inTrain,])[1]$

[1] 0.6508876　//准确度为 65.1%

8.3.3.2　基于网购消费者个体特征的网购消费者快递或客服人员服务感知分类

将网购消费者的性别（sex）、年龄（age）、学历（degree）、职业（career）、每月收入（income）、网购时间（time）、每年网上购物次数（numbyyear）、每年网络购物消费金额（moneybyyear）作为自变量，网购消费者快递或客服人员服务感知（service）作为预测变量，对网购消费者进行分类。

1. 读入数据

foo<-read. csv("e:/DataBase/data2. csv")

foo<-data. frame(foo)

head(foo)

2. 划分训练集和测试集

（1）调用函数 set. seed（）设置随机数种子，使得实验结果可复制。

（2）调用函数 sample（）随机抽取训练集的样本序号。

①第 1 个参数表示抽样范围为 1 到该数，调用函数 dim（）得到数据集的维度，第 1 个元素即为数据集的样本数。

②第 2 个参数表示抽样数，设置为数据集样本数的 70%。

③变量"inTrain"包含训练集的样本序号，其他为测试集。

set. seed(1234)

inTrain<-sample(dim(foo)[1],0.7 * dim(foo)[1])

3. 对变量"service"（快递或客服人员服务感知）做变换

（1）变量"service"有 3 种不同的值：是、否、无所谓。为将多类分类问题简化成两类分类问题，将所有值不是"是"都设置为"否"。

（2）调用函数 ifelse（）做条件判断，变量"service"的值为"是"时则返回"是"，否则返回"否"。

①第 1 个参数表示判断条件，设置为变量"service"的值是否等于"是"。

②第 2 个参数表示条件为真时的返回值，设置为"是"

③第 3 个参数表示条件为假时的返回值，设置为"否"

（3）调用函数 as. factor（）将数据转换为因子型

foo $ service<-as. factor(ifelse(foo $ service = = "是","是","否"))

4. 训练分类决策树

（1）分类决策树顾名思义，即以类别变量作为目标变量的决策树，用于预测样本类别。

（2）训练分类决策树，以变量"service"为目标类别变量，其他变量为预测变量。

（3）调用程序包"rpart"中的函数 rpart（）训练分类决策树。

①第 1 个参数表示模型的公式，"~"标号前表示目标变量，"~"标号表示预测变量（用"+"号连接）。

②第 2 个参数 data 表示输入数据集为"foo"，并只取序号包含在变量"inTrain"中的样本。

③变量"rpartMod"包含得到的分类决策树模型。

library(rpart)

rpartMod<-rpart(service~., data=foo[inTrain,])

5. 查看分类决策树模型

调用函数 print（）查看分类决策树模型。

print(rpartMod)

6. 可视化分类决策树

调用程序包"rpart. plot"中的函数 rpart. plot（）画出分类决策树结构。

library(rpart. plot)

rpart. plot(rpartMod)

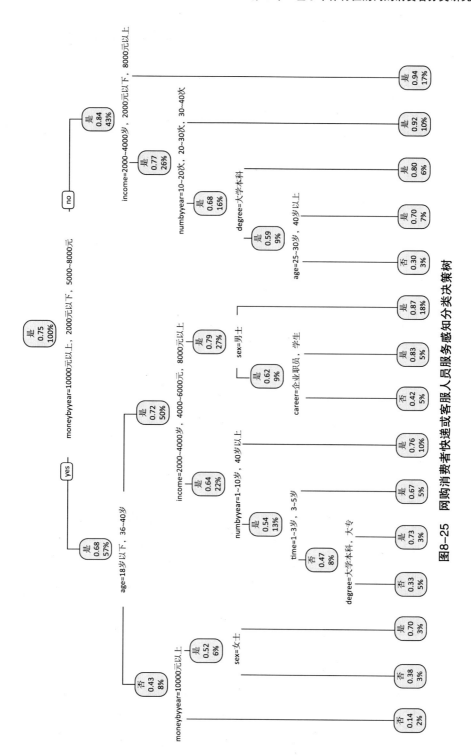

图8-25 网购消费者快递或客服人员服务感知分类决策树

由图 8-25 可以看出，由于快递或客服人员服务感知即快递或客服人员的服务态度差会更换购物平台的被调查者占所有被调查者人数的 73%，大多数人会因为快递或客服人员服务感知更换购物平台。在生成的决策树模型中根节点是收入，第二层的节点为年龄，可以看出，对于快递或客服人员服务感知影响购物平台更换的网购消费者个体特征主要是收入和年龄。

7. 用分类决策树模型做预测

调用函数 predict（）预测样本类别。

①第 1 个参数表示使用的模型为变量"rpartMod"。

②第 2 个参数 type 表示返回类型，设置为"class"表示返回样本的类别标签，设置为"prob"则表示返回样本为各个类别的概率。

③第 3 个参数 newdata 表示需要预测的样本，如不指定则表示使用训练集中的样本。

④第 2 条命令中，将参数 newdata 设置为数据集"foo"中序号不包含在变量"inTrain"中的样本，即测试集样本。

predTrain<-predict(rpartMod, type = " class")

predTest<-predict(rpartMod, type = " class" , newdata = foo[-inTrain,])

8. 评估分类决策树模型：列联表

（1）调用函数 table（）查看分类决策树预测结果与实际类别的列联表。
（2）行表示预测结果，列表示实际类别。

table(predTrain, foo[inTrain, " service"])

predTrain	否	是
否	46	24
是	53	269

table(predTest, foo[-inTrain, " service"])

predTest	否	是
否	9	27
是	32	101

9. 评估分类决策树模型：精确度

（1）精确度定义为，分类正确的样本数占所有样本数的比例。
（2）可以看出，分类决策树模型在训练集上的精确度略高于在测试集上的精确度，可能存在过拟合。

sum(predTrain = = foo[inTrain, " service"])/dim(foo[inTrain,])[1]

[1] 0.8035714　//精确度为 80.4%

sum(predTest = = foo[-inTrain,"service"])/dim(foo[-inTrain,])[1]

[1] 0.6508876　//准确度为 65.1%

8.3.3.3　基于网购消费者个体特征的网购消费者商品包装服务感知分类

将网购消费者的性别（sex）、年龄（age）、学历（degree）、职业（ca-reer）、每月收入（income）、网购时间（time）、每年网上购物次数（numby-year）、每年网络购物消费金额（moneybyyear）作为自变量，网购消费者商品包装服务感知（package）作为预测变量，对网购消费者进行分类。

1. 读入数据

foo<-read.csv("e:/DataBase/data3.csv")

foo<-data.frame(foo)

head(foo)

2. 划分训练集和测试集

（1）调用函数 set.seed（）设置随机数种子，使得实验结果可复制。

（2）调用函数 sample（）随机抽取训练集的样本序号。

①第 1 个参数表示抽样范围为 1 到该数，调用函数 dim（）得到数据集的维度，第 1 个元素即为数据集的样本数。

②第 2 个参数表示抽样数，设置为数据集样本数的 70%。

③变量"inTrain"包含训练集的样本序号，其他为测试集。

set.seed(1234)

inTrain<-sample(dim(foo)[1],0.7 * dim(foo)[1])

3. 对变量"package"（快递或客服人员服务感知）做变换

（1）变量"package"有 3 种不同的值：是、否、无所谓。为将多类分类问题简化成两类分类问题，将所有值不是"是"都设置为"否"。

（2）调用函数 ifelse（）做条件判断，变量"package"的值为"是"时则返回"是"，否则返回"否"。

①第 1 个参数表示判断条件，设置为变量"package"的值是否等于"是"。

②第 2 个参数表示条件为真时的返回值，设置为"是"。

③第 3 个参数表示条件为假时的返回值，设置为"否"。

（3）调用函数 as.factor（）将数据转换为因子型。

foo $ package<-as. factor(ifelse(foo $ package = = "是" ,"是" ,"否"))

4. 训练分类决策树

（1）分类决策树顾名思义，即以类别变量作为目标变量的决策树，用于预测样本类别。

（2）训练分类决策树，以变量"package"为目标类别变量，其他变量为预测变量。

（3）调用程序包"rpart"中的函数 rpart（）训练分类决策树。

①第 1 个参数表示模型的公式，"~"标号前表示目标变量，"~"标号表示预测变量（用"+"号连接）。

②第 2 个参数 data 表示输入数据集为"foo"，并只取序号包含在变量"inTrain"中的样本。

③变量"rpartMod"包含得到的分类决策树模型。

library(rpart)

rpartMod<-rpart(package ~ . ,data = foo[inTrain ,])

5. 查看分类决策树模型

调用函数 print（）查看分类决策树模型。

print(rpartMod)

6. 可视化分类决策树

调用程序包"rpart. plot"中的函数 rpart. plot（）画出分类决策树结构。

library(rpart. plot)

rpart. plot(rpartMod)

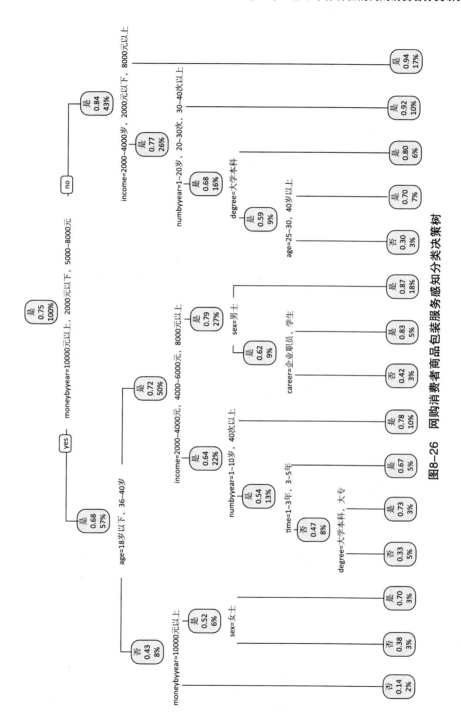

图8-26　网购消费者商品包装服务感知分类决策树

由图 8-26 可以看出，由于商品包装服务感知即商品的包装简陋会更换购物平台的被调查者占所有被调查者人数的 75%，大多数人会因为便利性感知更换购物平台。在生成的决策树模型中根节点是收入，第二层的节点为年龄，可以看出，对于包装服务感知影响购物平台更换的网购消费者个体特征主要是收入和年龄。

7. 用分类决策树模型做预测

调用函数 predict（）预测样本类别。

①第 1 个参数表示使用的模型为变量"rpartMod"。

②第 2 个参数 type 表示返回类型，设置为"class"表示返回样本的类别标签，设置为"prob"则表示返回样本为各个类别的概率。

③第 3 个参数 newdata 表示需要预测的样本，如不指定则表示使用训练集中的样本。

④第 2 条命令中，将参数 newdata 设置为数据集"foo"中序号不包含在变量"inTrain"中的样本，即测试集样本。

predTrain<-predict（rpartMod,type="class"）

predTest<-predict（rpartMod,type="class",newdata=foo[-inTrain,]）

8. 评估分类决策树模型：列联表

（1）调用函数 table（）查看分类决策树预测结果与实际类别的列联表。

（2）行表示预测结果，列表示实际类别。

table（predTrain,foo[inTrain,"package"]）

predTrain　否　是

否　46　24

是　53　269

table（predTest,foo[-inTrain,"package"]）

predTest　否　是

否　9　27

是　32　101

9. 评估分类决策树模型：精确度

（1）精确度定义为，分类正确的样本数占所有样本数的比例。

（2）可以看出，分类决策树模型在训练集上的精确度略高于在测试集上的精确度，可能存在过拟合。

sum(predTrain = = foo[inTrain, "package"])/dim(foo[inTrain,])[1]

[1] 0.8035714　//精确度为 80.4%

sum(predTest = = foo[−inTrain, "package"])/dim(foo[−inTrain,])[1]

[1] 0.6508876　//准确度为 65.1%

8.3.3.4　基于网购消费者个体特征的网购消费者便利性感知分类

将网购消费者的性别（sex）、年龄（age）、学历（degree）、职业（career）、每月收入（income）、网购时间（time）、每年网上购物次数（numbyyear）、每年网络购物消费金额（moneybyyear）作为自变量，网购消费者便利性感知（convenience）作为预测变量，对网购消费者进行分类。

1. 读入数据

foo<−read.csv（"e:/DataBase/data4.csv"）

foo<−data.frame（foo）

head（foo）

2. 划分训练集和测试集

（1）调用函数 set.seed（）设置随机数种子，使得实验结果可复制。

（2）调用函数 sample（）随机抽取训练集的样本序号。

①第 1 个参数表示抽样范围为 1 到该数，调用函数 dim（）得到数据集的维度，第 1 个元素即为数据集的样本数。

②第 2 个参数表示抽样数，设置为数据集样本数的 70%。

③变量"inTrain"包含训练集的样本序号，其他为测试集。

set.seed(1234)

inTrain<−sample(dim(foo)[1], 0.7 * dim(foo)[1])

3. 对变量"convenience"（快递或客服人员服务感知）做变换

（1）变量"convenience"有 3 种不同的值：是、否、无所谓。为将多类分类问题简化成两类分类问题，将所有值不是"是"都设置为"否"。

（2）调用函数 ifelse（）做条件判断，变量"convenience"的值为"是"时则返回"是"，否则返回"否"。

①第 1 个参数表示判断条件，设置为变量"convenience"的值是否等于"是"。

②第 2 个参数表示条件为真时的返回值，设置为"是"。

③第 3 个参数表示条件为假时的返回值，设置为"否"。

（3）调用函数 as. factor（ ）将数据转换为因子型。

foo $ convenience < - as. factor（ ifelse（ foo $ convenience = = "是"，"是"，"否"））

4. 训练分类决策树

（1）分类决策树顾名思义，即以类别变量作为目标变量的决策树，用于预测样本类别。

（2）训练分类决策树，以变量"convenience"为目标类别变量，其他变量为预测变量。

（3）调用程序包"rpart"中的函数 rpart（ ）训练分类决策树。

①第 1 个参数表示模型的公式，"~"标号前表示目标变量，"~"标号表示预测变量（用"+"号连接）。

②第 2 个参数 data 表示输入数据集为"foo"，并只取序号包含在变量"inTrain"中的样本。

③变量"rpartMod"包含得到的分类决策树模型。

library(rpart)

rpartMod<-rpart(convenience ~ . , data = foo[inTrain，])

5. 查看分类决策树模型

调用函数 print（ ）查看分类决策树模型。

print(rpartMod)

6. 可视化分类决策树

调用程序包"rpart. plot"中的函数 rpart. plot（ ）画出分类决策树结构。

library(rpart. plot)

rpart. plot(rpartMod)

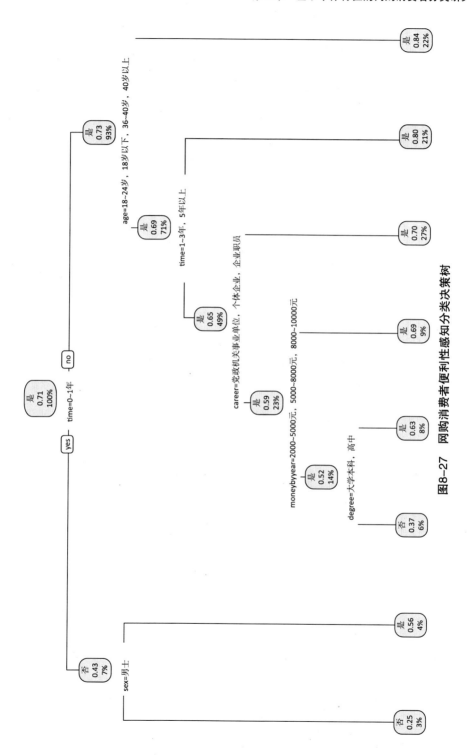

图8-27　网购消费者便利性感知分类决策树

由图 8-27 可以看出，由于便利性感知即商品配送不够便利（如物流网点远，不支持验货、指定快递、指定时间等）会更换购物平台的被调查者占所有被调查者人数的 71%，大多数人会因为便利性感知更换购物平台。在生成的决策树模型中选择叶子节点最大的百分比，其分类规则如下：

time=0~1 年，sex=男，18 岁以下，31~35 岁，40 岁以上，更换购物平台的概率为 56%；

time≠0~1 年，age=18~24 岁，18 岁以下，36~40 岁，40 岁以上，更换购物平台的概率为 84%。

由以上分析可以看出，对于便利性感知影响购物平台更换的网购消费者个体特征主要是网购时间、性别和年龄。

7. 用分类决策树模型做预测

调用函数 predict（）预测样本类别。

①第 1 个参数表示使用的模型为变量"rpartMod"。

②第 2 个参数 type 表示返回类型，设置为"class"表示返回样本的类别标签，设置为"prob"则表示返回样本为各个类别的概率。

③第 3 个参数 newdata 表示需要预测的样本，如不指定则表示使用训练集中的样本。

④第 2 条命令中，将参数 newdata 设置为数据集"foo"中序号不包含在变量"inTrain"中的样本，即测试集样本。

predTrain<-predict(rpartMod,type = " class")

predTest<-predict(rpartMod,type = " class" ,newdata = foo[-inTrain,])

8. 评估分类决策树模型：列联表

（1）调用函数 table（）查看分类决策树预测结果与实际类别的列联表。

（2）行表示预测结果，列表示实际类别。

table(predTrain,foo[inTrain," convenience"])

predTrain　否　是

　　否　29　36

　　是　86　241

table(predTest,foo[-inTrain," convenience"])

predTest　否　是

　　否　6　34

　　是　35　94

9. 评估分类决策树模型：精确度

（1）精确度定义为，分类正确的样本数占所有样本数的比例。

（2）可以看出，分类决策树模型在训练集上的精确度略高于在测试集上的精确度，可能存在过拟合。

sum(predTrain = = foo[inTrain,"convenience"])/dim(foo[inTrain,])[1]

[1] 0.6887755　//精确度为 68.9%

sum(predTest = = foo[−inTrain,"convenience"])/dim(foo[−inTrain,])[1]

[1] 0.591716　//准确度为 59.2%

8.3.3.5　基于网购消费者个体特征的网购消费者沟通感知分类

将网购消费者的性别（sex）、年龄（age）、学历（degree）、职业（career）、每月收入（income）、网购时间（time）、每年网上购物次数（numbyyear）、每年网络购物消费金额（moneybyyear）作为自变量，网购消费者沟通感知（communication）作为预测变量，对网购消费者进行分类。

1. 读入数据

foo<−read.csv("e:/DataBase/data5.csv")

foo<−data.frame(foo)

head(foo)

2. 划分训练集和测试集

（1）调用函数 set.seed() 设置随机数种子，使得实验结果可复制。

（2）调用函数 sample() 随机抽取训练集的样本序号。

①第 1 个参数表示抽样范围为 1 到该数，调用函数 dim() 得到数据集的维度，第 1 个元素即为数据集的样本数。

②第 2 个参数表示抽样数，设置为数据集样本数的 70%。

③变量"inTrain"包含训练集的样本序号，其他为测试集。

set.seed(1234)

inTrain<−sample(dim(foo)[1],0.7 * dim(foo)[1])

3. 对变量"communication"（快递或客服人员服务感知）做变换

（1）变量"communication"有 3 种不同的值：是、否、无所谓。为将多类分类问题简化成两类分类问题，将所有值不是"是"都设置为"否"。

（2）调用函数 ifelse() 做条件判断，变量"communication"的值为

"是"时则返回"是",否则返回"否"。

①第 1 个参数表示判断条件,设置为变量"communication"的值是否等于"是"。

②第 2 个参数表示条件为真时的返回值,设置为"是"。

③第 3 个参数表示条件为假时的返回值,设置为"否"。

(3) 调用函数 as. factor ( ) 将数据转换为因子型。

foo $ communication<-as. factor (ifelse (foo $ communication = = " 是 " , " 是 " ,
" 否 "))

4. 训练分类决策树

(1) 分类决策树顾名思义,即以类别变量作为目标变量的决策树,用于预测样本类别。

(2) 训练分类决策树,以变量"communication"为目标类别变量,其他变量为预测变量。

(3) 调用程序包"rpart"中的函数 rpart ( ) 训练分类决策树。

①第 1 个参数表示模型的公式,"~"标号前表示目标变量,"~"标号表示预测变量(用"+"号连接)。

②第 2 个参数 data 表示输入数据集为"foo",并只取序号包含在变量"inTrain"中的样本。

③变量"rpartMod"包含得到的分类决策树模型。

library (rpart)

rpartMod<-rpart (communication ~ . , data = foo [inTrain ,])

5. 查看分类决策树模型

调用函数 print ( ) 查看分类决策树模型。

print (rpartMod)

6. 可视化分类决策树

调用程序包"rpart. plot"中的函数 rpart. plot ( ) 画出分类决策树结构。

library (rpart. plot)

rpart. plot (rpartMod)

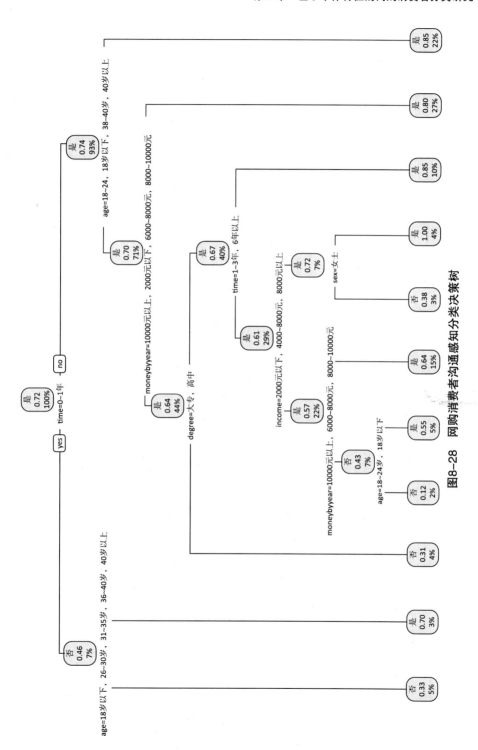

图8-28　网购消费者沟通感知分类决策树

由图 8-28 可以看出，由于沟通感知即信息沟通不够及时透明会更换购物平台的被调查者占所有被调查者人数的 78%，大多数人会因为经济性感知更换购物平台。在生成的决策树模型中根节点是性别，第二层的节点为年龄，可以看出，对于沟通感知影响购物平台更换的网购消费者个体特征主要是性别和年龄。

7. 用分类决策树模型做预测

调用函数 predict（）预测样本类别。

①第 1 个参数表示使用的模型为变量"rpartMod"。

②第 2 个参数 type 表示返回类型，设置为"class"表示返回样本的类别标签，设置为"prob"则表示返回样本为各个类别的概率。

③第 3 个参数 newdata 表示需要预测的样本，如不指定则表示使用训练集中的样本。

④第 2 条命令中，将参数 newdata 设置为数据集"foo"中序号不包含在变量"inTrain"中的样本，即测试集样本。

predTrain<-predict(rpartMod,type="class")

predTest<-predict(rpartMod,type="class",newdata=foo[-inTrain,])

8. 评估分类决策树模型：列联表

（1）调用函数 table（）查看分类决策树预测结果与实际类别的列联表。

（2）行表示预测结果，列表示实际类别。

table(predTrain,foo[inTrain,"communication"])

predTrain　否　是

　　　否　38　17

　　　是　73　264

table(predTest,foo[-inTrain,"communication"])

predTest　否　是

　　　否　13　30

　　　是　36　90

9. 评估分类决策树模型：精确度

（1）精确度定义为，分类正确的样本数占所有样本数的比例。

（2）可以看出，分类决策树模型在训练集上的精确度略高于在测试集上的精确度，可能存在过拟合。

sum(predTrain==foo[inTrain,"communication"])/dim(foo[inTrain,])[1]

［1］0. 7704082　//精确度为 77. 0%

sum（predTest = = foo［ -inTrain," communication" ］）/dim（foo［ -inTrain, ］）

［1］

［1］0. 6094675　//准确度为 60. 9%

8. 3. 3. 6　基于网购消费者个体特征的网购消费者经济性感知分类

将网购消费者的性别（sex）、年龄（age）、学历（degree）、职业（ca-reer）、每月收入（income）、网购时间（time）、每年网上购物次数（numby-year）、每年网络购物消费金额（moneybyyear）作为自变量，网购消费者经济性感知（economy）作为预测变量，对网购消费者进行分类。

1. 读入数据

foo<-read. csv（" e:/DataBase/data6. csv" ）

foo<-data. frame（foo）

head（foo）

2. 划分训练集和测试集

（1）调用函数 set. seed（）设置随机数种子，使得实验结果可复制。

（2）调用函数 sample（）随机抽取训练集的样本序号。

①第 1 个参数表示抽样范围为 1 到该数，调用函数 dim（）得到数据集的维度，第 1 个元素即为数据集的样本数。

②第 2 个参数表示抽样数，设置为数据集样本数的 70%。

③变量"inTrain"包含训练集的样本序号，其他为测试集。

set. seed（1234）

inTrain<-sample（dim（foo）［1］,0. 7 ∗ dim（foo）［1］）

3. 对变量"economy"（快递或客服人员服务感知）做变换

（1）变量"economy"有 3 种不同的值：是、否、无所谓。为将多类分类问题简化成两类分类问题，将所有值不是"是"都设置为"否"。

（2）调用函数 ifelse（）做条件判断，变量"economy"的值为"是"时则返回"是"，否则返回"否"。

①第 1 个参数表示判断条件，设置为变量"economy"的值是否等于"是"。

②第 2 个参数表示条件为真时的返回值，设置为"是"。

③第 3 个参数表示条件为假时的返回值，设置为"否"。

（3）调用函数 as. factor（）将数据转换为因子型。

foo $ economy<-as. factor(ifelse(foo $ economy = =" 是" ," 是" ," 否"))

4. 训练分类决策树

（1）分类决策树顾名思义，即以类别变量作为目标变量的决策树，用于预测样本类别。

（2）训练分类决策树，以变量"economy"为目标类别变量，其他变量为预测变量。

（3）调用程序包"rpart"中的函数 rpart（）训练分类决策树。

①第 1 个参数表示模型的公式，"~"标号前表示目标变量，"~"标号表示预测变量（用"+"号连接）。

②第 2 个参数 data 表示输入数据集为"foo"，并只取序号包含在变量"inTrain"中的样本。

③变量"rpartMod"包含得到的分类决策树模型。

library(rpart)

rpartMod<-rpart(economy ~ . ,data = foo[inTrain,])

5. 查看分类决策树模型

调用函数 print（）查看分类决策树模型。

print(rpartMod)

6. 可视化分类决策树

调用程序包"rpart. plot"中的函数 rpart. plot（）画出分类决策树结构。

library(rpart. plot)

rpart. plot(rpartMod)

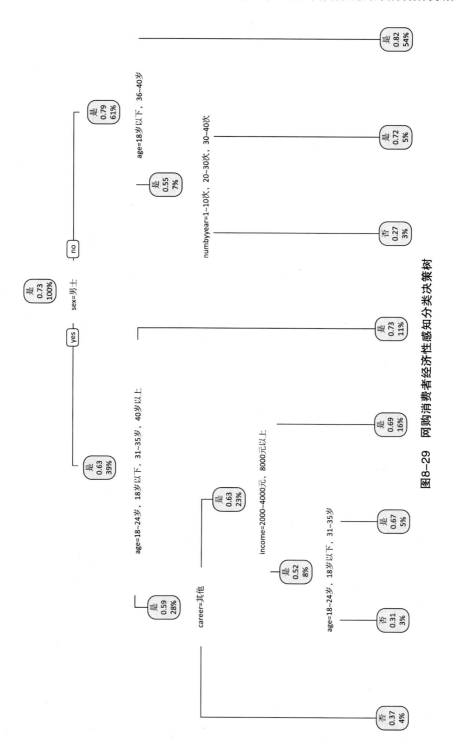

图8-29　网购消费者经济性感知分类决策树

由图 8-29 可以看出，由于经济性感知即物流费用不够经济合理（包括运费及退换货费用）会更换购物平台的被调查者占所有被调查者人数的 73%，大多数人会因为经济性感知更换购物平台。在生成的决策树模型中选择叶子节点最大的百分比，其分类规则如下：

Sex = 男，age ≠ 18 ~ 24 岁，18 岁以下，31 ~ 35 岁，40 岁以上，更换购物平台的概率为 73%；

Sex = 女，age ≠ 18 岁以下，36 ~ 40 岁，更换购物平台的概率为 82%。

由以上分析可以看出，对于经济性感知影响购物平台更换的网购消费者个体特征主要是性别和年龄。

7. 用分类决策树模型做预测

调用函数 predict（）预测样本类别。

①第 1 个参数表示使用的模型为变量"rpartMod"。

②第 2 个参数 type 表示返回类型，设置为"class"表示返回样本的类别标签，设置为"prob"则表示返回样本为各个类别的概率。

③第 3 个参数 newdata 表示需要预测的样本，如不指定则表示使用训练集中的样本。

④第 2 条命令中，将参数 newdata 设置为数据集"foo"中序号不包含在变量"inTrain"中的样本，即测试集样本。

predTrain<-predict(rpartMod,type = "class")

predTest<-predict(rpartMod,type = "class",newdata = foo[-inTrain,])

8. 评估分类决策树模型：列联表

①调用函数 table（）查看分类决策树预测结果与实际类别的列联表。

②行表示预测结果，列表示实际类别。

table(predTrain,foo[inTrain,"economy"])

```
predTrain   否    是
        否   27   13
        是   79  273
```

table(predTest,foo[-inTrain,"economy"])

```
predTest   否    是
        否   7    15
        是   41   106
```

9. 评估分类决策树模型：精确度

（1）精确度定义为，分类正确的样本数占所有样本数的比例。

（2）可以看出，分类决策树模型在训练集上的精确度略高于在测试集上的精确度，可能存在过拟合。

$\text{sum}(\text{predTrain} == \text{foo}[\text{inTrain}, "\text{economy}"])/\text{dim}(\text{foo}[\text{inTrain},])[1]$

[1] 0.7653061　//精确度为 76.5%

$\text{sum}(\text{predTest} == \text{foo}[-\text{inTrain}, "\text{economy}"])/\text{dim}(\text{foo}[-\text{inTrain},])[1]$

[1] 0.6686391　//准确度为 66.9%

8.4　网购消费者类别分析

根据 8.3 节利用 R 语言得到的分类决策树得到以下结果：

由图 8-24 可以看出，由于物流速度感知即物流速度慢会更换购物平台的被调查者占所有被调查者人数的 62%，大多数人会因为物流速度感知更换购物平台。在生成的决策树模型中选择叶子节点最大的百分比，其分类规则如下：

age = 18 ~ 24 岁，18 岁以下，36 ~ 40 岁，moneybyyear = 10000 以上，5000 ~ 8000 元，time ≠ 1 ~ 3 年，更换购物平台的概率为 62%；

age ≠ 18 ~ 24 岁，18 岁以下，更换购物平台的概率为 67%。

由以上分析可以看出，对于物流速度感知影响购物平台更换的网购消费者个体特征主要是年龄、月收入和网购时间。

由图 8-25 可以看出，由于快递或客服人员服务感知即快递或客服人员的服务态度差会更换购物平台的被调查者占所有被调查者人数的 73%，大多数人会因为快递或客服人员服务感知更换购物平台。在生成的决策树模型中根节点是收入，第二层的节点为年龄，可以看出，对于快递或客服人员服务感知影响购物平台更换的网购消费者个体特征主要是收入和年龄。

由图 8-26 可以看出，由于商品包装服务感知即商品的包装简陋会更换购物平台的被调查者占所有被调查者人数的 75%，大多数人会因为便利性感知更换购物平台。在生成的决策树模型中根节点是收入，第二层的节点为年龄，可以看出，对于包装服务感知影响购物平台更换的网购消费者个体特征主要是收入和年龄。

由图 8-27 可以看出，由于便利性感知即商品配送不够便利（如物流网点远，不支持验货、指定快递、指定时间等）会更换购物平台的被调查者占所有被调查者人数的 71%，大多数人会因为便利性感知更换购物平台。在生成的决策树模型中选择叶子节点最大的百分比，其分类规则如下：

time＝0~1 年，sex＝男，18 岁以下，31~35 岁，40 岁以上，更换购物平台的概率为 56%；

time≠0~1 年，age＝18~24 岁，18 岁以下，36~40 岁，40 岁以上，更换购物平台的概率为 84%。

由以上分析可以看出，对于便利性感知影响购物平台更换的网购消费者个体特征主要是网购时间、性别和年龄。

由图 8-28 可以看出，由于沟通感知即信息沟通不够及时透明会更换购物平台的被调查者占所有被调查者人数的 78%，大多数人会因为经济性感知更换购物平台。在生成的决策树模型中根节点是性别，第二层的节点为年龄，可以看出，对于沟通感知影响购物平台更换的网购消费者个体特征主要是性别和年龄。

由图 8-29 可以看出，由于经济性感知即物流费用不够经济合理（包括运费及退换货费用）会更换购物平台的被调查者占所有被调查者人数的 73%，大多数人会因为经济性感知更换购物平台。在生成的决策树模型中选择叶子节点最大的百分比，其分类规则如下：

Sex＝男，age≠18~24 岁，18 岁以下，31~35 岁，40 岁以上，更换购物平台的概率为 73%；

Sex＝女，age≠18 岁以下，36~40 岁，更换购物平台的概率为 82%。

由以上分析可以看出，对于经济性感知影响购物平台更换的网购消费者个体特征主要是性别和年龄。

根据以上分析，可以得出以下结论：对于网购消费者，其个性特征中的性别、年龄、月收入和网购时间对物流服务感知的影响最大，进而更容易更换购物平台，所以电商企业应该针对不同网购消费者的个性特征制定不同的物流优化策略。

8.5　本章小结

本章首先分析了消费者的个人基本信息，包括调查对象的性别、年龄、职业等基本信息以及被调查者的地理位置、来源渠道、时间段等信息；然后，依据网购消费者个体特征及物流服务感知对网购消费者进行了分类，并对网购消费者分类结果进行了分析，本章的网购消费者分类结果可以帮助电子商务企业有针对性地对不同网购者实施不同的物流策略。

第*9*章　B2C 电商企业
物流策略优化研究

第 6 章在网购消费者评论挖掘的基础上建立了基于网购消费者视角的物流评价体系，第 8 章依据网购消费者个体特征及物流服务感知对网购消费者进行了分类，本章在前面各章研究的基础上，提出了基于网购消费者视角的电商企业物流策略优化方案。

本章内容安排如下：第一部分对 B2C 电商物流模式进行分析；第二部分提出电商物流策略；第三部分提出电商物流策略优化方法；第四部分对本章作出总结并对未来的深入研究进行展望。

9.1　B2C 电子商务企业物流配送模式分析

9.1.1　B2C 电子商务物流配送相关概念及理论

1. B2C 电子商务概念

B2C 和 B2B 一样，都属于电子商务模式。B2C 主要是通过对电子商务平台的利用，直接针对消费者开展相关活动。这种类型的电子商务对互联网的依赖程度较强，且所开展的业务活动基本为零售活动，由此一般会将这种商务模式称为电子零售。

2. 对物流配送模式的阐述

物流，是指对货物、服务以及相关信息从源地到消费地进行的有效率、有效益地流通和存储，以满足顾客要求的过程，并在过程中进行计划、实施和控制。

从一个浅层理解物流，就是物品的流动[1]。配送指的是在合理的范围内，根据客户的具体要求，对客户所需要的产品进行一系列的加工，例如包装、分割等内容，在完成这些内容以后，将物品送达到指定地点，属于一种综合性较强的物流方式。强调的是商流和物流的相互结合，会涉及仓库、商店等多个主体。在这些主体中完成挑选、加工等工作以后，将货物送达到收货人手中。从国家标准当中理解配送这一内容：配送指的是在合理的范围内，根据用户的实际需求，对物品采取一系列的手段，例如加工、包装等作业，并按照约定好的时间将物品送达到指定地点的物流活动[2]。

3. 电子商务与物流之间的关系

进入 21 世纪以后，信息化发展速度再次提升，电子商务也迎来了更好的发展机遇，基本上接触网络的人也都能够接受网络购物这种形式。

电子商务的发展需要依赖于物流的支持。对于电子商务活动来说，所包含的主体有：电子市场、交易主体等内容，同时还会涉及信息流、资金流等多项要素[3]。

9.1.2　B2C 电子商务现状及其物流概况

B2C 是我国最早出现的电子商务模式之一，所具备的特点就是针对性较强，同时能够实现对环境的营造，使顾客能够在网络当中享受到较好的零售服务。B2C 电子商务的基本特点为：网上支付。这种新的消费模式的出现，具备较强的便利性，由此也就产生了极强的吸引力，使得网络购物的人员数量越来越多。并且网络消费的人群还在不断的扩大，人们已经开始对这项消费方式予以了充分的关注。根据统计结果显示，我国电子商务的交易额以 40% 的速度持续增长，在 2016 年，电子商务销售的金额高达 26 万亿元。其中大多数的金额都是有 B2C 模式创造的。正是因为这种商务模式所具备的潜力较大，优越性较强，也使得很多的企业开始选用这种模式来发展自己。从当前的情况来看，这种模式仍旧具备较大的潜力，但是也存在着一些问题。这些问题的存在也对其自身发展产生了严重的影响。物流就是比较有代表性的问题，电子商务想要完成交易活动就必须要依赖于物流。物流服务的整体质量将会对客户评价和感受产生影响，由此可以说物流与电子商务具备非常密切的联系。据了解，B2C 电子商务中所接受的投诉基本上都是与物流有关的，顾客的不满意也主要来自于物流的整体服务质量。由此对于电子商务来说，物流所产生的影响非常大。物流直接关系到了电子商务的发展，如果得不到这一主体的支撑，那么交易行为将无法完成。同时电子商务的存在和发展也使得物流获得了更多的发展机会。

我国物流的发展速度越来越快，但是由于出现的时间较晚，打下的基础较弱，导致当前的物流领域还存在着诸多的问题，例如信息化水平不高、管理水平低等。对于 B2C 电子商务来说，除了存在以上缺陷以外，物流的传统性与当前发展的不适应也是造成电子商务无法得到更好发展的原因。传统物流的货物特点是批次少、数量多。这正好与电子商务物流所要求的内容恰恰相反。也是因为特点不同，导致在合作时必然会出现一些冲突。同时 B2C 商务模式对时间、包装等内容都有着更高的要求。各种因素的共同存在，导致电子商务的发展受到了严重的影响。由此想要使 B2C 电子商务获得更好的发展，就必须要对物流形式进行完善，使当前所构建的物流技术与电子商务能够形成更加紧密的联系，实现共同发展的最终目标[4]。

9.1.3　B2C 电子商务企业物流配送模式

我国电子商务自出现以后就一直保持着一种较好的发展态势，随着技术的不断发展，可以在线上完成的工作内容也越来越多。但是物流的发展落后性使得电子商务的发展受到了严重的影响。为了使这一阻碍因素得到解决，各大电子商务企业也在分析自身的前提下，积极的调整物流模式。对于 B2C 企业来说如何选择适合自身的物流模式也成为了备受关注的重要问题[5]。

1. 自建物流模式

自建物流模式指的是 B2C 电子商务企业对自身物流活动进行管理的模式，也是当前国内生产、流通或综合性的企业集团所普遍采用的一种模式。这种模式的采用可以帮助企业实现一体化发展，具备较高的系统性的特点。既可以使企业的物流需求得以满足，又能够为企业的日后发展奠定基础。这种方法所具备的优点有：控制性较强，且可以实现全面控制。能够为采购活动等内容奠定坚实的基础，使资金占用量得到合理化控制；服务性较强。这种模式可以为 B2C 模式的经营活动提供有效的支持，使客户的满意度得以增强；具备较强的协调性，可以在对企业所开展的经营活动进行关注的前提下，进行构建。可以实现对作业流程的优化，实现效率的提升。构建这种物流模式的目的就是实现物流服务水平的提升。

但是，对于 B2C 电子商务企业来说，选择自建物流这种模式会扩大自身的投资金额。如果企业涉及的物流服务较少，那么采取这种方式所要负担的成本也相对较高。其缺点主要体现在：会导致企业负担的加重，使企业抵御风险的能力随之下降。电商企业为了增强自身的管理能力，需要不断的向物流领域投入资金，且需要配备专业的人员来开展监督工作。由此就会导致资金的大量占用，使得企业的竞争力随之降低。采取这种模式主要是为了使企业的需求得以满足，由此也会导致成本的增加。

2. 第三方物流

第三方物流是从管理学当中慢慢发展而来的，指的是 B2C 电子企业的物流服务需要依赖于第三方企业提供。也就是要通过外包的形式来完善物流内容，使企业所具备的服务性得以增强。对于 B2C 电子商务企业来说，采用这种模式发展自己有着较强的优势。可以节约大量的人力、物力。使企业能够将更多的精力投入到对平台的完善和对服务质量的提升上，实现竞争力的提升。可以实现对成本的控制。采用这种模式可以将全部的物流服务都承包给第三方，企业自己不需要建设各项物流设施，由此也就实现了对成本的控制。

但是采用这种物流方式也有一些不利影响。首先，会使得电子商务企业的控制力降低，同时如果选择的合作企业不合适，也就无法落实好自身的监督责任，无法对货物的运行情况进行监察，无法了解货物的到达时间等内容，由此也会对客户的满意度产生较大的影响。其次，也会使得资金周转速度产生影响。如果采用货到付款的方式，那么钱款将会直接的交予第三方物流企业，然后让企业将钱款交给企业。而采用这个方式就会导致风险加剧，也会导致资金回收速度受到影响。当风险扩大的时候，就会对企业发展产生严重影响。

因此，B2C 企业应该在对自身情况进行充分考虑的前提下，实现对物流模式的选取。

除了上述两种模式以外，还有以下几种形式：

（1）EMS 邮政物流系统

EMS 邮政物流是最早的物流模式。随着市场的发展和其他物流模式的发展，导致这种物流模式的发展速度受到了严重的影响。但是对于其重要性我们仍旧要有一个正确的认识。这种物流模式作为最基本的物流配送系统，对 B2C 电子商务企业所产生的影响也非常大。目前该系统也得到了优化，实现了速度和服务质量的提升。并且能够与 B2C 电子商务企业的发展相适应。此外由于 EMS 是依托于邮政系统发展起来的，由此所具备的优势还是较为明显的，对于 B2C 电子商务企业来说，还是可以选用这种方式来作为一种补充的[6]。

（2）物流联盟配送模式

物流联盟是在对物流合作进行关注的前提下形成的一种契约关系。对于 B2C 电子商务企业来说，一些企业由于自身规模较小，拥有的资金量较少，很难单独的支撑起一个物流体系，由此只能够选择与其他企业合作的方式来完善自身的物流服务能力，从而实现对自身缺陷的弥补。对于这些企业构建的物流联盟配送模式来说，主要有三种，即纵向、横向和混合模式，在最后一种模式，也就是混合模式当中又会包含一些其他的联盟模式，实现了全方位的覆盖，这些模式的出现也使得 B2C 电子商务企业的发展获得了更加充足的保障。

（3）与连锁企业合作

除了上述几种模式以外，还有电子商务企业与连锁企业相互合作所构建的物流系统。连锁企业一般规模都较大，且发展的时间较长，构建出的体系也较为完善。对于 B2C 企业来说可以充分利用这一优势来发展自身，通过相互合作发展来实现对自身商品的优化发展，实现对成本的控制和效率的提升。

在上述提到的这些 B2C 电子商务物流配送模式当中，每一种模式都有着特定的用户群体，也都有着各自的缺点。对于 B2C 电子商务企业来说，要在对自身特点进行充分考虑的基础上，选择适合自身发展的模式。例如在我国 EMS 就经过了长时间的发展，所积累的经验较为丰富，也具备较高的信誉度。同时由于发展时间较长，覆盖的范围较广，也能够为一些偏远的农村服务。企业自建物流系统的专业性较强，能够实现对质量的维护，但是成本较高，对企业的要求也相对较高。第三方物流配送模式属于普及范围最广的模式，能够对规模较小的电子商务企业提供帮助，实现对成本的控制和对各项资源的节约。物流联盟配送模式能够使企业所存在的地域局限性得以有效解决，使电子商务企业在与物流企业进行谈判时，能够掌握较多的话语权。而通过与连锁企业的合作，能够帮助企业以较低的成本获取到较为成熟的服务，实现对自身需求的满足。由此对于电子商务企业来说，在选择物流模式时，必须要对自身的情况进行考虑。选择适合自身的模式或者采用多种模式相结合，才能够在对成本进行控制的前提下，实现体系的自我优化与发展。

9.2　B2C 电子商务企业物流策略

9.2.1　我国 B2C 电子商务物流发展中存在的问题

1. 成本高的问题难以有效解决

我国 B2C 电子商务的发展需要依托于互联网技术的进步，且大多数的企业都是新兴企业，规模也不大。但是由于采用了电子商务这种发展模式，导致其对物流配送的需求量较大，如何实现对成本的控制也成为了这类企业需要面对的主要问题。从当前的情况来看，电子商务企业面临的阻碍是物流成本较高。有关学者在对我国企业所需要负担的物流成本进行研究后提出，我国企业所需要负担的物流成本是国外企业的 4 倍以上。之所以形成这种情况，主要是因为单位成本效率不高。B2C 电子商务企业由于是依托于互联网发展，所服务的主体较多，涉及的范围较广，也就导致了单位配送效率无法得到提高。我国当前的交通通行渠道都设置着过路费等收费情况，导致了成本的上升。由于基础设施不够完善，导致效率无法得到提升。现有的机制完善程度不高，很难实现有效的管理，一些企业所构建的管理制度不够完善，效率较低，也就导致了成本的上升[6]。

2. 逆向物流体系不完善

逆向物流指的是 B2C 企业通过与第三方物流企业的合作，将物品从购买者手中送达到商家手里。这种物流体系的不完善也严重阻碍了 B2C 企业的发展。B2C 电子商务的发展，除了要考虑正向物流以外，还要对逆向物流予以关注。因为货物不是及时交易的，由此也会造成货物到手以后不满意而退货，其他原因的存在同样也会导致这种情况的产生。因此对于逆向物流来说，所包含的因素较多，复杂性也较高，且需求量较大。此外逆向所关注的是购买者向商家的传递，需要有多个主体的共同参与，并且需要得到完善的系统的支持。但是从当前的情况来看，与之相关的体系还不够完善，也使得 B2C 电子商务企业的发展受到了严重的影响。

3. 缺乏完善的法律体系

B2C 电子商务物流活动的发展还必须得到法律方面的保障。但从当前的情况来看，与之相关的保障法律还不够完善。随着企业发展速度的加快，服务的群体也在不断的增多，覆盖的范围也随之扩大，甚至还涉及了对一些贵重物品的配送，所以如何保障好配送环节的安全性是一个非常急需解决的问题。我国对于这一问题还欠缺考虑，没有出台相关的法律条文。当贵重货物发生丢失或者其他事情的时候，难以对责任主体进行追责，也会导致有关责任主体互相推脱责任的情况，不利于对购买者利益的维护。

4. 缺乏专业化人才

人才数量较少也是阻碍 B2C 电子商务企业发展的重要因素。一个具备专业能力的人才，必须要对这类新型企业的发展特点予以充分的掌握，并且了解其配送方式、盈利模式等。能够在对客户特点进行掌握的基础上，对物流模式进行选择，从而实现利润的有效创造。但是从我国当前的情况来看，与之相关的专业人才数量较少。高校对这类人才的培养也没有予以充分的重视，这也就直接导致企业接收的人才数量较少，难以为自身的后续发展提供有效的支撑。

9.2.2 B2C电子商务物流配送体系发展策略

9.2.2.1 电子商务企业角度

1. 物流配送模式

电子商务企业在起步阶段并不需要通过自建物流的方式来满足自身的需求，这样会造成严重的资源浪费，对企业的后续发展产生不利影响。应该选择与第三方物流企业进行合作来满足自身的需求，从而优化自身的服务能力。随着时间的推移，企业慢慢地发展成熟，在具备较多用户和较强资金实力的基础上，可以考虑采用自营物流的方式来发展自己。并且只有当订单量和所积累的资金量到达一定水平的时候，才能够实现对成本的有效控制。

2. 选择合作伙伴

企业在选择合作伙伴时，必须要对自身的需求情况进行考虑，可以选择多种模式相互组合的方式，并且要重视对绩效考核制度的建立。例如，如果服务的范围较广，涉及偏远地区的时候，可以采用邮政物流。而当配送的产品较为高端时，可以采用顺丰速运来进行运送。当产品价格较低的时候可以采用一般的方法来进行配送。通过对快递服务方式的选择，来实现对利润的获取。

3. 服务内容拓展

电子商务企业应该对消费者的需求予以充分的关注，对货到付款这种形式予以充分的关注，通过对多种模式的关注来提升消费者的体验性，实现服务内容的延伸。在维护利益和控制成本的前提下，实现服务模式的增加，可以先从一些小件的商品入手，开展这种服务工作。

4. 人才和信息化建设

对于电商企业来说非常急需高级物流人才。而这些人才的数量一般较少。随着信息化发展速度的提升，对于我国的电子商务企业来说也要关注对复合性人才的培养和引进，也只有这样才能够实现对自身的优化，使自身获得持续稳定的发展[7]。

9.2.2.2 物流行业发展角度

1. 创新 NFC 手机支付和"POS+PDA"一体机技术

随着移动终端和支付方式的不断优化，消费者也开始采用智能手机进行购物，由此就使得购物数量不断增加。对于快递人员来说所需要负担的压力也会随之增长。为了使这些人员的压力得以降低，就必须要对现有的支付方式进行优化，对 PDA 一体化发展予以重视。也只有不断的推行技术的变革，才能够使整体的体系不断的优化。

2. 物流公司依附制造企业

随着网络直销活动的不断发展，物流企业可以找到一些创新的方法来发展自身，实现对服务模式的优化。可以通过对网点的设立来实现对各项工作的整合，使第三方物流以及其他物流模式所具备的优势得以增强。

3. 创新第四方物流业务发展

第四方物流并不会直接参与到直接的运输任务当中。而是需要通过对优势的关注来提供相应的配套服务，使第三方物流的劣势得到弥补，实现效率的提升，同时能够为物流服务活动提供更加详细的服务，使服务的整体质量得以增强。

4. 物流公司反向建设 B2C 电子商务购物平台

在这方面取得了较好效果的就是宅急送公司。其通过对物流优势的关注，来吸引卖家的进入。使物流公司与卖家之间构建了密切的联系，实现了对平台的完善，也获得了明显的成功。对于我国的高端企业来说，可以参考这一经验。利用对平台的构建和完善来推动自身的发展，并且从整体来看这种模式是具备较大潜力的。

9.3 电子商务企业物流策略优化方法

9.3.1 B2C 电子商务物流存在的问题

B2C 电子商务企业的发展速度较快，规模扩张速度也较快。但在这个过程中因物流环节存在的问题，也导致这类企业的发展受到了严重的影响，所存在的问题主要体现以下几个方面。

1. 仓储方面

仓储是物流的重要环节，能为电商企业的发展提供支撑。随着业务发展速度的提升，在开展仓储工作的时候，对大型仓库的依赖性越来越强。但很多的企业都采取的是多个小仓库相互交叉运作的方式。这种方式既无法提升效率，也无法控制成本。同时由于土地资源较少，难以在合理的范围内寻找到合适的仓库也成为了电商企业所需要解决的问题。

2. 运输配送方面

目前物流企业采用的服务手段还较为单一，遵循的标准也较为固定，并没有对 B2C 电子商务企业的特殊情况予以关注。例如没有参考其发展特点选择相对应的运输条件和包装方式等，具备较强的随意性。同时由于企业一般不会采用现代化较强的信息系统，信息传递过程中透明度得不到保障，导致企业很难掌握货品在运输活动中所涉及的各项信息，这也对其自身发展产生了较大的影响。

3. 物流成本方面

通过网上交易这种活动，实现了对相关费用的节约，但与此同时也带来了一些新的费用。同时受自身发展模式的影响，使得 B2C 企业必须要支付较多的物流费用，只有这样才能进行发展。对于一些价格较低的产品来说，所需要付出的物流成本甚至会高于商品所创造出的价值。受当前物流发展环境的影响，导致这类成本很难得到有效的控制。并且从整体趋势来看，物流费用的无法控制也成为了制约 B2C 电子商务企业发展的重要原因。

4. 物流时间方面

电商企业开展竞争活动，对于时间要素的重要性非常关注。很多的电商为了吸引客户也进行了时间方面的保障。但是由于很多的电商都是与第三方物流进行的合作，很难对物流过程进行掌控，由此也很难保障在约定的时间内完成物流配送。由此也就导致了很多用户的投诉都是因为配送不及时，这也对企业的自身信誉产生了影响。

5. 物流服务方面

"最后一公里"是货物到家配送的一个称谓，同时也说明了电商对沟通重要性的认可。物流服务质量是否能够得到保障，将直接影响到消费者对企业的看法和评价。而由于物流不是自营的，导致很多的物流企业并不能够严格的控制自身行为，为消费者提供更好的服务，由此就降低了消费者的满意度。同时由于控制力不够，人员素质不强，在运输过程中还经常发生一些货物丢失的情况，由此也就会使得电商企业的信誉受到严重影响，不利于正常交易活动的进行。

6. 物流信息技术方面

传统的仓储信息系统是在对传统物流模式进行关注的前提下开发出来的，适应传统物流的特点。但与 B2C 企业的物流模式有着较大的冲突。同时受资金因素的限制，导致很多的电商企业无法对这类系统进行重新优化。由于系统的完善性不足，导致信息的获取和传递受到了极大的影响，效率无法得到提升，阻碍了电商企业的长期稳定发展[4]。

9.3.2　B2C 电子商务物流优化的意义

对于 B2C 电子商务来说，通过对物流的优化可以实现服务水平的提升，实现对成本的控制，使企业的整体发展情况得到改善。因此对于电商企业来说，必须要对物流优化予以充分的关注[4]。

对于物流企业来说，电子商务企业的发展也有效的推动了自身的发展。同时随着优化的进行，可以使自身的缺陷得到弥补，改变目前落后发展的基本情况，使物流产业整体都获得较好的发展。

9.3.3　电子商务物流优化策略

互联网在我国起步较晚，由此也就导致 B2C 电子商务的产生时间较晚。但是这种模式出现以后就获得了迅速的发展。一些早踏入这些领域的企业，目前也有着非常大的影响力。虽然最初的一些零售企业的规模并不大，但是由于其能够实现对物流环节的优化，关注到了用户的需求，实现了满意度的提升，也就为自身的稳定发展提供了充足的保障。对于其他的 B2C 企业来说可以借鉴这些优秀企业的发展模式[8]。

1. B2C 电子商务网站建立并完善自建物流体系

通过对电商网站中的用户评论进行分析可以发现，用户在购买货物以后所关注的内容就是配送的时间和速度。一些用户在购买产品以后，无法获知得到物品的具体时间。尤其是在当电商平台开展促销活动的时候，配送活动也会受到非常大的影响，导致配送时间无法得到保障。用户的满意度也随之下降，这也非常不利于电商平台的自我发展。

通过对实际案例的结合和分析可以看出，易迅网的产品价格和运费虽然不具备优势，但是因为其能够保障配送的速度，由此也使得很多的消费者愿意在该平台购买产品。该平台最早在上海起步，主要服务范围也是江浙沪一带，为了实现速度的提升，开始自建物流体系，并且在服务范围内的主要城市都构建了相对应的物流体系，实现了对速度的控制。从用户下单以后，企业平台就可以实现全过程的跟踪，实现对相关环节的及时调整，增强用户的满意度。且由于其采用的是自建物流的形式，负责配送的员工大多是企业内部员工。企业可以采取有效的培训模式来提升员工素质，从而实现服务能力的提升，使用户达到满意。该平台也是通过这种方式实现了对客户群体的维护和获取，使自身能够长期稳定的发展下去。

京东商城对自营产品也是采用自建物流开展配送。并且针对一些城市推出了更加优化的时间配送服务。但是由于其需要为全国范围内的多个城市提供服务，所以所设定的时效也有所不同，速度有时也得不到及时的保障。尤其是在一些重大促销活动过后，会出现严重的配送不及时的问题。京东商城中运营的产品还包含第三方经营商的产品，而这些主体一般都具备固定合作的快递公司。而各个快递公司的实力不同，配送效率、时间也各不相同。也就对用户满意度的提升产生了影响。为了使服务质量得到严格控制，京东也做了很多的努力，例如以前的用户评论所针对的只是单个的产品，而现在开始要求对配送人员进行评价。评价的结果也会被纳入到考核的范畴当中，对其所享有的最终薪资产生影响。这也会使得配送人员自觉提升自身的服务质量。但是对于第三方经营商的物流配送质量，由于其选择的快递公司不同，很难实现统一的控制，用户的投诉大多也是针对这些第三方经营商的。

新蛋网也是利用自建物流来开展配送，同时也会涉及与第三方物流的合作。对于全国配送的产品一般依赖的都是第三方物流企业。这就造成平台很难及时的了解到物流配送的情况，也就很难采取有效的方式进行控制。因此很多用户就降低了对该平台的印象，对其认可度不够。

通过对这几大案例的分析可以看出，B2C电子商务企业想要优化自身，提升用户的满意程度，可以采用自建物流的方式来优化，实现配送速度的提升。这样既能够保障速度，也能够采用有效的方式对配送人员进行培训，使服务质量得到提升，从而提高用户满意度，实现对客户的有效积累。

2. 通过自建物流实现资金快速周转

我国当前很多 B2C 电子商务平台都与第三方物流建立了合作关系，并且将自身涉及的一些需要运送的物品交由这些企业完成。这样会提升专业化程度，但是会对平台资金的周转速度产生影响。为了实现对资金的有效获取，很多的物流公司都是采用的 T+3 方式，也就是在三天之后，将货到付款的资金转到电子商务企业的账户当中。而从实际情况来看，这一到账时间往往无法得到保障，甚至会发生一个月都无法获得账款的现象。这种情况的产生，对 B2C 电子商务企业的发展产生了严重的影响。该类企业在发展过程中会涉及非常频繁的资金流动。尤其对于一些贵重物品来说，涉及的金额较多。如果第三方物流公司积压的资金时间较长，就会对电子商务平台的发展产生严重影响，导致风险的加剧。易迅网主要依赖于自建物流开展配送活动，资金也不会被传送到其他企业手里，由此也就加快了资金周转效率。尤其是注重了对系统的优化和发展，再次提升了对物流的控制效率和跟踪性，在满足用户需求的同时也节约了成本。同时为了有效的增强管理力度，开始实行精细化管理。因其自身原因，使得其一直能够将不能够正常完成的交易活动进行严格的控制，并且与其他网站相比控制力度较强。在该平台的辐射区域，基本上实现了按分钟配送。例如用户在下单以后，几分钟之后货物就完成打包，并在一个小时之内进行配送。这种模式的采用，实现了配送速度的提升，同时用户收到货物以后就可以确认付款，提升了资金的周转效率，并且效率要明显的高于其他物流模式。使得企业所面临的资金风险得到有效降低，使自身的竞争力得到了有效的增强。

3. 通过自建物流体系保证物流配送时效

随着网购这种形式被越来越多的用户认可和采用，各大 B2C 企业为了实现自身竞争力的提升和利润的获取，也纷纷的采用各种类型的促销活动来吸引顾客，从而实现销售额的增加。"双十一"就是一个很好的例子，该活动推出以后就受到了消费者的热捧，销售金额也在不断的上涨，并且每年"双十一"都会刷新历史记录。但是在这个促销活动过后的配送问题也成为了众多消费者和企业头痛的问题。随着购买数量的激增，导致很多快递企业所负担的工作压力瞬间加大，虽然配送人员在不断的配送，甚至加班加点，但是仍旧无法保障货物的及时配送，由此也就降低了用户的满意度。对于与第三方物流进行合作的企业来说，这种情况经常发生，例如京东等平台也会涉及与第三方物流的合作。但在"双十一"期间这些快递公司需要接受多个平台的货物，导致货物积压，无法及时的配送。而自建物流一般不会发生这种情况，以京东商城为例，由于其针对自营商品采取自建物流的方式进行运送，在大促开始前，其就对可能发生的爆仓情况进行了考虑，并且为了应对这种情况，开始调整仓库和人员，使得在大促过后，整体的配送速度并没有受到太大的影响。易迅网本身就具备较强的配送优势，为了在"双十一"期间获得更多用户的关注，甚至做出了"送不到就赔钱"的承诺，承诺如果无法按照规定的期限送达产品，就给予用户相应的补偿。

除了这些促销日期会导致网购数量的激增以外，春节放假期间也是购物的高峰期。但是由于很多的快递公司会放假，使得很多的电子商务平台会与顺丰、邮政等主体进行合作，但这些快递公司的物流配送费用较高，同时受节假日的影响，配送的时间往往无法得到保障。很多拥有自建物流配送体系的企业也会选择在春节放假，在假期结束以后开始进行重新的运营，这也使得很多用户的需求无法被充分的满足。针对这一情况，易迅网就在 2010 年推出了年终无休服务，使用户在春节期间也能够享受到货物配送服务，这也使得该平台在该年获得了较多的利润。京东商城在 2014 年之前也采用的是春节放假的方式，但随后借鉴了易迅网的发展经验，对自营商品进行正常配送，使得自建物流的优势得以充分的体现。

4. 对自建物流系统的灵活性进行提升，为质量提供充足的保障

易迅网对服务质量非常关注，并且在平台当中以非常醒目的方式将服务电话告知给消费者，建立了专业程度非常高的消费者意见反馈机制。虽然采用这种方式所耗用的成本较高，但是易迅网仍旧采取了这种方式，并且对客户服务电话的整体质量进行了保障。例如要求客服人员必须要及时的接听电话。对于如何解决消费者问题，采用哪些流程来回答问题都进行了规定。消费者在遇到问题以后，都可以通过拨打客服电话的方式来获得解答，这种方式由于采取的是电话沟通的方式，能够对用户的需求加深了解，在了解需求的基础上实现对需求的满足，使用户的满意度得到有效提升。

尽管易迅网构建了较为完善的自建物流系统，实现了对速度的保障和对质量的维护，但是其在提升用户体验性方面还有着一定的差距，与京东商城等大型电商企业相比差距还较为明显。例如易迅网有着非常明确的覆盖范围，其所具备的配送优势也是针对这一范围内，很难对全国范围内的所有城市开

展配送工作。且由于对人员培养的关注度不够，员工的整体素质和服务质量均有较大的提升空间。企业必须要对这一内容予以关注，对培训方式进行优化，同时为了提升用户的满意度很有必要进行统一的着装。京东商城作为目前我国的大型电子商务平台，在长期的发展过程中也积累了丰富的经验，在很多方面具备较强的优势，基本能够实现对货物的灵活配送。京东设置的免运费门槛非常低，钻石会员 39 元就可以享受到这些服务。同时京东还在不断的扩大服务覆盖范围，完善货物支付方式，例如货到付款、POS 机付款、微信支付等。同时有售后需求的时候，还会为用户提供上门服务。京东商城要求所有的配送人员必须统一着装，并且安排了统一的配送车辆，实行定期的专业化培训。对于我国的电子商务企业来说可以有效的借鉴这些内容，从而使自身得以优化，使用户体验性得以增强，从而提升用户的满意度。

9.4　基于网购消费者视角的电商企业物流策略优化

本节从网购消费者的视角出发，提出电商企业自建物流和第三方物流选择的优化策略。

9.4.1　电商企业自建物流优化策略

电商企业利用自建物流体系的方式来发展自己，可以实现配送速度的提升，同时能够对物流信息进行及时的监管。当用户下单以后，就能够实现对信息的及时获取，并对信息进行及时的跟踪，由此也就能够提升用户的满意度。对于这种物流方式，用户的认可度较高，电商企业采取这种方式来发展自己，实现了对客户群体的维护和获取。

B2C 电子商务网站想要对物流配送模式进行优化，提升用户的感受和满意度，就必须要对自建物流这一模式予以关注，从而实现对产品的有效配送。这样既可以在关注企业战略的前提下，对配送中心进行设立，实现速度的提升，又可以加强对配送人员的管理，对服务质量进行维护。

在电商企业自建物流优化方面，可以针对网购消费者分类对不同的客户群采用不同的物流策略。

由第 8 章得出的结论：由于消费者的特点不同，由此在感受服务时所关注的重点不同。其中产生主要影响的因素有性别、年龄、月收入和网购时间等。一旦消费者感受到自己不受重视，自己的需求无法被满足的时候，就会选择从其他平台中获取商品。因此对于企业来说必须要对消费者的差异化特征进行掌握，针对不同的消费者群体实行不同的策略。

针对性别、年龄、月收入和网购时间这四个网购消费者的主要特征，对网购消费者类型进行划分，主要分为：新客户、活跃客户和 VIP 客户。新客户群体是首次在平台中购物，并且完成了交易活动群体。这类群体一般属于刚刚接触网购这种形式，对这一购物方式的了解度不够。由于其首次体验，由此所获得的感受将直接影响其下次是否要在网络平台中购物。活跃客户已经多次在平台中购物，对流程有着较强的理解，同时对服务质量的要求也较高。对于 VIP 客户具备的消费能力较强，同时也认可电商企业的价值，所创造出的利润较多，同时对服务质量的要求也相对较高。由此企业应该在对不同群体的需求进行关注的前提下对策略进行相应的调整。

1. 新客户

新客户群体属于刚刚基础网购的群体，对于平台的了解度不够。首次体验是其感知平台服务的关键，将会直接影响到用户对平台形成的第一印象。《哈佛商业评论》的一项研究报告指出[9]，第二次光临的用户所创造的利润在25%以上，而其之所以选择再次购买，一般是因为服务质量较高。由此对于企业来说应该对这类客户的需求予以关注，对其初次体验进行考虑。实现其满意度的提升，从而使这些用户能够保留下来，为企业创造持续的利润。

新客户群体不但关注产品质量，对外包装的关注度也较强。产品是否能够完整的送到自己手里，也是其关注的重要内容。一个完整的包装并且有着较强体验性的包装，将会提升用户的感受，因此对于企业来说也需要对这一内容予以关注。对于新客户来说，一个良好的包装不仅为了保护产品，还能够代表企业的整体形象。因此对于企业来说必须要思考采用什么样的包装才能够符合新客户的需求，从而为企业整体效益的提升提供保障。

2. 活跃客户

活跃客户对物流服务因素的感知具有普遍性，企业在对物流服务进行优化的时候，要重点关注这类用户。且这类客户所关注的重点普遍性较强，企业可以在对其关注重点进行参考的前提下，实现对自身的优化，从而使自身的整体服务质量得以改善。

活跃客户对时间要素和服务质量要素有着非常高的要求，因此对于电商企业来说必须要对这些内容予以考虑。如果货物发生缺货的情况，要及时的告知消费者，防止产生不必要的等待，使消费者的满意度下降。同时要保障配送的时间，当产品出现问题以后要及时的提供服务，注重服务态度，以此来实现对物流整体工作的优化。

活跃用户对承诺的兑现情况较为关注。一直以来一些大型的企业能够在对价格进行控制的前提下，增强用户体验。为了使体验性得以增强，很多的企业开始在配送时间上下功夫，提供了很多的个性化服务。活跃客户的关注度较强，且忠诚度较高。在了解个性化服务的基础上，也希望这一服务能够得到兑现。如果无法及时的兑现，将会使活跃用户的体验大打折扣，甚至还会导致一些忠实的用户流失。

目前，对于电子商务的物流配送活动还存在着诸多的问题。一些企业为了获取竞争方面的优势，甚至会盲目的投入一些资金，想要以此来提升自身的配送速度，这明显的不适应其自身的发展需求，也违背了市场发展规律。根据有关机构的调查显示[10]，普通的消费者对于时间并没有过多的关注，而是要求商家能够在承诺的时间内完成配送工作。有些企业虽然对不同主体的需求予以了关注，并且提供了相对应的个性化服务。但是仍旧无法对承诺进行完全的落实。因此，电商平台在对物流平台进行优化的同时，必须要对承诺予以关注，对承诺进行严格落实也能够使用户的体验性得以增强。

网上购物本身就有着较强的特殊性，比如非及时性等。很多用户的评价除了对产品质量有着一些看法以外，还与收货速度和售后服务内容有着较大的关系，且基本上都与物流服务有关。对于普通客户来说，企业应该在提升速度、完善服务内容的基础上，为其提供更加有效的售后保障和退换货服务。有些平台将有关内容纳入到了制度当中，并且进行了详细的说明，但是这些内容往往难以落实，想要退换货就要经历非常烦琐的流程，这也使得用户的体验性大打折扣。同时由于不同客户对政策的理解不同，受理解差异的影响，也会导致体验性的降低和满意度的降低。对于网络平台来说，必须要对售后活动予以关注，应该站在消费者的角度去考虑问题，有效的解决其所希望解决的问题，使客户的满意度得到增强。

3. VIP 客户

这类客户一般具备较强的忠诚度，在平台购买的产品较多，为平台创造的收益较大。且其购物行为也较为理性。在享受特殊服务的同时，对服务质量的要求也随之提升。尤其是对物流查询服务的要求较多。由于这类用户对网购流程非常的熟知，能够实现对信息的及时查询，并且当发现问题的时候能够及时的反映。根据分析，这类客户对被重视性的要求较高。因此企业应该安排专业的客服为其提供服务，实现服务质量的提升。例如可以针对这类客户主动的提供物流变动信息。当物流发生变动时采用信息的方式及时提醒顾客，使其感受到自身是被重视的。如果发生了一些小的问题，则要及时的与客户进行沟通。在降低误差的同时，注重对沟通渠道的建立，通过与客户之间的沟通了解其需求，从而对自身进行调整，实现体验性的提升，避免优质客户的流失。

9.4.2 第三方物流选择优化策略

9.4.2.1 第三方物流选择指标体系的原则与模式

1. 科学性原则

在可获取信息足够多的情况下，要讲究真实性、规范性、科学性，指标的选择应做到"精"，言简意赅。

2. 系统全面性原则

评价指标体系要全面考虑企业所处的局势和环境，对第三方物流公司评估可从"硬"实力和"软"实力两方面入手，其中"硬"实力指的是第三方物流公司的硬件设施、企业资本等，"软"实力指的是可为以后发展提供竞争力的其他要素或资源。以此为原则选择出全面准确、适合公司实际情况的物流合作伙伴。

3. 实用性

各项评价指标的数据来源应真实可靠，易于搜集，便于数据处理，满足现有处理软件的识别和计算能力。

4. 稳定性和动态性相结合

一方面指标构建过程中最大程度的选择可定量的指标，以最大限度内排除主观等因素的干扰；另一方面指标数据来源可动静指标相结合，确保评价结果科学精准。

5. 定量定性结合原则

结合研究实际，定量和定性相结合。

6. 灵活性原则

根据研究背景、研究目的不同，所构建指标体系应紧密联系评价目的，在指标数量、质量的选取上结合实际，根据企业自身特点，灵活调整。

9.4.2.2　建立第三方物流选择评价指标体系

在表 6.5.2 节构建了第三方物流评价指标体系，包括 5 个一级指标，23 个二级指标，详细指标体系见表 6-3。

9.4.2.3　成立选择评价小组

选择合适数量的评价人员，从商务部门、客服部门、工程部门和仓库部门等职能部门中各选择出数名经验丰富员工，以及公司的数名高层领导一起组成；兼顾小组成员需求考虑方面以及技术能力的不一样，从而使总的评价结果更加客观、符合评价目的。

9.4.2.4　各评价指标权重确定

采用层次分析法的判断矩阵来进行第三方物流选择指标权重的设置。首先，由专家小组分别对选择指标的各项因素按照 1~9 标度进行打分。由考评小组商议，综合电子商务企业的实际情况，给出各层指标的相对权重，得出其判断矩阵。

9.4.2.5　层次总排序

结合各层要素的单排序结果，根据合成权重公式，对每个要素总排序。

9.4.2.6　选择第三方物流合作伙伴

电子商务企业项目小组需要对候选的第三方物流按照评价选择模型各项指标评分赋值。评分原则依据各指标的评分标准以及评分范围，并按照得分高低排序，得分最高者即可认为该第三方物流公司最符合电商企业的服务目标及宗旨。

9.5　本章小结

本章首先对 B2C 电商物流模式进行了分析，然后提出了电商物流策略，并对电商物流策略优化方法进行了介绍，最后从网购消费者的视角出发，提出了电商企业自建物流和第三方物流选择的优化策略。

参考文献

[1] 范建磊. 大型家电连锁企业物流配送模式决策研究 [D]. 兰州理工大学, 2007：21-22.

[2] 李巍. 在低碳经济下农产品物流模式的探讨 [J]. 物流工程与管理, 2011, (3)：23-25.

[3] 严贵华. B2C 电子商务物流配送模式改进探讨 [J]. 现代经济信息, 2014, (5)：400-401.

[4] 韩朝胜. 新形势下 B2C 电子商务物流优化研究 [J]. 物流技术, 2013, 32 (3)：117-120.

[5] 牛丽平. 基于 AHP 的 B2C 电子商务物流模式选择研究——以天猫与京东为例 [J]. 商业时代, 2014, (31)：58-60.

[6] 王雨. B2C 电子商务物流配送的模式、问题与对策 [J]. 商业经济研究, 2016, (24)：94-95.

[7] 钟颖. B2C 电子商务物流配送体系的异质性及发展策略 [J]. 商业经济研究, 2015, (1)：39-40.

[8] 刘骜扬, 高凤莲. 基于用户体验的 B2C 电子商务物流配送对策研究——以垂直 B2C 领域三大 3C 企业为例 [J]. 物流技术, 2015, 34 (5)：32-35.

[9] 宗蕊, 葛泽慧. 消费者对 B2C 网购物流服务因素的感知分析——基于京东商城在线客户评论的实证研究 [J]. 消费经济, 2014, 30 (1)：53-58.

[10] 彭文生. 经济转型的消费轨道 [R]. 中金公司研究报告, 2012.5.6.

第 *10* 章 G 公司电子商务物流策略分析与优化实证研究

第 9 章提出了基于网购消费者视角的电商企业物流策略优化方案，包括自建物流和第三方物流的优化方法，本章在第 9 章的基础上，以河北省 G 企业为例，对其电子商务进行物流策略分析与优化实证研究。

本章其余内容的安排如下：第一部分对 G 公司电子商务的物流现状进行介绍；第二部分对其自建物流策略进行分析和优化；第三部分对其第三方物流选择策略进行分析与优化；最后一部分对本章做出总结。

10.1 G 公司电子商务物流现状分析

10.1.1 G 公司简介

G 公司是河北省较早成立的现代化连锁服务企业，以城市、县城、乡镇、农村为终端销售网点，全方位打造覆盖京津冀的物流配送服务体系。至 2015 年年底，公司已发展城市连锁便利店 400 家，其中唐山市区 100 家，石家庄市区 300 家，公司在石家庄市场的便利店占有率达到 80%，在唐山只有 G 企业一家连锁便利店是 24 小时为消费者提供服务，之前的销售模式一直是实体店销售。顾客只能在实体店购买，显然已经不能跟上时代的步伐。在电子商务模式下客户获取的概率和机会都是均等的，商家不用依赖于店铺地理位置的选取，无论是黄金商圈或者是偏僻街区，都不会对企业产生影响，电子商务的发展也为商家带来了更多的宣传和机会展示，通过网购平台消费者可以很容易地通过优惠的价格，筛选到自己满意的、性价比高的商品，并能及时的订购商品和服务。对于促销商品和提供服务而言，这种模式通过线上促销为企业带来大量的高黏度用户，通过网络宣传为企业吸引供应商，带来丰富的资金流，企业利用本地化程度高的垂直网站借助电子商务模式，为本企业获得其他增值服务[1]。

所以在电子商务环境下，公司的业务量会增多，销售量也会增加，继而增加物流配送的压力。配送成本的高低与企业的利润和客户购买商品的价值有直接关系，配送作业任务高效地完成可以为企业带来无限的空间价值和时间价值。目前，电子商务环境下企业的发展需求与物流配送的专业化发展存在很大差距，表现为物流配送效率较低、物流配送成本过高、配送服务质量欠佳等方面，对电子商务的发展产生重要影响，继而影响电子商务平台各式各样活动项目的展开，并且在国内，电子商务环境下的物流配送还处于初步发展阶段，无论是基础设施的配套还是管理手段的发展都需要进一步完善。G公司有自己的自建物流，同时还希望与其他物流公司合作，所以对G公司的电子商务进行物流策略优化是公司发展的需要，也是网购消费者最关心的问题。

10.1.2　G电商企业物流现状分析

G公司是河北省较早成立并实行规范化管理的现代化商业连锁企业。总部拥有先进的商业MIS系统、物流配送系统、视觉识别系统、专业培训兼管理系统。2002年通过ISO9001—2000国际质量管理体系认证，曾连续三年跻身全国连锁百强企业之列。公司以便利店为核心业态，经过多年的运作，现有便利店300多家，开省内24小时营业之先河，并建立了电话网、INT网、人力营销网、店铺网，在省内首创了"四网并行"的商业模式。该公司是在"四网并行"的基础上，结合企业实际，提出了信息驱动发展战略。2000年，G公司通过有效利用现有社会资源，整合店铺网点资源，调度信息技术资源，搭建电子商务平台，建立了"店铺零售网、电话服务网、互联网上购物中心、人力配送网"四网并行的新型营销运作模式。

目前G公司物流配送中心的配送对象是分布于石家庄的国大连锁商贸有限公司的便利店，这些店基本覆盖了二环的大部分地区，也有部分二环以外部分，这些便利店的需求在时间、数量上比较确定，一般采用自有车辆每天对这些店进行配送，配送时间一般选择在车流量较小的时段，大部分是选择在晚上。配送车辆为东方小霸王厢式车，由于所配送货物一般为日用品和食品，便利店一般店面较小，储藏间也较小，因此需要每天进行配送。配送当天电子系统会根据各店的销售情况自动向配送中心订货，生成配货拣货单，配送中心根据配货单向各店进行定时配送。配送车辆和超市却不是固定的，而且对各个超市进行配送时的路线不固定，这样就有很大的随机性，会造成时间和费用的浪费。

随着电子商务的发展，G 公司开始开展网上商城业务，附近社区的消费者在实体店进行体验，急需某种产品时可以在线上下单，公司再为消费者预订的商品进行配送，如何以更少的成本配送给消费者，是管理者需要考虑的问题。

目前 G 公司的物流配送方式主要分为自营配送和第三方配送两种基本类型[30]。

（1）自营配送模式

自营配送模式是由企业自身的物流配送货物，全部过程由企业自身筹建并组织管理。其优点是：控制力较强，能够保证企业内部管理信息安全，避免出现内外部物流交叉过多现象，有效降低内部机密流失概率；在实现对价格、采购、配送和结算规范化、统一化管理方面，具有很好的推动作用，进而提高物流配送效率；能快速响应每个店铺的需求、服务水平和服务质量，加强对连锁企业在整个供应链上的主导核心地位。缺点包括：首先自建配送中心，会导致交通堵塞，带来环境污染，也会造成原有资源的闲置；其次连锁便利店需要实力足够强大并有充足的资金。

在其电子商务网上平台中，物流服务质量也是一个需要改善的地方。不仅要以更少的成本配送给消费者，更要让网购消费者满意，以留住老客户，拓展新客户。

（2）第三方配送模式

第三方配送模式是指除去物流配送的供应方和需求方之外的第三方去完成物流配送业务的方式。具有库存小、投资成本低、物流配送灵活方便以及便于企业进行力量与资源整合，提高竞争力的优点。缺点为：一方面第三方物流企业不受连锁企业直接控制，对于连锁企业的物流是否能及时供应是个值得考虑的问题；另一方面，由于我国第三方物流发展较慢，没有成熟经验借鉴，配送过程有风险。

G 公司电子商务第三方物流的选择研究，需以满足客户需求为前提。由于缺乏选择研究的标准和科学性选择的方法，再加之在量化指标方面不够具体，主要有价格、质量和服务这三个因素导致该公司高层决策者选择第三方物流公司时占有一定较高比重，缺少科学的数据化标准为决策支持，依靠主观判断，使得最终结论缺少客观性。

一般情况下，为了提高工作的效率，在合作之前，商务人员和营运中心也很少对第三方物流公司进行现场考察，主要凭借第三方物流公司提交的书面材料认定，综合考虑不够周全。同时公司没有对第三方物流公司采取分类管理策略，对所有的第三方物流公司一视同仁，忽视了服务水平差异和第三方物流公司自身差异对公司的影响，因此在第三方物流公司的选择上，需进一步与具有重量级地位的第三方物流公司合作，以此来建立更稳定、深入的合作关系。

10.2　G公司电子商务自建物流分析和优化

10.2.1　G公司电子商务物流中心优化方案

为了更好地实现电子商务的及时配送，也为了提高配送效率，对G公司的物流中心进行了优化方案的设计。

物流中心规划需要关注的要点如图10-1所示。

图 10-1　物流中心规划主要关注点

多种仓库动线类型的设计方案如图 10-2 所示。

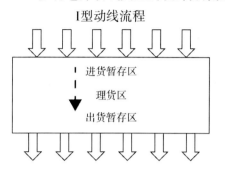

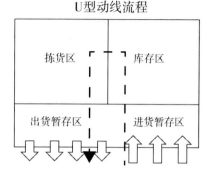

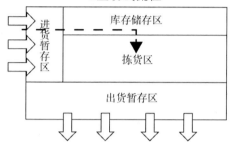

图10-2　多种仓库动线类型的设计方案

物流中心内部功能布局的设计方案如图 10-3 所示。

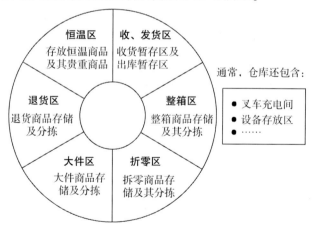

图10-3　物流中心内部功能布局的设计方案

物流中心内部功能布局示例如图 10-4 所示。

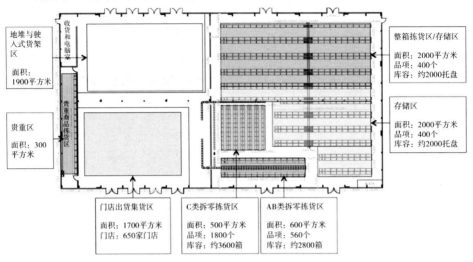

收货和电脑室

整箱拣货区/存储区
面积：2000平方米
品项：400个
库容：约2000托盘

存储区
面积：2000平方米
品项：400个
库容：约2000托盘

地堆与驶入式货架区
面积：1900平方米

贵重商品拣货区

贵重区
面积：300平方米

门店出货集货区
面积：1700平方米
门店：650家门店

C类拆零拣货区
面积：500平方米
品项：1800个
库容：约3600箱

AB类拆零拣货区
面积：600平方米
品项：560个
库容：约2800箱

图10-4　物流中心内部功能布局示例

物流中心作业动线如图 10-5 所示。

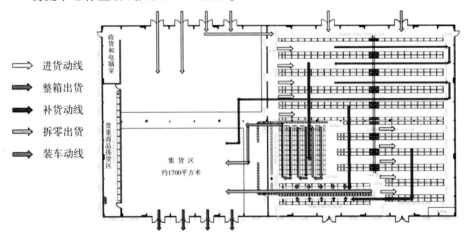

⇨ 进货动线
⇨ 整箱出货
⇨ 补货动线
⇨ 拆零出货
⇨ 装车动线

收货和电脑室

贵重商品拣货区

集货区
约1700平方米

图10-5　物流中心作业动线

物流中心整箱拣货动线详述如图 10-6 所示。

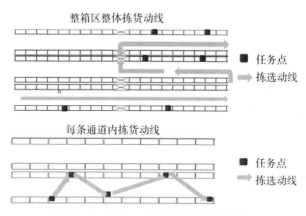

图10-6　物流中心整箱拣货动线详述

物流中心拆零拣货动线详述如图 10-7 所示。

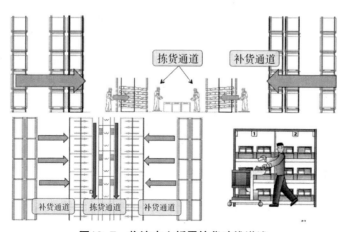

图10-7　物流中心拆零拣货动线详述

物流中心硬件方案如图 10-8 所示。

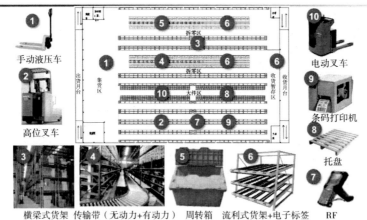

图10-8 物流中心硬件方案

便利物流拆零方案分三种：

A 类拆零分拣解决方案如图 10-9 所示。

图10-9 A 类拆零分拣解决方案

（1）采用流利架+电子标签，这样可以充分发挥流利架存储商品数量大的优势。

（2）一个商品对应一个电子标签，方便商品出货量大时分拣。

（3）推荐采用传输带，提高拣货效率。

C 类拆零分拣解决方案如图 10-10 所示。

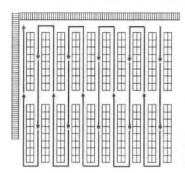

图10-10　C 类拆零分拣解决方案

冷链越库分拣解决方案如图 10-11 所示。

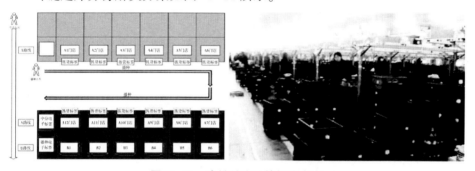

图10-11　冷链越库分拣解决方案

（1）采用隔板式货架或者流利式货架。

（2）采用 1 对多的电子标签，节约成本，这主要用于 C 类商品的出货量比较少。

（3）推荐采用传输带，提高拣货效率。

10.2.2　基于顾客视角的 G 公司电子商务物流质量优化方案

针对性别、年龄、月收入和网购时间这四个网购消费者的主要特征，将网购消费者分为三个类别：新客户、活跃客户和 VIP 客户。新客户群体是"注册成功且成功购买过实物商品"的客户，属于尝鲜型客户群体。他们对网购并不是很了解，在购物平台的首次购物体验将直接影响其对购物平台的认识和下次是否选择此购物平台的决策。活跃客户作为主要的客户群体，他们基本认可购物平台，熟知网络购物流程，对购物平台的服务质量也有一定程度的理解与期待。对于 VIP 客户，其认可电商本身的价值，具有较强较持久的消费能力，对购物平台的贡献较多，认可度较高，他们对购物平台的服务质量有着更加细节化的要求。由此，鉴于三个客户类别的不同情况，应对其制定不同的物流优化策略。

（1）新客户

新客户所代表的新客户群体对网购商城了解较少，通常以尝试心态购买商品。首次购物体验是其认识网购商城的重要环节，将很大程度上决定客户对网购商城的评价，并在此过程中形成了客户感知和满意度。《哈佛商业评论》的一项研究报告指出[3]，再次光临的客户可带来 25% ~ 85% 的利润，而吸引他们的主要原因是服务质量。所以，企业应重点关注该类型客户，重视其初次购物体验。尤其在物流服务方面的感知和满意度，需要企业引导其加强对企业的认同感，以达到下次继续购买的目的。

新客户群体更加注重产品的包装，在物流服务中货品的完好程度是顾客关心的另一个焦点。恰当的包装作为基础性的物流服务质量因素，应该成为电子商务企业的管理重点。尤其对于新客户群体，物流的包装，不仅为了保护商品，还代表着 B2C 电子商务企业整体的物流服务水平和企业形象。如何寻求成本—绩效和外观—结果的平衡也是物流服务提供过程中的关键问题。

（2）活跃客户

活跃客户对物流服务因素的感知具有普遍性，也是优化物流服务的重点，形成的物流服务因素可以代表大多数消费者对物流服务的关注点，在一定程度上可以作为网购商城物流服务优化的关键性因素。

活跃客户对送达时间承诺的兑现水平和下单后缺货两个物流服务因素很看重。因此，网购商城在提供物流服务时应该着重考虑以下方面：快递信息更新的及时性、送货速度、下单后缺货、快递员态度、先验后签的执行、对送达时间承诺的兑现水平以及退换货服务和售后客服的态度，并将其作为物流服务优化中普遍存在的关键点。

活跃用户更注重网购商城对消费者承诺的兑现水平。一直以来，大的网购商城信奉的理念都是"低价"和"优质的客户体验"，为了达到"优质的客户体验"有些网购商城推出了"211 限时达""次日达"以及"极速达"等个性化服务。活跃客户对京东商城的关注较多，具有一定的忠诚度，在基本了解以上个性化物流服务的同时，对其承诺也有相当的期待。而在实际配送过程中，一旦购物商城不能兑现上述个性化的物流服务，将严重影响活跃客户的客户体验，甚至会造成老顾客流失的后果。

目前，在电子商务物流配送方面存在很多误区，很多电子商务公司为了市场竞争，甚至不惜成本，盲目提高配送速度，从根本上违背了现代物流的市场规律。中国物流产品网的一项调查显示[4]，普通的消费者并不追求配送时间越短越好，而是更倾向于选择能够履行配送承诺的电子商务企业进行购物。有些网购商城虽然针对不同需求的客户提供了个性化的物流配送服务，但是，对服务的承诺和兑现还需要进一步的加强，尤其是对于代表大多数消费者的活跃客户群体。因此，网购商城在优化物流服务的同时，应考虑适当的调整承诺。低承诺、超出客户期望的物流服务可以从另一个方面达到提升客户体验的效果。

　　区别于实体购物，网上购物本身具有非及时性和先购买后见货的特点。对于电子商务网站的评价除了对商品本身的质量要求外，主要集中体现在收货速度和退换货服务这两个物流服务因素上。针对活跃客户，也就是大多数普通客户，电子商务企业应该在改善物流环节、加快配送速度的基础上，重视退换货服务的提高。有些网购商城在帮助中心页面对售后政策有详细的说明，但在实际退换货处理中，退换货条件苛刻、流程烦琐，负责退换货的服务人员推卸责任等都严重影响客户的购物体验。另一方面，不同客户对售后政策的理解不同，也会造成负面的物流服务感知，从而反映在客户在线评论中。有些网购商城退换货服务和售后客服的服务态度关联性强，即在对物流服务因素的研究中，两者有必要同时考虑。因此，网购商城在售后服务问题处理上，应重视、快速、合理处理问题。尽力站在客户的角度，给客户一个满意的答复。

　　（3）VIP 客户

　　VIP 客户，对购物商城的忠诚度高、贡献大，网购行为也相对成熟和理性，他们在享受特殊服务的同时，对服务的质量也有着更高的要求和期待，VIP 客户对物流查询客服服务的相关内容评论较多。由于 VIP 客户熟悉网购流程，能够及时跟进物流信息，懂得在物流信息异常时向客服咨询。因此，他们对于物流查询客服的服务水平要求较高。依据规则分析，VIP 客户在享受物流服务中，更加需要被重视，因此，购物商城负责物流查询的客服，需要非常用心为该类别客户提供物流信息的咨询服务。例如，可以主动提供物流信息，在发货后，第一时间发消息给客户提醒顾客关注物流信息，让其感受到效率和关怀。并且及时跟进物流流程，如遇到派送延迟、失误的情况，要在客户发现问题之前及时沟通解决。尤其对于相对成熟的 VIP 客户，在减少物流服务误差的同时，更加需要建立与客户紧密和通畅的沟通渠道，便利客户的参与和互动，积极地响应客户的需要、提高客户体验，避免优质客户的流失。

10.3　G公司电子商务第三方物流选择策略优化

10.3.1　G公司第三方物流公司选择与评价存在的问题

1. 第三方物流公司管理工作的重要性认识不够

一是对第三方物流公司的研究分析不透彻。第三方物流公司是企业重要的外部资源，公司重视程度不够高，对第三方物流公司背景及内部经营情况了解不够深入；二是第三方物流公司管理方面投入的人力、物力资源不够。大部分企业已经设置了相应的第三方物流公司管理岗位，G公司商务部负责与各企业进行日常沟通协调，但没有相应的专职管理岗位，导致第三方物流公司管理工作比较薄弱；三是对物流公司综合信息状况跟踪不到位。

2. 第三方物流公司选择标准不够具体

在具体的公司选择过程中，G公司需要选择满足其业务需求的公司，但是具体选择时比较关注的还是价格方面。企业应根据自身的需求以及行业发展态势，从多方面去考察第三方物流公司。一方面，对第三方物流公司的经营战略和企业文化进行深入了解；另一方面，应考虑经营范围对运输成本的影响。因此，在对第三方物流公司进行选择时，物流服务质量、服务时效性、地域等可以作为考核标准。但是现在第三方物流公司选择标准仍然比较单一，还没有具体科学标准来对第三方物流公司对于企业的重要性进行考虑。

3. 缺少完善的第三方物流公司评价体系

如何科学地选择物流公司，以此来提高企业自身及企业员工的积极主动性，从供应链的角度看，第三方物流公司是所处供应链的源头，是公司外部环境的重要组成部分，具有独特优势的第三方物流公司不但能为公司提供产品和服务，还能为公司赢得竞争优势，提升核心竞争能力。所以，科学地选择第三方物流公司，并与之建立良好优势互补的合作关系，可以大大提高公司业务能力，符合公司长远发展目标。

本节主要通过对G公司第三方物流公司选择现状的分析，对第三方物流公司供应商管理中过程中发现的问题进行深入的了解和分析，发现G公司亟须一个比较完善的第三方物流公司评价指标体系，同时还需建章立制，加强与第三方物流公司之间实施科学有效的管理方式。

10.3.2　第三方物流供应商招标法初选

招标形式分为公开招标、邀请招标以及协商招标这三种。以招标的方式对第三方物流供应商进行初选，可以事先让 G 公司对所有参加竞标的第三方物流供应商先进行排除，降低精选阶段的工作量，提升企业的工作效率。目前，G 公司主要运用邀请招标的方法选择第三方物流供应商。

依据前期的市场调查、网络搜索以及同行推荐等方式，G 公司负责选择第三方物流供应商的项目小组初步选出 11 家可参与招标的第三方物流供应商。详细的招标初选流程如下。

1. 提出意向

以电话、邮件或者实地进行考察等方式，G 公司第三方物流供应商选择项目小组向 11 家备选物流供应商提出希望合作的意愿，并向这些第三方物流供应商介绍公司概况，如公司规模以及电子商务业务情况等，并了解判断物流供应商有没有合作的意向。对于有意向和公司进行合作的物流供应商，将进一步进行洽谈。

2. 制作招标书

招标书的制作要把有关事项表达清楚，例如，招标的目的、招标要求、招标的合同款项、招标的评审程序及评审标准、招标的日程安排、投标资料的格式等。

3. 发放标书与答疑

向有意向和公司进行合作的物流供应商发放标书，并且解答他们提出的疑问。

4. 开标

依据招标的日程安排，G 公司第三方物流供应商选择项目小组将组织所有参加竞标的物流供应商在约定的时间及地点公开竞标。公开竞标的原因是为了创造利于公司的竞争气氛，使得公司以较低的报价选择到最优秀的第三方物流供应商。

5. 评标定标

G 公司第三方物流供应商选择项目小组依据评审标准，评审参加竞标的物流供应商，将最符合企业要求的物流供应商作为精选候选人，实行下一步精选阶段。

10.3.3 候选第三方物流公司介绍

通过招标的方式进行第三方物流供应商的初选，选择出比较有竞争实力的 7 家物流公司进行实证研究，基本情况如下。

1. 顺丰速运有限公司

顺丰速运是一家主要经营国际、国内快递业务的港资快递企业，于 1993 年 3 月 26 日在广东顺德成立。顺丰速运是目前中国速递行业中投递速度最快的快递公司之一。

自成立以来，顺丰始终专注于服务质量的提升，持续加强基础建设，积极研发和引进具有高科技含量的信息技术与设备以提升作业自动化水平，在国内外建立了庞大的信息采集、市场开发、物流配送、快件收派等速运业务机构及服务网络。

在持续强化速运业务的基础上，顺丰坚持以客户需求为核心，积极拓展多元化业务，针对电商、食品、医药、汽配、电子等不同类型客户开发出一站式供应链解决方案，并提供支付、融资、理财、保价等综合性的金融服务。与此同时，依托强大的物流优势，成立了顺丰优选，为客户提供品质生活服务，打造顺丰优质生活体验。

2. 圆通速递有限公司

圆通速递创建于 2000 年 5 月 28 日，经过 16 年的发展，已成为一家集速递、航空、电子商务等业务为一体的大型企业集团，形成了集团化、网络化、规模化、品牌化经营的新格局，为客户提供一站式服务。2010 年年底，成立上海圆通蛟龙投资发展（集团）有限公司，标志着圆通向集团化迈出了更加坚实的一步。公司在网络覆盖、运营能力、业务总量、公众满意度及服务质量、信息化水平、标准化等方面均走在了行业前列，品牌价值和综合实力名列中国快递行业前三甲。

圆通速递立足国内、面向国际，主营 50 千克以内的小包裹快递业务，围绕客户需求，形成 8 小时当天件、12 小时次晨达、24 小时次日达、36 小时隔日上午达、48 小时隔日达等时效件和到付件业务、代收货款、签单返还、代取件业务、仓配一体等多种增值服务，香港件专递、国际件，以及为客户提供供应链个性化解决方案。已开通港澳台、东南亚、中亚和欧美快递专线，并开展中韩国际电子商务业务，将圆通的服务网络延伸至全球。

圆通速递目前在全国范围拥有自营枢纽转运中心 60 个，终端网点超过 24000 个。截至 2015 年年底，圆通速递快递服务网络覆盖全国 31 个省、自治区和直辖市，地级以上城市已实现全覆盖，县级以上城市覆盖率达到 93.9%。截至 2015 年 12 月 31 日，圆通速递航线覆盖城市 101 个，累计开通航线数量 1110 条；圆通速递汽运网络网运输车辆超过 32000 辆，陆路运输干线 2928 条；同时，圆通速递与铁路部门合作拓展运能，开通了北京至哈尔滨的货运专线。2014 年 8 月，圆通速递取得中国民用航空局《关于筹建杭州圆通货运航空有限公司的批复》（民航函〔2014〕921 号）；2015 年 10 月，圆通航空正式开航运营，圆通速递成为国内仅有的两家拥有自有航空公司的民营快递企业之一。

圆通速递市场地位领先，根据中国快递协会的信息，圆通速递在 2015 年全年业务量在快递行业排名第一。

3. 申通快递有限公司

1993 年，申通快递成立。经过二十余年的发展，申通快递在全国范围内形成了完善、流畅的自营快递网络。截至 2017 年 2 月，公司拥有独立网点及分公司 1660 家，服务网点及门店 20000 余家，乡镇网点 15000 余家，直属与非直属转中心及航空部 90 余个，从业人员超过 30 万人，每年新增就业岗位近 1 万个。

公司耗资近亿元开发"申通 E3 快递软件系统平台"，包括"快递业务系统、数据采集系统、无线 GPRS 数据采集传输系统、称重计费系统、航空业务管理系统、车辆运营管理系统、客服投诉受理系统、客服呼叫中心系统、电子商务（淘宝业务）接单系统"等。近几年，公司不断完善信息系统功能开发，助推升级管理方式，为打造数据申通奠定了良好基础。

在获得快速发展的同时，申通快递也荣获了众多殊荣。目前，申通快递是中国快递协会、上海市快递行业协会和浙江省快递行业协会的副会长单位、旗下的加盟商在各个省份也分别是副会长或理事单位。2016 年，申通快递荣获全国物流百强企业、青浦区纳税百强企业、上海市安全行车管理先进集体、中国快递最佳国际业务拓展奖等荣誉称号。

下面对申通快递业务进行介绍。

（1）代收货款

业务介绍：可以按照寄件方客户（卖方）与收件方客户（买方）达成交易协议的要求，为寄件方客户提供快捷的货物（商品）寄递服务，并代寄件方客户向收件方客户收取货款；与此同时，可以提供散件客户、月结客户、自定义返还货款等个性化服务。

业务特点：业务旨在为客户解决电视购物、网络购物、金融机构、电子商务公司交易中商品配送与资金结算不方便、不及时的难题，为买卖双方规避非面对面交易带来的信用风险。

服务范围：全网开通。

收费标准：

散件客户	2%，5 元起
月结客户	1%，3 元起
大客户	5‰，1 元起
淘宝客户	1%，3 元起（扫码付，2 元起）

结算方式：一周两返。

（2）到付

业务介绍：到付件是指快件的资费由收件方支付的一种业务形式，它必须是符合快件的各项要素，且取得发件方和收件方共同确认的一种付费方式。

业务特点：为客户提供快递活动中更灵活、更全面的业务；该业务适用于有到付快递费需求的客户。

服务范围：网络内所有申通快递可配送到达的区域。

（3）签单返还

业务介绍：签单返还业务是指发件网点公司按照寄件方的要求，将收件方签收确认后的送货单或者签收回单，在规定时间内返还给寄件方的服务。

业务特点：签单返还业务主要适用于有企业商务文件往来、电子商务过程中有签收回单返回等方面需求的客户。

服务范围：网络内所有申通快递可配送到达的区域。

4. 中通快递有限公司

中通快递是一家集快递、物流、电商、投资等业务于一体的大型集团公司，注册商标"中通®""zto®"。中通被业内和国际顶级投资机构誉为快递行业"结构治理最健康，企业氛围最优秀，成本控制最好，发展最稳健，潜力爆发最大"的企业。

十多年来，中通快递紧抓邮政体制改革、经济转型升级、产业结构调整、电商蓬勃发展等历史性机遇，依托"众创、众包、众扶、众筹"的双创模式，激发全网近 30 万员工创业、创新的热情和激情，不断优化经营管理、提升服务水平，助力各行各业提升物流效率、降低成本。目前，中通快递业务规模已跃居行业首位，服务质量名列前茅、位居"通达系"之首。

中通在快递行业里第一个开通跨省际网络班车，第一个推行有偿派送机制，第一个建立二级中转费结算体系，第一个实施中转操作的差额结算，第一个建立员工持股的股份制车队，第一个推行中通大家园和"亲情 1+1"员工福利政策，第一个实施全国网络股份制改革。

2016 年 10 月 27 日，中通快递成功登陆美国纽约证券交易所，创当年美国证券市场最大 IPO，也是继阿里巴巴 2014 年赴美上市以来最大规模的中国企业赴美 IPO。

5. 韵达快递有限公司

韵达快递是国内知名快递品牌企业，十余年来，始终秉承"为客户创造价值；为社会创造财富；为员工创造就业"的企业宗旨，锐意进取，不断创新，现拥有员工 5 万余名，并在全国建设了 70 余个转运中心和近万个服务站点，服务范围覆盖国内 34 个省（区、市）。韵达快递为客户提供快递、物流及电子商务等一系列门到门服务，为大客户订制物流解决方案，并形成了到付、贵重物品、同城区域当天件、国内次晨达件、国内次日达件、代收货款等特色服务。

韵达的快递服务主要有：

（1）项目客户快递管理综合服务

业务介绍：项目客户快递管理综合服务指每天寄件数量达到一定的程度，对于快件需求也呈现多样化，韵达快递组建专业团队设立项目组一对一的提供全国全方位【仓储、分拣包装、信息管理、货物管理、订单处理、物流（航空、货运、专车、快递）管理、客户管理等】综合服务。

适用范围：电子商务客户、企业客户等具有长期稳定的大批量快递需求，需要提供多样化全方位专业服务的客户群体。

服务范围：韵达快递设在全国的所有服务网点；仓储业务仅在全国各主要城市开通。

（2）电子商务快递服务

业务介绍：电子商务快递服务指通过是电子商务网站完成交易后产生的快件，韵达快递全国服务网点提供专业的网购快件服务。

业务特点：随着网购客户群体的迅速发展壮大，买家的服务要求日趋细致和多样化，韵达快递全国服务网点提供灵活周到的快递服务。

服务范围：韵达快递设在全国的所有服务网点；仓储业务仅在全国各主要城市开通。

（3）OFFICE 快递服务

业务介绍：office 快递服务是指公司之间重要的商务文件及样品快递服务。

业务特点：韵达快递全国网点为您提供航空及代包装等全方位的服务，同时配备专人为您提供全程跟踪服务。

服务范围：韵达快递可到达的所有服务区域。

（4）到付件快递服务

业务介绍：寄件方所寄快件运费由收件方支付的快递服务。

业务特点：快件由收件方支付，为您提供快递活动中更灵活、更全面的业务；该业务适用于有到付快递费需求的客户。

服务范围：韵达快递可到达的所有服务区域。

（5）贵重物品快递服务

业务介绍：为了确保贵重物品快件安全运行，保障客户利益，韵达快递特推行快件保险业务。韵达快递在全网络开辟贵重物品绿色通道（一对一的交接确认），确保快件的安全。

业务特点：为客户的贵重物品提供专业可靠的快递运输服务。

服务范围：韵达快递可到达的所有服务区域。

（6）当天件快递服务

业务介绍：在上海市区（除崇明岛、长兴岛、横沙岛），韵达快递以一天多频次分拨为客户提供当天取件、当天送达的快递服务。

业务特点：快件单件重量不超过 20kg，需要在当天送达的快递服务。

服务范围：在上海市区（除崇明岛、长兴岛、横沙岛）所设的韵达服务网点。

6. 天天快递有限公司

"天天快递" 品牌创建于 1994 年，总部位于风景秀丽的杭州，自成立以来天天快递始终专注于服务质量的提升，不断满足市场的需求，建立了庞大的市场采集、市场开发、物流配送、快件收派等业务机构及服务网络。

目前天天快递服务客户 30 万余家，其中世界 500 强客户 100 多家，客户群体遍及电子商务、纺织服装、医药化工、高科技 IT 产业、货代企业、进出口贸易、制造业等多个领域。

天天快递有限公司的快递服务主要包括：

（1）同城快递服务：结合同城配送需求，专门组织作业，确保同城快件以最快速度及时、准确送达。

（2）国内异地快递服务：全网协作、全程有效中转快件，确保异地快件以最快速度安全送达。

7. 百世快递有限公司

"百世快递"是百世集团旗下知名快递品牌，2010 年 10 月成为百世集团一员。截至 2016 年年底，过去 5 年的业务量复合增长率高达 93%，目前综合实力位居全国快递企业前列。

百世快递服务网络覆盖全国，业务辐射至西藏、新疆等偏远地区，乡镇覆盖率位居行业前列。截至 2016 年 12 月，百世快递拥有各级分拨中心 200 余个，服务网点 15000 余个，开通全网省际、省内班车 3000 余条。同时，为了提升末端配送服务质量，从 2015 年起，百世快递携手小微商户在全国各地同步推出社区增值服务项目"百世邻里"，专注快递配送"最后 100 米"。

百世快递的产品服务如下：

（1）普通快递：365 全天候服务特色增值服务：代收货款、保价、签回单、委托收件，百世快递可以提供全国 33 个省、直辖市的高性价比门到门快递服务。快速高效地进行发运、中转、派送，并对客户进行标准承诺。

（2）特种快递：快递的标准运费+保费（保费=声明价值总金额×5‰），最低收费 5 元，尾数遵循四舍五入的原则。百世快递对托寄物价值在 5 千以内的快件提供更安全，更便捷的服务。

（3）代收货款：适用对象是所有月结客户，百世快递可按照寄件方客户（卖方）与收件方客户（买方）达成交易协议的要求，为寄件客户提供快捷的货物（商品）专递，并代寄件客户向收件客户收取货款；同时，可以提供次周、隔周返还货款的服务。

（4）限时派送：服务费用为运费的 10%，费用最低收取额为 2 元，最高收取额为 10 元，尾数不足 1 元不计。承诺在规定的时间安全送达，如因我司原因未能按时送达，该票件的运费将会在贵公司的月结款中自动扣除。

10.3.4　第三方物流公司选择

10.3.4.1　基于顾客视角的 G 公司第三方物流公司评价指标体系

在 6.5.2 节构建了第三方物流评价指标体系，包括 5 个一级指标，23 个二级指标，详细指标体系见表6-3。

10.3.4.2 各评价指标量化

对于定量指标本书根据已有的理论成果和公司实际操作，给出计算公式；定性指标是通过一起和公司相关负责人、商务部职员、工程部职员、和客服部职员，商讨研究得出量化的方法，细化评分标准，为便于研究在计算各方案得分时对定量指标数值进行0~1标准化，定性指标的评分范围也定为0~1，评分等级依据公司经验分为4个级别，依次为优、良、中、差，评分数值相应为0.9、0.7、0.5和0.3。

1. 物流服务水平

（1）发货速度：商家对订单的处理速度，计算公式如下：

发货速度=10次订单的平均速度

（2）物流速度：从下订单到收货的时间。计算公式如下：

物流速度=10次物流的平均速度

（3）订单追踪定位：能够实时查询货物物流信息，且订单跟踪信息更新及时、准确。这是一个定性指标，具体评价等级如表10-1所示。

表10-1　订单追踪定位评价等级

评级	得分	描　　　述
优	0.9	能够很好地实时查询货物物流信息，且订单跟踪信息更新及时、准确
良	0.7	能够较好地实时查询货物物流信息，且订单跟踪信息更新及时、准确
中	0.5	基本能实时查询货物物流信息，且订单跟踪信息更新及时、准确
差	0.3	不能实时查询货物物流信息

（4）配送及时性：货物配送的速度、准时性。这是一个定性指标，具体评价等级如表10-2所示。

表10-2　配送及时性评价等级

评级	得分	描　　　述
优	0.9	货物配送的速度很快，配送很准时
良	0.7	货物配送的速度较快，配送较准时
中	0.5	货物配送的速度较慢，配送基本准时
差	0.3	货物配送的速度很慢，配送不准时

（5）物流运营覆盖范围：配送业务覆盖区域。这是一个定性指标，具体评价等级如表 10-3 所示。

表10-3　物流运营覆盖范围评价等级

评级	得分	描　　述
优	0.9	运营覆盖范围很广、能够很好地满足业务需求
良	0.7	运营覆盖范围较广、能够较好地满足业务需求
中	0.5	运营覆盖范围中等、业务需求满足率一般
差	0.3	运营覆盖范围较低、业务需求满足率较低

（6）配送人员操作规范化：快递员配送操作规范无误，能保证收货人权益。这是一个定性指标，具体评价等级如表 10-4 所示。

表10-4　配送人员操作规范化评价等级

评级	得分	描　　述
优	0.9	快递员配送操作规范无误，能很好地保证收货人权益
良	0.7	快递员配送操作规范无误，能较好地保证收货人权益
中	0.5	快递员配送操作规范基本无误，基本能保证收货人权益
差	0.3	快递员配送操作不太规范，不能保证收货人权益

2. 服务保障

（1）货品精准率：配送的商品是预订的商品或配送的商品没有缺漏。这是一个定性指标，具体评价等级如表 10-5 所示。

表10-5　货品精准率评价等级

评级	得分	描　　述
优	0.9	快递员配送的商品很正确，配送的商品没有任何缺漏
良	0.7	快递员配送的商品较正确，配送的商品没有任何缺漏
中	0.5	快递员配送的商品基本正确，配送的商品基本没有缺漏
差	0.3	快递员配送的商品不正确，配送的商品有些缺漏

（2）承诺兑现水平：在购物过程中遇到问题时商家处理达到的效果。这是一个定性指标，具体评价等级如表 10-6 所示。

表10-6　承诺兑现水平评价等级

评级	得分	描　述
优	0.9	商家的承诺能够很好兑现
良	0.7	商家的承诺能够较好兑现
中	0.5	商家的承诺能够基本兑现
差	0.3	商家的承诺不能完全兑现

（3）验货服务：提供开箱验货服务，确定物品完好性。这是一个定性指标，具体评价等级如表10-7所示。

表10-7　验货服务评价等级

评级	得分	描　述
优	0.9	提供开箱验货服务，服务态度很好
良	0.7	提供开箱验货服务，服务态度较好
中	0.5	勉强提供开箱验货服务，服务态度一般
差	0.3	不能提供开箱验货服务

（4）货物完好性：配送的商品及外包装完好。这是一个定性指标，具体评价等级如表10-8所示。

表10-8　货物完好性评价等级

评级	得分	描　述
优	0.9	配送的商品及外包装非常完好
良	0.7	配送的商品及外包装较完好
中	0.5	配送的商品及外包装基本完好
差	0.3	配送的商品及外包装损坏

（5）退换货服务：商家是否支持退换货服务或退换货的及时性、货款到账时间。这是一个定性指标，具体评价等级如表10-9所示。

表10-9　退换货服务评价等级

评级	得分	描　述
优	0.9	支持退换货服务，退换货非常及时、货款到账时间非常满意
良	0.7	支持退换货服务，退换货较及时、货款到账时间较满意

评级	得分	描　　　　述
中	0.5	支持退换货服务，退换货基本及时、货款到账时间基本满意
差	0.3	不支持退换货服务

（6）客服解决问题能力及时效性：客户回答问题详细具体性、及时性。这是一个定性指标，具体评价等级如表 10-10 所示。

表10-10　客服解决问题能力及时效性评价等级

评级	得分	描　　　　述
优	0.9	客户回答问题非常详细、具体、并且及时
良	0.7	客户回答问题较详细、具体、并且及时
中	0.5	客户回答问题基本详细、具体、并且及时
差	0.3	客户回答问题不及时，并且简单粗暴

（7）对紧急事件的应急处理能力：紧急订单的配送能力、突发事件应变能力，包括：

紧急配送能力＝一定时期内紧急订单的配送订单数/该时期内的总配送订单数

紧急故障排除能力＝一定时期内紧急故障处理次数/该时期总紧急故障次数

突发事件应变能力＝一定时期内突发事件处理次数/该时期总突发世间次数

表 10-11 为评判第三方物流公司对紧急事件应急处理能力的取值表。

表10-11　对紧急事件的应急处理能力评价等级

评级	得分	描　　　　述
优	0.9	突发事件应急处理能力很强
良	0.7	突发事件应急处理能力较强
中	0.5	突发事件应急处理能力一般
差	0.3	突发事件应急处理能力偏低

3. 物流经济性

（1）物流费用：免运费或者所支付的相应物流费用。这是一个定性指标，具体评价等级如表10-12所示。

表10-12 物流费用评价等级

评级	得分	描述
优	0.9	免运费
良	0.7	免运费，或所支付的相应物流费用非常低
中	0.5	所支付的相应物流费用非常低
差	0.3	所支付的相应物流费用较高

（2）退换货费用：消费者退换货时所支付的费用。这是一个定性指标，具体评价等级如表10-13所示。

表10-13 退换货费用评价等级

评级	得分	描述
优	0.9	消费者退换货时不用支付费用
良	0.7	有退货险
中	0.5	消费者退换货时支付的费用非常低
差	0.3	消费者退换货时支付的费用较高

（3）运险费用：购买商品时运险费赠送情况。这是一个定性指标，具体评价等级如表10-14所示。

表10-14 运险费用评价等级

评级	得分	描述
优	0.9	赠送运险费用
良	0.7	需消费者支付较少费用购买运险
中	0.5	需消费者支付较多费用购买运险
差	0.3	不赠送运险

4. 服务态度

（1）送货人员态度：快递人员的服务态度。这是一个定性指标，具体评价等级如表10-15所示。

表10-15　送货人员态度评价等级

评级	得分	描　　述
优	0.9	快递人员的服务态度非常好
良	0.7	快递人员的服务态度较好
中	0.5	快递人员的服务态度一般
差	0.3	快递人员的服务态度很差

（2）客服态度：客服回答问题的耐心与交流语气。这是一个定性指标，具体评价等级如表 10-16 所示。

表10-16　客服态度评价等级

评级	得分	描　　述
优	0.9	客服回答问题非常耐心，语气非常友好
良	0.7	客服回答问题较耐心，语气较友好
中	0.5	客服回答问题一般，语气一般
差	0.3	客服回答问题不耐烦，语气不太友好

5. 企业综合实力

（1）资产状况：公司固定资产、流动资产、无形资产等在内的总资产及资产运行状况，拥有货运代理资质等相关资质等级情况。

（2）公司信誉度：企业提供的物流服务在公众中的信誉度情况。这属于定性指标，其具体量化方式见表 10-17 所示。

表10-17　公司信誉度评价等级

评级	得分	描　　述
优	0.9	同行业企业对其有着很高的信誉评价，在该行业有很高影响力，合作主动性和积极性性很高
良	0.7	同行业企业对其有着较高的信誉评价，在该行业有较高影响力，合作主动性和积极性较高
中	0.5	同行业企业对其信誉评价一般，在该行业影响力一般，合作主动性和积极性一般
差	0.3	各同行业企业对其有着较低的信誉评价，在该行业影响力较低，合作主动性和积极性较低

（3）硬件设施：公司店面设施完备情况。这是一个定性指标，具体评价

等级如表10-18所示。

表10-18　硬件设施评价等级

评级	得分	描　　　述
优	0.9	公司店面设施非常完备
良	0.7	公司店面设施较完备
中	0.5	公司店面设施一般
差	0.3	公司店面设施很差

（4）业务规模：产品种类、业务范围与规模情况的等级。

（5）财政稳定性：公司财政稳定、负面新闻情况。这是一个定性指标，具体评价等级如表10-19所示。

表10-19　财政稳定性评价等级

评级	得分	描述
优	0.9	公司财政非常稳定、没有负面新闻
良	0.7	公司财政较稳定、没有负面新闻
中	0.5	公司财政基本稳定、基本没有负面新闻
差	0.3	公司财政不太稳定、稍有负面新闻

10.3.4.3　成立选择评价小组

本次调查主要选择了12名评价人员，从商务部门、客服部门、工程部门和仓库部门各选择出2名经验丰富的员工，以及公司的4名高层领导一起组成；兼顾小组成员需求不同以及技术能力的不一样，从而使总的评价结果更加客观、符合评价目的。

10.3.4.4　各评价指标权重确定

我们采用层次分析法的判断矩阵来进行G公司电子商务第三方物流公司指标权重的设置。首先，由专家小组分别对选择指标的各项因素按照1~9标度进行打分。由考评小组商议，综合G公司的实际情况，给出各层指标的相对权重，得出其判断矩阵，如表10-20所示。

表10-20　判断矩阵 A-B

A	B1	B2	B3	B4	B5
B1	1	1/7	1/3	1/5	1/2
B2	7	1	2	4	3
B3	3	1/2	1	2	2
B4	3	1/4	1/2	1	1
B5	2	1/3	1/2	1	1

利用 MATLAB 软件计算，$\lambda_{max} = 4.117$，一致性检验结果 $CI = 0.039$，$CR = 0.043 < 0.10$，可知该判断矩阵的一致性检验可以通过。各一级指标的权向量如表 10-21 所示。

表10-21　一级指标的权向量

指标名称	物流服务水平	服务保障	物流经济性	服务态度	企业综合实力
权重	0.055	0.381	0.118	0.263	0.183

同样地，对各项二级指标再次进行上述操作，得到每个二级指标的权重如表 10-22 所示。

表10-22　判断矩阵 B1-Bij

B1	B11	B12	B13	B14	B15	B16
B11	1	3	7	5	1	1
B12	1/3	1	9	1	1	1
B13	1/7	1/9	1	1/7	1/5	1/4
B14	1/5	1	7	1	1/4	1/3
B15	1	1	5	4	1	3
B16	1	1	4	3	1/3	1

$\lambda_{max} = 6.619$，一致性检验结果 $CI = 0.1238$，$CR = 0.0998 < 0.10$，该判断矩阵的一致性检验可以通过。各指标的权向量如表 10-23 所示。

表10-23　B1-Bij 的权向量

指标名称	发货速度	物流速度	订单追踪定位	配送及时性	物流运营覆盖范围	配送人员操作规范化
权重	0.288	0.16	0.029	0.093	0.263	0.167

计算服务保障指标层各权重，判断矩阵如表 10-24 所示。

表10-24　判断矩阵 B2-Bij

B2	B21	B22	B23	B24	B25	B26	B27
B21	1	2	2	3	2	2	3
B22	1/2	1	1	2	1	1	2
B23	1/2	1	1	2	1	1	2
B24	1/3	1/2	1/2	1	1/3	1/2	1/2
B25	1/2	1	1	3	1	2	3
B26	1/2	1/2	1	2	1/2	1	2
B27	1/3	1/2	1/2	2	1/3	1/2	1

$\lambda_{max} = 4.0104$，一致性检验结果 $CI = 0.0035$，$CR = 0.0039 < 0.10$，该判断矩阵的一致性检验可以通过。各指标的权向量如表 10-25 所示。

表10-25　B2-Bij 的权向量

指标名称	货品精准率	承诺兑现水平	验货服务	货物完好性	退换货服务	客服解决问题能力及时效性	对紧急事件的应急处理能力
权重	0.2221	0.1471	0.1271	0.1826	0.1236	0.1136	0.0839

计算物流经济性指标层各权重，判断矩阵如表 10-26 所示。

表10-26　判断矩阵 B3-Bij

B3	B31	B32	B33
B31	1	3	3
B32	1/3	1	3
B33	1/3	1/3	1

$\lambda_{max} = 4.2148$，一致性检验结果 $CR = 0.0805 < 0.10$，该判断矩阵的一致

性检验可以通过。各指标的权向量如表 10-27 所示。

表10-27　B3-Bij 的权向量

指标名称	物流费用	退换货费用	运险费用
权重	0.501	0.303	0.196

服务态度的权重计算如表 10-28 所示。

表10-28　判断矩阵 B4-Bij

B4	B41	B42
B41	1	1/2
B42	2	1

$\lambda_{max} = 3.003$，一致性检验结果 $CI = 0.0015$，$CR = 0.008 < 0.10$，该判断矩阵的一致性检验可以通过。各指标的权向量如表 10-29 所示。

表10-29　B4-Bij 的权向量

指标名称	送货人员态度	客服态度
权重	0.534	0.466

企业综合实力的权重计算如表 10-30 所示。

表10-30　判断矩阵 B5-Bij

B5	B51	B52	B53	B54	B55
B51	1	1/7	1/3	1/5	1/2
B52	7	1	2	4	3
B53	3	1/2	1	2	2
B54	3	1/4	1/2	1	1
B55	2	1/3	1/2	1	1

利用 MATLAB 软件计算，$\lambda_{max} = 4.117$，一致性检验结果 $CI = 0.039$，$CR = 0.043 < 0.10$，可知该判断矩阵的一致性检验可以通过。各一级指标的权向量如表 10-31 所示。

表10-31 B5-Bij 的权向量

指标名称	资产状况	公司信誉度	硬件设施	业务规模	财政稳定性
权重	0.055	0.381	0.118	0.263	0.183

10.3.4.5 层次总排序

结合各层要素的单排序结果，根据合成权重公式，对每个要素总排序，总排序结果见表10-32所示。

表10-32 各指标权重值

目标	准则层	指标层	合成权重值
电商评价 A	物流服务水平 B1	发货速度 B11	0.160
		物流速度 B12	0.009
		订单追踪定位 B13	0.002
		配送及时性 B14	0.005
		物流运营覆盖范围 B15	0.014
		配送人员操作规范化 B16	0.009
	服务保障 B2	货品精准率 B21	0.135
		承诺兑现水平 B22	0.101
		验货服务 B23	0.058
		货物完好性 B24	0.081
		退换货服务 B25	0.050
		客服解决问题能力及时效性 B26	0.027
		对紧急事件的应急处理能力 B27	0.027
	物流经济性 B3	物流费用 B31	0.014
		退换货费用 B32	0.029
		运险费用 B33	0.051
	服务态度 B4	送货人员态度 B41	0.081
		客服态度 B42	0.051
	企业综合实力 B5	资产状况 B51	0.067
		公司信誉度 B52	0.055
		硬件设施 B53	0.025
		业务规模 B54	0.067
		财政稳定性 B55	0.025

10.3.4.6　第三方物流公司选择

G 公司项目小组需要对七家第三方物流按照评价选择模型各项指标评分赋值。评分原则依据各指标的评分标准以及评分范围，经研讨决定每个物流公司的得分等于各个指标得分乘以指标全局权重并求和，并按照得分高低排序，得分最高者即可认为该第三方物流最符合 G 公司的服务目标及宗旨，评分情况如表 10-33 所示。

表10-33　第三方物流公司指标值

评价指标	合成权重值	顺丰	圆通	中通	申通	韵达	天天	百世
发货速度 B11	0.160	0.9	0.8	0.7	0.7	0.5	0.5	0.7
物流速度 B12	0.009	0.7	0.7	0.9	0.9	0.7	0.7	0.5
订单追踪定位 B13	0.002	0.7	0.7	0.7	0.7	0.5	0.5	0.7
配送及时性 B14	0.005	0.9	0.9	0.9	0.5	0.5	0.5	0.5
物流运营覆盖范围 B15	0.014	0.9	0.9	0.7	0.9	0.7	0.7	0.7
配送人员操作规范化 B16	0.009	0.9	0.9	0.9	0.5	0.7	0.5	0.7
货品精准率 B21	0.135	0.9	0.9	0.7	0.7	0.7	0.5	0.5
承诺兑现水平 B22	0.101	0.9	0.7	0.7	0.5	0.5	0.5	0.7
验货服务 B23	0.058	0.7	0.9	0.9	0.7	0.7	0.5	0.7
货物完好性 B24	0.081	0.7	0.7	0.7	0.5	0.3	0.3	0.5
退换货服务 B25	0.050	0.7	0.9	0.7	0.7	0.7	0.7	0.7
客服解决问题能力及时效性 B26	0.027	0.9	0.9	0.7	0.5	0.5	0.5	0.7
对紧急事件的应急处理能力 B27	0.027	0.7	0.9		0.5	0.5	0,5	0.7
物流费用 B31	0.014	0.9	0.7	0.9	0.7	0.9	0.7	0.7
退换货费用 B32	0.029	0.7	0.7	0.9	0.7	0.7	0.7	0.5
运险费用 B33	0.051	0.9	0.9	0.9	0.7	0.5	0.5	0.7
送货人员态度 B41	0.081	0.9	0.9	0.5	0.7	0.5	0.7	0.7
客服态度 B42	0.051	0.7	0.9	0.7	0.7	0.7	0.7	0.7
资产状况 B51	0.067	0.9	0.9	0.9	0.7	0.7	0.5	0.5
公司信誉度 B52	0.055	0.7	0.7	0.9	0.9	0.7	0.7	0.5

评价指标	合成权重值	顺丰	圆通	中通	申通	韵达	天天	百世
硬件设施 B53	0.025	0.9	0.9	0.9	0.7	0.5	0.5	0.7
业务规模 B54	0.067	0.9	0.9	0.7	0.5	0.5	0.5	0.7
财政稳定性 B55	0.025	0.7	0.9	0.7	0.5	0.7	0.5	0.7

根据评价级公式：

$$Y = W^T X = \sum_{i=1}^{m} w_i\, x_i$$

得到 7 家第三方物流的评价结果，如表 10-34 所示。

表10-34　总排序表

物流公司	顺丰	圆通	中通	申通	韵达	百世	天天
得分	0.846	0.840	0.824	0.658	0.621	0.599	0.597

经过计算可知，顺丰速运有限公司得分较高，其次是圆通快递有限公司、中通快递有限公司、申通快递有限公司、韵达快递有限公司、百世达快递有限公司、天天快递有限公司，G 公司的电子商务可以按照这个排序来作为第三方物流公司选择的依据。

10.4　本章小结

本章在第 9 章的基础上，以河北省 G 企业为例，对其电子商务进行物流策略分析与优化实证研究。首先对 G 公司电子商务的物流现状进行了介绍；然后对其自建物流策略进行了分析和优化，最后对其第三方物流选择策略进行了分析与优化。

参考文献

[1] 刘红亚. 基于O2O 的河北国大物流配送模式选择及路径优化研究 [D]. 石家庄：河北科技大学，2016.

[2] 贾俊伟. 连锁便利店配送模式选择的研究与应用 [D]. 江西理工大

学，2011.

［3］宗蕊，葛泽慧. 消费者对 B2C 网购物流服务因素的感知分析——基于京东商城在线客户评论的实证研究［J］. 消费经济，2014，30（1）：53-58.

［4］彭文生. 经济转型的消费轨道［R］. 中金公司研究报告，2012.5.6.

第**11**章　京津冀协同发展
背景下河北省物流策略研究

11.1　京津冀电子商务协同发展现状

2017 年 5 月 18 日，首届京津冀电子商务发展高峰论坛在天津市举行，京津冀三地电商协会共同签订《京津冀电子商务协会协同发展五年行动纲要》。未来，三地将在推进电子商务与产业深度融合、培育新业态、创造新需求、拓展新市场等方面发挥重要作用。

论坛会上，三地电商协会共同签订了"京津冀电子商务协会协同发展五年行动纲要"，要求加强京津冀三地电子商务产业交流合作的同时，推进电子商务与三地产业的深度融合。市电子商务协会会长陈鹏介绍："北京和河北省知名的电子商务企业很多都已经在天津落户，运营模式相对单一。希望纲要出台后，有服务配套方面的，人才培养方面的，有行业专家咨询方面的，还有金融层面的，整个产业链互相配合上下游补充方面，都进入进来，共同完善整个电子商务的生态圈。"

目前，三地电商协会正在着手建立京津冀电子商务产业信息服务平台，利用电子商务相关产业领域大数据，建立在线智库，服务政府及企业电子商务决策。美团点评副总裁丁志雄说："数据如果打通了，跑起来了，会形成非常大的经济效益和经济规模。同时平台也兼具着孵化器的作用和嫁接的作用，可以在内部进行资源的整合，业务的对接，这样可以孵化一些新的产业、新的机会、新的商业模式。对于我们大的平台公司来说，可以和线下的企业进行合作和交流，对线下的小企业来说，找到了突破口，可以借船出海，事半功倍。"

未来，三地还将搭建京津冀跨境电商综合服务体系，为三地外贸进出口企业提供全产业链支撑服务。河北省电子商务协会会长孙德严表示："北京有政治经济技术方面的优势；天津有区位，政策，特别是跨境电商供应链、流程方面的优势；我们河北是产能大省，有丰厚的生产资源。三地能把资源优势，供应链优势能够集约起来共同发展，这会惠及三地所有的电商企业。"

此外，三地电商协会还将在支持三地电商企业融资上市，促进新技术应用，建立京津冀电子商务专家咨询委员会等方面展开深入合作，让京津冀三地电商协同发展发挥"1+1+1 大于 3"的服务效能。市电子商务协会会长陈鹏表示："电子商务本身就是开放的经济，要把新经济做好，就要有一个开放共享的心态。从区域经济发展来看，京津冀地区，电子商务产业规模今后五年或者更长的时间可以超过万亿元。立足于京津冀，辐射全国。

11.2　京津冀物流一体化

11.2.1　京津冀物流一体化的提出

京津冀地区是我国北方沿海重要的经济区域，其在经济、文化、地理上是一个不可分割的整体，有着区域合作的内在要求[1]。习近平总书记在听取京津冀一体化发展工作汇报时强调，实现京津冀协同发展是一个重大的国家战略，要坚持优势互补、互利共赢、扎实推进，加快走出一条科学持续的协同发展路子[2]。国务院总理李克强在今年的政府工作报告中指出，大力加强环渤海及京津冀地区经济协作[3]。"十二五"时期，国家出台了《京津冀都市圈区域规划》，这将快速推动京津冀物流资源的整合，三个重要区域物流协作将跨入新阶段[4]。由此说明，京津冀协同发展已经上升到国家战略的高度。京津冀一体化发展，需要交通运输和物流服务市场的一体化做支撑。交通运输的一体化，不仅需要基础设施等硬件条件的健全和高效衔接，更需要交通运输管制政策的协同，避免各地交通管理政策和法规的各自为政。而物流服务市场的一体化，则要求物流企业根据京津冀协同发展带来的城市与产业布局的调整和优化做出相应的调整。

财政部经济建设司、商务部流通发展司、国家标准委服务业标准部，在第三方机构评估的基础上，围绕京津冀、长三角、珠三角地区确定了石家庄市和天津、唐山、杭州、南京、徐州、芜湖、东莞、中山、佛山、肇庆等，共 11 个城市为 2015 年物流标准化试点。今年国家开展的物流标准化试点，主要是在去年北京、上海、广州开展试点的基础上，围绕"京津冀、长三角、珠三角"地区选择城市，促使标准在更广范围内实施，提高标准应用的通用性、协同性、一贯性，最大限度地发挥试点工作的带动性和辐射作用，促进提升区域标准化水平、降低物流成本、提高流通效率。

11.2.2 京津冀物流一体化协作的制约因素

1. 区域经济发展不平衡

京津冀地区经济明显落后"珠三角""长三角"地区，京津冀地区占全国 2%的国土面积，人口占全国的 7.98%，地区生产总值占全国的 10.9%。由于京津冀一体化进程长期滞后，致使河北省经济社会导发展潜力未得到充分释放。河北的经济社会发展水平与京津存在"断崖式"差距，人均 GDP 仅为京津的 1/2~1/3，财政收入仅为京津 1/3~1/4。同时，河北还承担着化解过剩产能、治理大气污染、推进结构调整的重要任务，转型升级压力巨大，是京津冀协同发展明显的"短板"。发展动力趋弱；区域、城乡差距扩大，发展包容性不够；以及生态环境问题，发展可持续性不足等问题上都表现得十分突出。河北的经济发展以及市场环境又远远落后于京津两地，发展极不平衡。城镇化水平远远落后于长三角和珠三角。从物流业来看，物流成本较高，主要原因之一就是缺乏一体化的物流发展规划。物流总部向北京聚集，天津、河北知名的物流企业缺乏。此外，车辆通行受阻，城市配送发展滞后，服务产业链尚未形成，物流信息缺乏有效共享等也是阻碍一体化发展步伐的重要因素。

新兴起的物联网这一战略性新兴产业，正慢慢推动社会向更智能化的方向迈进。国内也逐步呈现出集聚的态势，主要集中在长三角、珠三角、京津冀（环渤海）和中西部个别省市。在几个集聚地区中长三角、珠三角经济发展最迅速。

2. 物流标准化和信息化水平低

京津冀地区是我国经济发展最具活力的区域之一，也是物流发展最具吸引力的地区之一。京津冀三省市物流业虽然较为发达，但是由于观念、行政区划、经济发展水平等众多因素的影响，缺乏自觉的、系统性的沟通与合作，体制机制障碍和政策壁垒导致其一体化进程缓慢[5]。三地国有经济拥有很大比重，国有产业独立性强，大部分企业自己承担流通运营业务，并且具备自己的物流系统，这样就形成了国有大型企业核心业务及资源分配不科学的弊端，也影响到社会化物流供需发展不均衡，严重制约了第三方物流企业的发展。另外三地区域物流存在着严重的行政性垄断，在不同的区域间物流运营的信息采集、传输、共享及货运物流组织、衔接、疏通等尚处于初期的自发状态，物流信息化水平较低，导致公共物流信息平台标准和物流信息系统没有形成统一的规范标准。也带来物流运营成本高、效率差，阻碍了京津冀物流资源的整合及一体化的发展。

3. 物流基础设施协调性不强

物流基础设施因素是指包括铁路、公路、航空、水运、管道等物流线路设施和货运场站、多式联运交接点、集装箱中转站、物流园区、物流中心等物流结点设施以及仓库、码头、散货堆场等在内的所有提供相关物流服务的设施统称。物流基础设施的建设水平已经在很大程度上影响着该区域整体物流活动的服务范围、服务对象和服务档次[6]。这体现出三地基础物流设施在总体上的统一协调性匮乏。各区域自成一体，在陆地运输、铁路运输、航运、空运等领域形成各种基础设施功能分散、优势不能互补与衔接；各区域规划布局存在行政壁垒，物流管理运营环节上受到体制和机制的制约，尚处于浅层次合作，亟待需求实质性深层次的合作。

4. 一些重大物流设施建设方面发展不均衡

京津冀在一些重大物流基础设施建设方面缺乏区域协调性和统一规划，突出表现在交通、港口和机场建设三个方面。区域内的交通网呈现出以北京为中心的放射型结构特点，以北京为中心，天津、石家庄等主要城市道路交通设施比较发达，但是其他城市则相对比较落后。关于港口建设。该地区具有众多北方重要港口，如天津港、秦皇岛港、京唐港、黄骅港等，但各港口独自经营，相互竞争，缺乏协调与合作[7]。关于机场建设，缺乏总体上科学规划与各地的协调运营。我国最大的航空机场首都机场客流繁重，随着国际贸易的发展，首都机场接纳能力持续饱和，急需扩建和建设第二机场以适应客流需求。但是周边石家庄机场、天津机场、唐山机场运营量普遍运营不足，造成"吃不饱"现象。这种现象严重制约着三地区域物流一体化的协调发展。

11.2.3　京津冀区域物流一体化的发展对策

1. 交通一体化先行，构建京津冀经济圈现代化交通网络系统

京津冀区域物流业的发展，交通运输必须先行，也是京津冀经济实现一

体化的关键。习近平总书记提出关于京津冀协同发展的七点要求，其中的第三、四点和第六、七点是直接与物流业相关的，即构建现代化交通网络系统，把交通一体化作为先行领域。众所周知，交通运输是物流业的基础，物流业的一体化发展不跟进，就无法推动要素自由流动；加快推进产业的对接协作，要依靠物流将各产业以及企业很好地连接起来，从而实现对接协作的目标；调整城市布局和空间结构，促进城市分工协作同样依靠物流业的发展，没有物流的连接与支持，城市间的分工协作就无从谈起。因此，把京津冀的航空港、海港、信息港三者与区域及城际现代化综合交通网络有机连接起来，通过高速铁路建设和现有线路的提速，形成客货分离、高效便捷的现代化铁路网；建成由高速公路和国道干线组成的发达公路网络；建设国际枢纽机场，京津冀机场协调发展，合理协作；沿海港口加强协作，合理分工。通过交通系统的整体规划，为区域现代物流业的发展提供迅速、便利、安全、经济的交通网络和运输体系，促进京津冀经济和物流一体化的实现[8]。

同时要抓住滨海新区、曹妃甸建设的机遇，促进京津冀物流一体化。在近年国家加大对天津滨海新区和唐山曹妃甸建设的机遇中，京津冀，特别是京津唐三市[9]应通力合作，打破区域之间的封锁和垄断，加强整体规划，促进三市交通和物流线路的进一步畅通；要统筹考虑物流基础设施建设、物流规划、物流技术等；鼓励物流企业之间、工商企业与物流企业之间的联合，促进京津冀物流业的大发展，推进区域经济一体化的进程。

2. 京津冀协同发展，构建高起点的北方国际物流中心，提高物流标准化水平

打破地域、行政壁垒，围绕京津冀三地的功能定位，构建为服务于三地的高端物流服务平台，吸引北京大型物流企业落户河北。统一标准的信息平台的建设是发展区域物流一体化的核心和关键。将京津冀地区的物流园区、物流基地和产业基地的信息平台进行对接，共同制定信息共享的各类标准，整合零散的信息平台，最大程度上实现京津冀区域物流标准的对接和信息共享，促进物流资源的有效合理流动从而提高物流效率和降低物流成本。构建完整链路的智慧物流大平台，使物流与制造业、商贸业等相关产业的高度融合，形成高端、高价值的纵向服务及较强延伸能力的产业链。

3. 基于物流物联网的智慧物流平台的建设

基于物流互联网，实现实体物流网络与虚拟物流信息网络对接与融合，实体物流系统拥有了网络化的智慧信息中枢，在社会物流领域，首先需要做

的是物流基础设施的互联互通与联网监控。目前，京津冀物流一体化需先把各自独立的信息平台统一标准、互联互通，其次，基于统一信息平台建设互联互通的大型物流园区；第三京津冀物流物联网的智慧物流平台与全国物流公共信息平台的互联互通[10]。

京津冀智慧物流物联网一体化包括传统物流设施设备的智能化与网络化、物流设备的自动化和标准化、智能追溯系统的应用，仓储设施是重要的物流节点，尤其是公共仓储领域，建设货运车园区、仓储设施的互联网无缝对接，在一般的物流基础设施、仓储设施、货物运输等物流信息与物流资源的实现整合优化，其中至关重要的一环是物流基础设施的全标准，全面规划。通过制定互联互通标准，积极推动仓储互联网发展，实现物流系统自动与智能的作业，提高物流效率，减少物流成本。

11.3　京津冀物流空间布局加速优化背景下河北省物流策略

借助京津冀交通协同发展的东风，集不同运输方式一体化的综合性物流网络体系正在三地加速形成。重大物流设施一体化发展，优化了京津冀物流行业的空间布局，也加速了传统商贸物流转型升级的步伐。

1. 构建商贸物流流通大渠道，完善现代物流体系

日前，作为河北省重点项目，总投资 25 亿元的北京铁路局定州物流园区项目正式开工。"该项目与金融、电商平台挂钩，衔接天津港，联通公路、铁路、港口、航空，将发挥巨大的经济虹吸效应，有效整合区域物流资源，降低运输和交易成本。"定州市委书记王东群说。据了解，该项目为国家二级大型商贸物流园区，建成后年物资吞吐量可达 1 亿吨以上，成为京津冀地区首个大型铁路综合物流园区。

重大物流设施一体化发展，优化了京津冀物流行业的空间布局。在三地协同发展过程中，定位为"全国现代商贸物流重要基地"的河北省，积极构建商贸物流流通大渠道，完善现代物流体系，快速跟进传统商贸物流转型升级和承接京津产业转移步伐。2016 年前三季度，该省物流业增加值 1909.5 亿元，同比增长 6.1%；物流总额 63451.3 亿元，同比增长 6.4%，产业规模快速增长。

2. 完善载体支持，打通交通"经脉"

为开辟曹妃甸港大能力铁路集疏运新通道，在河北唐山，唐曹铁路和水曹铁路两个项目正由图纸上的简单线条变为现实图景。

"目前，京津唐曹之间的联系主要以公路运输为主，运行时间难保证、运输成本相对高。"唐山有关负责人表示，"两条铁路的建设既保证了客货运交通需求，也能够大大降低运输成本"。

商贸物流要素的流通，交通必须先导先行。河北抓住京津冀交通一体化的契机，着力建设环京大通道、城际大通道、落后地区大通道和对外交通大通道"四大通道"，与京津地区在铁路、公路、港口、机场等方面实现全面对接，提升物流体系综合能力。

2016 年 12 月 6 日，密涿高速公路河北段建成通车，北京大外环河北段（替代路线）全线贯通，京津冀交通一体化走到一个新阶段。

据统计，道路货运量占河北 2016 年全社会货运量的九成，但长期以来，京津冀区域内"断头路"现象，严重影响京津冀物流一体化的发展大局。

目前，京津冀地区还有 3 条高速"断头路"：京秦高速公路、首都地区环线高速公路（通州—大兴）、京台高速公路北京段。按照规划，在 2017 年 3 条"断头路"将全部打通。目前，河北与京津联合打通高速公路、国省干线"断头路""瓶颈路"的里程已经达到 1300 多公里。

解决省内地区间物流协调性差异。河北北部的张家口、承德两地由于地处山区和丘陵地带，物流基础设施较为落后，河北加大力度补齐交通短板。目前，随着延崇高速、承平高速的建设，这一情况将得到改观。"十三五"期间，河北省将重点建设太行山、津石等高速公路项目，实现与京津的高速公路、国省干线公路和重点农村公路的全面对接。

共享岸线资源，共同推进港口集装箱运输创新发展，唐山港与天津港两大港口集团组建唐山集装箱码头有限公司；构建现代化的津冀港口群，黄骅港综合港区口岸开放一次性通过国家验收，成功开通"黄新欧"国际班列和至东南亚国际直航航线，吞吐量增速位居全国亿吨港口首位；推进空域一体化，北京新机场将于 2019 年建成通航……借助京津冀交通协同发展的东风，集不同运输方式一体化的综合性物流网络体系正在加速形成。

3. 统一技术标准，优化物流节点

"只要接入园区以物联网为核心的电子平台，入驻企业就能享受市场数据分析、提供发展决策等多项信息服务。"承德国际商贸物流园区管委会主任闫忠昊介绍，顺应智慧物流的趋势，园区正朝着一个商贸物流全球化、信息化，集华北地区物资交易结算中心和物联网应用核心平台为一体的"智慧物流园"迈进。

物流产业已经成为河北服务业的第一大产业，针对长期以来河北的商贸物流发展总体水平不高，发展方式还比较粗放，物流信息化和标准化程度较低的状况，河北深化供给侧结构性改革，推动商贸物流业态创新、模式创新、技术创新和管理体制改革，降低流通和交易费用，减少社会物流成本。在2016年全国物流园区工作年会上，9个河北园区入选2016年度优秀物流园区，数量居全国首位。

"不仅节约了我们短驳、卸泊费用，更节约了时间成本。"近日，位于石家庄的北方国际农产品物流园免费开放近5万平方米的分货区，让商户们竖起了大拇指。作为集大交通、大物流、大批发为一体的"一站式"现代化园区式交易市场，该园区整合免费停车、低价装卸、低价酒店、低价加油、免费仓储、免费办公、第三方物流、免费交易八大物流配套服务，为商户提供快速高效的分货服务。

日前，在京津冀三地商务部门指导下，由物流行业组织牵头，以各自成立的物流标准化联盟为基础，联合成立京津冀物流标准化联盟。

"标准化对物流发展至关重要，比如蔬菜配送过程中，要使用诸如周转筐等配送工具。"北京一家农产品流通企业负责人告诉记者，"如果产业链条上下游物流标准统一，在周转、搬运、储藏、分割等过程中，工作效率会有很大提升"。

2016年，财政部、商务部、国家标准委确定了邯郸市、承德市为国家物流标准化试点城市，支持以快消品、农副产品、药品、电商等领域为重点，提高标准托盘普及率及物流包装标准化率。连同石家庄市、唐山市，河北省已有4城市被确定为国家物流标准化试点城市。目前，三地正加快区域交通、运输、物流等法律法规和技术标准的对接，推动区域公共物流信息平台建设和数据共享，打造区域统一开放的物流市场。

4. 协同重大项目，商贸共生共荣

高碑店农副产品物流园主营干果、调料的华北国际贸易港。伴随着年货采购高峰的临近，市场的人流络绎不绝，运送货物的车辆川流不息。

"华北国际贸易港项目单体投资近39亿元，是华北地区最大体量的副食类综合批发体。其中，交易区面积达12.7万平方米，库房区面积近30万平方米，仓储能力达 120 万吨。"河北新发地农副产品有限公司副总经理魏树俭介绍，新发地高碑店农副产品物流园承接北京新发地原有的中转、物流、仓储、集散功能，成为一个面向全国的综合型农副产品集散枢纽。

京津冀协同发展，北京非首都核心功能的疏解深入推进，北京新发地、大红门等区域性物流基地、区域性专业市场加速向河北转移。着眼于疏解北京非首都功能，河北积极推进商贸和物流项目的对接和转移，打造京津冀"1小时"商贸圈，依托大型商贸综合体，提升物流业发展质量和集聚水平，支撑区域产业升级转移。

白沟新城现代物流商贸，一个全国一流的信息物流储运港正在繁忙且有序地运行中——现代化鸟巢式物流园区、环形交通网络、先进的物流信息平台、前店后仓的分离模式、高科技入口探爆系统和先进的数字称量设备……无不显示着这是一个现代物流园区。

"白沟新城尤其受益于新的首都经济圈带来的发展机遇，便捷高效的货物流通成为市场快速发展的第一大保证。"白沟新城管委会常务副主任杨建军表示。受当地完善物流体系的吸引，自 2014 年 5 月白沟新城与北京大红门地区签订产业对接战略协议以来，截至 2016 年 6 月，前来落户的北京大红门商户达 1500 多户。伴随着京津冀区域现代物流一体化步伐的加快，催生一个个区域经济增长极发展壮大。

打造环首都 1 小时鲜活农产品物流配送圈，是河北打造农产品物流体系的重要一环。张家口新合作农产品物流园自 2015 年年底开园以来，已引入商户百余家，其中来自北京的商户占到 80%。据园区负责人介绍，张家口市蔬菜及特色农产品可以通过市场内的冷链、物流销往北京及周边大型超市。

11.4 本章小结

本章首先介绍了京津冀协同发展现状和电子商务对京津冀协同发展的作用，然后介绍了京津冀物流一体化的概念、京津冀物流一体化协作的制约因素，并给出了京津冀物流一体化的发展对策，最后给出了京津冀物流空间布局加速优化背景下河北省物流策略。

参考文献

［1］ 李燕，陈文杰．京津冀物流业合作问题研究［J］．全国商情：经济理论研究，2012，（18）：12-14.

［2］ 习近平．听取京津冀协同发展工作汇报的讲话［EB/OL］．http://politics.people.com.cn/n/2014/0227/c70731-24486624.htm，2015-02-27.

［3］ 李克强．第十二届全国人民代表大会第三次会议做政府工作报告［EB/OL］．http://nx.people.com.cn/n/2015/0317/c19-246924177819.html，2015-03-05.

［4］ 高希波．京津冀区域物流一体化研究［J］．学理论，2011，（29）：117-118.

［5］ 踪程，何继新．京津冀区域物流一体化模式的建构策略探讨［J］．商业时代，2011，（27）：41-42.

［6］ 董永生．京津冀区域物流一体化研究［A］．第七届"环首都·沿渤海·京津冀协同发展论坛"论文集［C］．廊坊，2013：36-40.

［7］ 焦文旗．京津冀区域物流一体化障碍因素分析［J］．商业时代，2008，（35）：27-28.

［8］ 金慧娟．基于边界效应的京津冀区域经济一体化问题研究［D］．天津：河北工业大学，2010.

［9］ 刘晓春．唐山市与京津冀合作发展的战略思路与重点［J］．唐山师范学院学报，2008，30（1）：74-76.

［10］ 孙晖．京津冀一体化与区域智慧物流的协同发展［J］．唐山师范学院学报，2015，37（5）：149-152.

第 *12* 章 结论与展望

12.1 本书主要工作

伴随着科技的进步和消费模式的变革，网络购物得到了越来越多中国消费者的青睐。B2C 电子商务企业也如雨后春笋般涌现，竞争越发激烈，而物流服务作为电商与顾客直接接触的唯一渠道，已经得到更多企业的关注，同时也成为品牌建设中的重点。目前，我国 B2C 电子商务物流配送模式主要有两种，第三方物流配送模式和企业自营的物流配送模式，不同物流模式的配送特点和能力也都不同，都有其各自的优点和不足，总体来说我国电子商务物流服务质量偏低。由于网购消费者分布范围广，购买产品种类多，消费者个性化需求愈加突出，当前的物流服务水平还不足以满足消费者的需求，导致消费者对电商企业的满意度不高，越来越多的管理者意识到物流服务水平对企业生存和发展的重要性。同时，众多学者的相关研究也表明，电商企业若想留住顾客，就必须在物流服务理念和服务水平等方面进一步提高，找出其发展中的不足，针对不足提出改进的策略。

现有基于网购消费者视角的研究主要从顾客满意度和提高电商企业效益和效率两方面探索电商物流企业策略优化问题，忽视了消费者个体特征所导致的物流偏好差异，以及消费者与企业策略的相互关联和依存性。本课题基于网购消费者视角对电商企业物流策略进行优化，对 B2C 电子商务企业改善物流服务质量、提高企业竞争力具有重要意义。本书所做的工作可分为六部分。

1. 基于网购消费者评论挖掘的物流服务因素类型及其作用机制研究

该部分主要以网购消费者历史评论信息为研究对象，利用八爪鱼数据采集工具采集评论信息，运用扎根理论和语义网络分析法探究网购物流服务因素类型及其作用机制，研究表明，响应性、经济性、完好性、沟通性、透明性、便利性和可靠性这七个主范畴对网购物流服务质量有显著影响。经过进一步挖掘主范畴关系结构，将影响物流服务质量的因素归纳为配送质量、感知体验、售后服务质量和可靠性四个主要类型。接着运用语义网络分析和理论饱和度检验对以上研究结果进行进一步验证，所得结果与已有研究结果基本一致，充分说明了结论的可靠性。

2. 基于网购消费者视角的物流服务质量评价体系研究

该部分依据已有的文献研究成果以及研究内容 1 分析得出的影响网购物流服务质量的研究结果，响应性、经济性、完好性、沟通性、透明性、便利性和可靠性这七个主范畴对网购物流服务质量有显著影响，在此基础上，从网购物流服务因素研究入手，通过分析比较所收集的原始资料信息，提取出了 18 个范畴，以此为基础，进一步归纳总结出响应性、经济性、完好性、便利性、沟通性、透明性和可靠性七个主范畴。从消费者网购感知角度出发，综合考虑各主范畴所属的物流服务类型，并结各当前电商运营模式与环境，构建了评价指标体系。该体系包括 5 个一级指标、23 个二级指标。

3. 消费者个体特征和物流服务感知因素对网购平台选择的影响研究

以调查问卷收集的数据为基础，运用单因素方差分析和多元回归分析法探究消费者个体特征和物流服务感知因素对网购平台选择的影响。通过实证分析结果表明，影响消费者对网购平台选择的主要物流服务感知因素依次是配送质量、便利性感知、经济性感知和服务态度，这些因素对网购平台的顾客忠诚度具有正向影响，各电商企业若想留住老顾客，发展更多新的顾客，首要考虑的因素就是提升自身物流配送质量的能力。其次，要让消费者感觉到网购的便捷，可以通过优化物流网络和提高配送的灵活性提高消费者便利性感知的满意度，当然适当地降低商品运费或者免除退换货费用，注重自身服务态度等措施，都会让电商平台受到更多消费者的青睐。此外，个体特征也是影响网购平台选择的因素之一，它通过影响物流服务感知因素间接影响消费者对网购平台的选择，电商企业可以根据消费者不同特征制定个性化的营销策略，如考虑到不同年龄层次的消费者对网购平台的使用，电商企业可以为消费者提供简单的网购流程以降低交易的难度。

4. 基于消费者个体特征的网购消费者分类研究

首先分析了消费者的个人基本信息，包括调查对象的性别、年龄、职业等基本信息以及被调查者的地理位置、来源渠道、时间段等信息；然后，依据已有的文献研究成果以及研究内容 3 分析得出的网购消费者个体特征及物流服务感知因素，使用数据挖掘决策树的分类模型，构建了网购消费者分类模型。

5. 基于网购消费者视角的电商企业物流策略分析与优化研究

根据影响消费者网购物流服务因素的重要程度，得出电商企业应重点从哪些方面考虑提升自身物流服务能力，包括自建物流和第三方物流，从网购消费者的角度出发，并结合消费者分类，分析目前电商企业已有物流策略存在的问题并给出了电商企业自建物流和第三方物流选择的优化策略。

6. 电商企业物流策略优化实证研究

在研究内容 5 的基础上，以河北省 G 企业为例，对其电子商务进行物流策略分析与优化实证研究。首先对其自建物流策略进行了分析和优化，然后对其第三方物流选择策略进行了分析与优化。从不同的层面和角度，分析和验证本研究结论的有效性和可操作性。

12.2　进一步的研究工作

通过论文研究，结合发展趋势，我们认为在后续的研究工作中，以下一些方面的问题还需要进一步的深入研究。

（1）调查问卷研究样本的数量有限，仅收集到 547 份有效问卷，调查问卷的主要对象为学生和教师有可能影响到研究结论的普遍性，而且没能覆盖全国大部分地区，后续研究应尽可能收集更多的数据，以增加研究结论的可靠性。

（2）消费者个体特征和物流服务因素感知分析主要采用了单因素方差分析和多元线性回归分析法，对研究中的各变量假设进行简单验证，未考虑各变量间的相互关系，因此数据的分析还需进一步深入。

附录 物流服务质量对消费者网购平台选择影响的调查问卷

物流服务质量对消费者网购平台选择影响的调查

尊敬的女士/先生：

您好！非常感谢您在百忙之中抽出时间参与此次问卷调查。

我们正在进行一项关于物流服务质量对消费者网购平台选择影响的调查，恳请您用几分钟时间帮忙填答这份问卷。本问卷实行匿名制，所有数据只用于统计分析，请您放心填写。本问卷共包含两部分内容，第一部分是对消费者个人基本信息的调查，第二部分是关于网购物流服务质量对您选择网购平台影响的调查。题目选项无对错之分，希望能得到您的真实想法和宝贵意见。谢谢您的帮助！

第一部分：个人基本信息

1. 您的性别：［单选题］［必答题］
○男士　　　○女士

2. 您的年龄：［单选题］［必答题］
○18 岁以下　　　○18~24 岁　　　○25~30 岁　　　○31~35 岁　　　○36~40 岁
○40 岁以上

3. 您目前的学历：［单选题］［必答题］

 ○初中及初中以下 ○高中 ○大专 ○大学本科 ○硕士及硕士以上

4. 您的职业：［单选题］［必答题］

 ○学生   ○企业职员   ○党政机关事业单位   ○个体企业   ○其他

5. 您每月的收入：［单选题］［必答题］

 ○2000 元以下 ○2000～4000 元   ○4000～6000 元   ○6000～8000 元

 ○8000 元以上

6. 您是否有过网购经历？［单选题］［必答题］

 ○是   ○否

7. 您网络购物的时间：［单选题］［必答题］

 ○0～1 年   ○1～3 年   ○3～5 年   ○5 年以上

8. 您每年网上购物的次数是：［单选题］［必答题］

 ○1～10 次   ○10～20 次   ○20～30 次   ○30～40 次   ○40 次以上

9. 您每年网络购物消费的金额为：［单选题］［必答题］

 ○2000 元以下 ○2000～5000 元   ○5000～8000 元   ○8000～10000 元

 ○10000 元以上

10. 您在网购时多数情况下是：［单选题］［必答题］

 ○冲动消费 ○理性消费 ○感性消费

11. 您在网购时的心理特征主要是：［单选题］［必答题］

 ○追求性价比 ○从众心理 ○参考他人评论

第二部分：物流服务质量对消费者网购平台选择的影响

12. 选择电商平台时，它所采用的物流公司是否会成为您的考虑因素：［单选题］［必答题］

○不会在意　　　○会有适当考虑　　　○特别在意，我会指定物流公司

13. 请问您最青睐使用哪种电商平台购物：[单选题] [必答题]

○以第三方物流配送（如淘宝网、当当网等）为主的电商平台（请填写本问卷第 14 题）

○以自营物流配送（比如京东、苏宁等）为主的电商平台（请填写本问卷第 15 题）

○两者都有（请填写本问卷第 14、15 题）

14. 以第三方物流配送（如淘宝网、当当网等电商平台）为主的物流特点：[矩阵单选题]

	很不满意	不满意	一般	满意	很满意
支持送货上门货物流网点距离近：	○	○	○	○	○
货品包装精细完好：	○	○	○	○	○
打开包装后货品无损坏：	○	○	○	○	○
支持打开包装核对货品信息再签收：	○	○	○	○	○
在规定的时间内完成货物配送：	○	○	○	○	○
网上可以随时追踪货物配送进程：	○	○	○	○	○
支持顾客选定的时间配送：	○	○	○	○	○
快递人员服务态度好：	○	○	○	○	○
对消费者退换货或投诉处理能力强：	○	○	○	○	○
客服人员能够及时回答您的问题：	○	○	○	○	○
物流费用经济合理：	○	○	○	○	○

15. 以自营物流配送（如京东、苏宁等电商平台）为主的物流特点：[矩阵单选题]

	很不满意	不满意	一般	满意	很满意
支持送货上门货物流网点距离近：	○	○	○	○	○
货品包装精细完好：	○	○	○	○	○
打开包装后货品无损坏：	○	○	○	○	○
支持打开包装核对货品信息再签收：	○	○	○	○	○
在规定的时间内完成货物配送：	○	○	○	○	○
网上可以随时追踪货物配送进程：	○	○	○	○	○
支持顾客选定的时间配送：	○	○	○	○	○
快递人员服务态度好：	○	○	○	○	○
对消费者退换货或投诉处理能力强：	○	○	○	○	○
客服人员能够及时回答您的问题：	○	○	○	○	○
物流费用经济合理：	○	○	○	○	○

16. 若存在下述问题，您在下次购物时是否会考虑更换其他购物平台？[矩阵单选题] [必答题]

	是	无所谓	否
物流速度慢：	○	○	○
快递或客服人员的服务态度差：	○	○	○
商品的包装简陋：	○	○	○
商品配送不够便利（如物流网点远，不支持验货、指定快递、指定时间等）：	○	○	○
信息沟通不够及时透明：	○	○	○
物流费用不够经济合理（包括运费及退换货费用）：	○	○	○

后 记

　　在本书交付印刷之际，内心非常激动，本书为作者 2017 年承担的河北省社会科学基金项目"京津冀协同发展背景下河北省电商企业物流策略优化研究"的研究成果（项目编号：HB17GL053），在此对河北省社科基金委的资助表示感谢，同时也对在本书写作过程中给予过帮助的同事和研究生们表示感谢！

　　一方面，本书从网购消费者的角度出发，构建了物流服务质量影响因素的评价指标体系，并对网购消费者进行了分类，从网购消费者角度设计了相应的物流优化策略；另一方面，本书对京津冀电商发展现状和京津冀电商物流现状进行了深入分析，并对京津冀协同发展背景下河北省物流策略提出了建议。

　　由于时间关系，本书还有些不足之处，比如调查问卷样本的数量、实证研究中案例数目等，这也正是我们下一步研究的动力和方向。